北京市社会科学理论著作出版基金重点资助项目

中国经济热点前沿

Hot Economic Issues in China

（第 17 辑）

黄泰岩　等著

中国财经出版传媒集团

经济科学出版社
Economic Science Press

图书在版编目（CIP）数据

中国经济热点前沿．第十七辑/黄泰岩等著．—北京：
经济科学出版社，2020.6
ISBN 978 - 7 - 5218 - 1571 - 9

Ⅰ．①中…　Ⅱ．①黄…　Ⅲ．①中国经济 - 问题 -
研究　Ⅳ．①F120.2

中国版本图书馆 CIP 数据核字（2020）第 082385 号

责任编辑：于海汛
责任校对：郑淑艳
责任印制：李　鹏

中国经济热点前沿
（第 17 辑）
黄泰岩　等著

经济科学出版社出版、发行　新华书店经销
社址：北京市海淀区阜成路甲 28 号　邮编：100142
总编部电话：010 - 88191217　发行部电话：010 - 88191522
网址：www. esp. com. cn
电子邮件：esp@ esp. com. cn
天猫网店：经济科学出版社旗舰店
网址：http: //jjkxcbs. tmall. com
北京季蜂印刷有限公司印装
710×1000　16 开　16.5 印张　300000 字
2020 年 6 月第 1 版　2020 年 6 月第 1 次印刷
ISBN 978 - 7 - 5218 - 1571 - 9　定价：58.00 元
（图书出现印装问题，本社负责调换。电话：010 - 88191510）
（版权所有　侵权必究　打击盗版　举报热线：010 - 88191661
QQ: 2242791300　营销中心电话：010 - 88191537
电子邮箱：dbts@ esp. com. cn）

前　言

　　《中国经济热点前沿》第 17 辑终于又回归红五月送交出版社出版了！继《2019 中国经济热点排名》发布会如期在 2020 年 1 月 5 日召开、《2019 年中国经济热点排名与分析》分析报告在《经济学家》第 5 期发表、2019中国经济热点数据进入数据库，每年确定的中国经济热点"五个一工程"就完成了 4 个。本书出版发行后，第十一届《中国经济学前沿论坛（2020）》将尽快安排召开，为 2020 年统筹疫情防控与经济社会发展做点力所能及的贡献。

　　第"17"辑的数字谐音是"要起"，是个吉利数。许多人为了得到手机号、车号、房号等吉利数字，甚至不惜花费重金，就是为了图个吉利。但是，理想很丰满，现实很骨感，吉利数字不一定必然能够带来吉利和顺利，如"8"的谐音是"发"，可是我国这些年来逢"8"就不发，经济社会发展次次都会遇到大风大浪；而不吉利的数字往往不一定不吉利，如"4"的谐音是"死"，好像不吉利，可是这些年来逢"4"一般都比较吉利。

　　2020 年"要起"，不但没起，反而遇到大困难。

　　从国家的层面来看，突如其来的新冠肺炎疫情，对我国经济社会发展造成了严重冲击，2020 年第一季度经济增长下降了 6.8%，是 1992 年开始公布季度 GDP 数据

2

以来的首次负增长。虽然我国发挥社会主义制度的显著优势，在较短时间内迅速控制了疫情，复工复产取得明显成效，稳住了经济发展的基本盘，但是，"六稳"和"六保"工作仍然面临巨大压力。加之，新冠肺炎疫情在世界许多国家的爆发和蔓延，不仅对我国的产业链和供应链造成冲击，而且逆全球化和极端民族主义的兴起对我国的经济社会发展更是雪上加霜。我国必须在疫情防控常态化的条件下寻求经济社会的高质量发展，可谓是"难上加难"。

从我个人的层面来看，除了新冠肺炎疫情的冲击外，继2019年12月我的本科生毕业论文指导教师、人民教育家国家荣誉获得者卫兴华教授不幸辞世后，我的博士生导师、原北京大学校长吴树青老师在2020年1月也驾鹤西去，短短一个多月的时间内，我痛失两位亲爱的导师。至此，我的前行再无导师引领，令我无比的伤感。此外，我自己在2020年1月入院做了一个小手术，虽然虚惊一场，但也敲响警钟，可谓是"祸不单行"。

何为"要起"？从理论上讲，孟子早就说过："故天将降大任于斯人也，必先苦其心志，劳其筋骨，饿其体肤，空乏其身，行拂乱其所为，所以动心忍性，曾益其所不能。"这就意味着，只有在经历了一系列的打击、挫折和磨难后，才能担当起历史大任，完成肩负的历史使命；从实践上讲，华为面对美国的全面绞杀，也发出了同样的声音："没有伤痕累累，哪来皮糙肉厚，英雄自古多磨难。""回头看，崎岖坎坷；向前看，永不言弃。"所以，真正意义上的"要起"，恰恰是经历了磨难后的雄起，经历了风雨后的彩虹！

为了"要起"，就需要做到：

一是扛得起。面对重任，要拿得起，敢担当，善作为，只要需要，就冲锋向前，有"舍我其谁"的大无畏精神。在突如其来的新冠肺炎疫情大考面前，我们的院士成为勇士，护士成为战士，战士成为斗士，谱写了一曲护佑人民生命和健康的英雄史诗。

　　二是赢得起。面对困难，要硬得起，敢打拼，善运筹，只要必须，就坚忍不拔，有"一条道走到亮"的韧劲。华为在美国实施全面断供的重压下，没有被困难所吓倒，吹响了"除了胜利，我们已经无路可走"的集结号，而且为了胜利，在5G技术领先美国的情况下，仍然表示要虚心向美国的一切先进技术学习，展现了一个中国企业为中华民族伟大复兴的英雄豪气。

　　三是输得起。面对挫折，要受得起，敢经历，善转化，只要不死，就越挫越勇，有"纵你虐我千百遍，我仍待你如初恋"的初心。面对疫情和转型带来的种种困难，即使许多中小企业倒下去了，企业家们同情一下，继续前行，在艰难中求生存、求发展，为国家扛起50%以上的税收、60%以上的GDP、70%以上的发明专利、80%以上的就业岗位、90%以上的新增就业，验证了中国特色社会主义基本经济制度的显著优势。

　　本书的写作能够坚持到第17辑，在一定意义上就体现了"要起"的精神要义。当初，北京市社科联的领导想组织编写一批展现各个学科理论进展的丛书，但结果只有我们扛起来了，而且一扛就是17年，过程中累过、苦过、彷徨过，但我们赢得起，更输得起，成为学界的唯一，我为团队骄傲！

　　本书是对2019年中国经济学研究文献的系统梳理，虽然我们力求使本书的写作更加专业化、学术化和精准化，但由于我们的水平和对资料的掌握有限，难免有一些相当精彩的观点没有被综述进来，从而使研究成果反映得不够全面，敬请有关专家、学者谅解。同时我们也诚心诚意地欢迎有关专家、学者支持和帮助我们，以使我们的工作越做越好。

　　参加本书写作的有（按章顺序）：黄泰岩、特木钦（第一章）；丁守海、张鹤、曾丹（第二章）；牛飞亮（第三章）；张培丽、管建洲、阴朴谦（第四章）；方芳、吕亚菲（第五章）；姜伟（第六章）；郑江淮、高金涛、张嘉玲（第七章）；张丽君、马超、杨秀明（第八章）；黄锐（第九章）；黄茂兴、陈伟雄（第十章）；张仲、特木钦、刘宇楷（第十一章）。他们分别是来自于中国人民大学、南京大学、中央民族大学、云南大学、福建师范大学的教授、副教授、讲师和博士生等。全书最后由我修改和定稿。

4

本书的出版，得到了北京市社会科学理论著作出版基金的资助，中国财经出版传媒集团副总经理吕萍，经济科学出版社社长李洪波、财经分社社长于海汛，及其同事们为本书又好又快地出版给予了超乎寻常的鼎力支持，在此一并表示衷心的感谢！

黄泰岩

2020 年 5 月于中央民族大学

目　录

3

第一章 2019 年中国经济研究 热点排名与分析

2019 年是新中国成立 70 周年。70 年的经济巨变，为中国经济学的理论研究提供了难得的发展经验，以及在丰富经验基础上创新经济学说的重大历史机遇。2019 年学者们以新中国成立 70 年建设、改革、发展经验教训为背景，围绕在新时代坚持和巩固什么，完善和发展什么等重大理论和实践问题展开研究，取得了新进展，呈现出新特征。

一、2019 年中国经济研究前二十大热点

2019 年学术期刊统计样本的选取继续采用教育部中国社会科学研究评价中心公布的 2019～2020 年 CSSCI 来源期刊经济学类排名前 20 位杂志，然后依据理论经济学和应用经济学两个一级学科下二级学科平衡分布的需要，选取了 2019 年中国经济研究热点排名和分析的 15 本经济学类统计样本期刊①。为了保证覆盖面和代表性，我们又选取了发表经济学论文的其他四大类即马克思主义类、管理学类、社会科学总论类和高校综合性社科学报类的权威学术期刊，与经济学类共同构成了 19 本统计样本期刊②。2019 年的统计样本期刊与 2018 年相比，仅用《中国农村经济》替换了《中国农村观察》，具有连续性和可比性。

2019 年学者们在以上 19 本统计样本期刊上发表的全部学术论文（不

---

① 在排名前 20 位的期刊中，依据二级学科平衡分布的需要，仅保留相同学科排名靠前的杂志，这样就去掉了前 20 名杂志中的 5 本杂志，剩下 15 本样本期刊。

② 在 19 本统计样本期刊中，经济类分别为：《经济研究》《世界经济》《经济学（季刊）》《中国工业经济》《数量经济技术经济研究》《金融研究》《中国农村经济》《经济科学》《财经研究》《财贸经济》《南开经济研究》《经济理论与经济管理》《经济学家》《产业经济研究》《经济评论》；其他类分别为：《中国社会科学》《管理世界》《马克思主义研究》《中国人民大学学报》。

包括书评和会议报道等）共 1814 篇，较 2018 年的 1825 篇和 2017 年的 1833 篇继续减少，这表明单篇论文的篇幅不断加大。这可能意味着论文的写作要求越来越规范合理：规范是对论文的文献综述和引文要求越来越严格；合理是更加注重学术观点的充分论证，可以不受篇幅的限制。当然，在这种情况下，学者们在统计样本期刊上发文的难度也越来越大，在公平竞争的条件下，有利于论文质量的提升和经济学的繁荣发展。

我们通过对 1814 篇论文按专题进行分类统计，得出了 2019 年中国经济研究前二十大热点问题（见表1－1）。它们分别是：（1）经济增长与发展；（2）自主创新；（3）"三农"；（4）资本市场；（5）收入分配与收入差距；（6）产业结构与产业政策；（7）对外贸易与贸易政策；（8）公共经济；（9）区域经济发展；（10）马克思主义经济学及其中国化；（11）金融秩序与金融安全；（12）绿色发展；（13）就业；（14）企业成长；（15）经济体制改革；（16）货币政策；（17）财政体制；（18）企业融资；（19）企业投资；（20）城市经济。

表1－1　　　　2019 年与 2018 年相比前二十大热点的变动情况

热点	2019 年排序	2018 年排序	2019 年与 2018 年相比变化
经济增长与发展	1	1	未变
自主创新	2	2	未变
"三农"	3	6	上升三位
资本市场	4	3	下降1位
收入分配与收入差距	5	5	未变
产业结构与产业政策	6	4	下降2位
对外贸易与贸易政策	7	7	未变
公共经济	8	13	上升5位，再次进入前10位
区域经济发展	9	12	上升3位，再次进入前10位
马克思主义经济学及其中国化	10	8	下降2位
金融秩序与金融安全	11	10	下降1位
绿色发展	12	14	上升2位
就业	13	15	上升2位

续表

热点	2019 年排序	2018 年排序	2019 年与 2018 年相比变化
企业成长	14	18	上升 4 位
经济体制改革	15	9	下降 6 位
货币政策	16	11	下降 5 位
财政体制	17	19	上升 2 位
企业融资	18	16	下降 2 位
企业投资	19	40	上升 21 位，首次进入前 20 位
城市经济	20	21	上升 1 位，首次进入前 20 位
消费	23	20	下降 3 位，退出前 20 位
金融体制	25	17	下降 8 位，退出前 20 位

3

2019 年学者们在以上 19 本统计样本期刊上发表的全部 1814 篇学术论文中，共有关键词 7053 个，比 2018 年的 7126 个有所减少，和论文数量减少相适应。在 7053 个关键词中，根据出现的频次列出了排名前 20 位的关键词（见表 1 - 2）。

表 1 - 2   2019 年与 2018 年相比前二十大关键词的变动情况

排名	2019 年关键词	与 2018 年比较排位变化	2019 年词频	2018 年词频
1	全要素生产率	上升 2 位	42	31
2	货币政策	上升 2 位	33	27
3	企业创新	上升 3 位	31	21
3	经济增长	下降 2 位	31	59
5	融资约束	未变	25	23
6	全球价值链	下降 4 位	23	35
7	产业政策	上升 7 位	20	13
7	人力资本	上升 7 位	20	13
9	高质量发展	上升 30 位，进入前 20 位	17	39
9	双重差分	上升 48 位，进入前 20 位	17	7

排名	2019 年关键词	与 2018 年比较排位变化	2019 年词频	2018 年词频
11	对外直接投资	未变	16	14
12	"一带一路"	下降 1 位	15	14
13	创新	上升 1 位	14	13
14	国有企业	上升 6 位	13	12
14	环境规制	下降 7 位	13	17
14	企业异质性	上升 14 位，进入前 20 位	13	10
17	互联网	上升 32 位，进入前 20 位	12	8
17	异质性	上升 32 位，进入前 20 位	12	8
19	僵尸企业	上升 38 位，进入前 20 位	11	7
19	数字经济	上升 364 位，进入前 20 位	11	2
19	信息不对称	上升 1 位	11	12
19	制造业	下降 12 位	11	17
19	中介效应	上升 6 位，进入前 20 位	11	11
19	资源配置	上升 9 位，进入前 20 位	11	10
25	收入分配	下降 11 位，退出前 20 位	10	13
41	外商直接投资	下降 30 位，退出前 20 位	8	14
100	劳动收入份额	下降 80 位，退出前 20 位	5	12
131	溢出效应	下降 117 位，退出前 20 位	13	4
131	生产率	下降 111 位，退出前 20 位	4	12
208	产业结构	下降 194 位，退出前 20 位	3	13
208	供给侧结构性改革	下降 199 位，退出前 20 位	3	16
208	马克思主义	下降 197 位，退出前 20 位	3	14
208	制度环境	下降 198 位，退出前 20 位	3	15

通过与 2018 年前 20 位关键词相比，2019 年前 20 位关键词的变化表现出以下几个特征：

一是一些新的关键词进入前 20 位。2019 年进入和退出前 20 位的关键词比 2018 年有所增加，体现了学者们每年研究问题的与时俱进。2019 年新进入前 20 位的关键词表现出两方面的新特点：一方面，"数字经济"上升了 364 位，居增幅最高，"互联网"上升了 32 位，验证了新一轮数字技术革命对"自主创新"的呼唤；另一方面，"僵尸企业"上升了 38 位，"异质性"上升了 32 位，验证了在"三期叠加"大背景下企业成长的转型阵痛，以及在企业转型进程中需要针对不同企业的异质性在企业融资、企业投资、企业成长等方面进行精准施策。

二是"全要素生产率"上升到第 1 位，取代了 2016 年以来一直排在第 1 位的"经济增长"。"全要素生产率"位次的上升，一方面验证了"自主创新"的重要性；另一方面也验证了发展仍然是第一要务，因为进入高质量发展新阶段的中国经济，在人口红利递减、投资增长不足和世界贸易保护主义抬头的多重挤压下，提高全要素生产率就成为实现我国中高速增长的王道。

三是进入前 20 位的关键词更多聚焦于高质量发展。新时代的中国经济学必须服务于高质量发展。2019 年"高质量发展"关键词上升了 22 位，与高质量发展相关的关键词在前 20 位中数量也居多，如"全要素生产率""企业创新""人力资本""创新""互联网""数字经济""制造业""资源配置"等，显示了学界对高质量发展问题进行的全方位、多层次深入研究。

四是进入前 20 位的关键词更多关注企业问题。2019 年经济下行压力加大，以及新旧动能转换加速，这对企业的生存和发展形成严峻挑战，因而与企业问题相关的关键词排名明显上升，如"企业创新"上升了 3 位，与"经济增长"并列；"国有企业"上升了 6 位，体现了发挥我国基本经济制度优势对国有企业改革与发展的诉求；"企业异质性"上升 14 位，"异质性"上升 32 位，体现了对企业从"大水漫灌"向"精准施策"政策转变的理论解释。

五是关键词的位次波动仍然相当大。退出前 20 位的"供给侧结构性改革"和"制度环境"分别下降了 199 位和 198 位，而且"产业结构"位次下降 194 位，与热点"产业结构与产业政策"位次仅下降 2 位形成不一致的变动，这再次证明使用关键词出现频次多少统计热点排名是不可取的。

二、2019 年中国经济研究热点排名变化

经过新中国成立 70 年的艰辛探索，特别是经过改革开放以来经济发

展与社会稳定"中国奇迹"的验证，我国确定了发展中国特色社会主义的理论、道路、制度、文化等，反映在中国经济学的理论创新上，就是形成了具有四梁八柱作用的中国特色社会主义经济理论体系的基本框架。这不仅是我国经济建设、改革、发展70年经验的总结和提升，而且对于进入新时代的我国经济改革与发展，具有重要的指导意义。

6

2019年中国经济研究前二十大热点问题就是紧紧围绕总结新中国成立70年建设、改革、发展经验教训，明确新时代需要坚持什么、完善什么、发展什么而展开的。具体表现在：一是坚持发展是第一要务。虽然我国经过改革开放40多年的快速发展，稳居世界第二大经济体，但从已有世界经济强国的崛起经验看，我国要成为世界第一强国至少还需要上百年的奋斗。这就需要我们时刻牢记：我国仍处于社会主义初级阶段，仍然是世界上最大的发展中国家，仍然需要大力解放和发展生产力。二是坚持创新是第一动力。改革开放40多年来，我国由于不断推进理论创新、制度创新、技术创新、文化创新、实践创新等，才实现了从站起来到富起来的历史飞跃。同样，实现从富起来到强起来的新飞跃，也必须强力实施创新驱动战略。三是坚持和完善社会主义基本经济制度。新中国成立70年正反两方面的经验充分证明，社会主义基本经济制度具有巨大的制度优势。在新时代，一方面要继续坚持基本经济制度不动摇，发挥其制度优势；另一方面要进一步完善基本经济制度，将其优势更好转化为治理效能。四是坚持不断深化经济体制改革。新中国成立70年的经验，特别是改革开放40多年经济发展的巨大成就表明，改革是发展的强大动力，在改革进入攻坚期和深水期，需要以更高的智慧、更大的勇气推进改革。五是坚持和完善对外开放的基本国策。新中国成立70年正反两方面的经验表明，对外开放是立国之本，是实现现代化的必由之路。在世界面临百年未有之大变局中，我国必须进一步扩大对外开放，建设更高水平开放型经济新体制。六是坚持推进马克思主义经济学的中国化、时代化。新中国成立70年是马克思主义经济学基本原理与中国建设、改革、发展伟大实践相结合，形成中国特色社会主义经济理论的探索过程，也是运用中国化、时代化的马克思主义经济学指导中国实践取得巨大成功的伟大实践。中国70年的实践证明了马克思主义经济学基本原理和方法的科学性、有效性，继续推进马克思主义经济学的中国化、时代化，构建中国特色、中国气派、中国风格的经济理论学说，才能有效指导新时代的高质量发展实践。

2019年中国经济研究的新热点、新进展、新特点主要表现在：

1. 经济增长与发展继续稳居第一

2019 年经济下行压力加大，国际形势更加复杂多变，"稳增长"依然是我国的头等大事，要求做好"六稳"工作。

年年稳增长，年年经济下行，这需要学者们做出理论上的解释。自改革开放到 2008 年，我国经济运行 10 年左右的中周期特征非常明显，表现为年份逢"8"经济下行的特点，如"2008""1998""1988"等①。但是，自 2008 年世界金融危机爆发以来，除应对金融危机实施 4 万亿元刺激政策的短期效应外，我国经济增速出现了单边下行的趋势。这意味着 10 年来我国经济增长并没有表现出以往中周期的特征，因而有的人认为我国经济的下行走势与周期性因素无关。实际上，我国经济下行的根本原因还是"三期叠加"，仍然不能忽略经济周期因素。不过，这个周期不是中周期，而是 60 年左右的长周期。一般认为，工业革命以来，世界经济发展经历了大约 4 个长周期。20 世纪 60 年代开启的以信息技术为代表的技术变革，引发了本轮长周期的上行周期，以 2001 年的互联网泡沫破裂和 2008 年的世界金融危机爆发为标志，本轮长周期进入了下行周期，2020 年左右本轮长周期达到谷底。这可以解释世界经济 2008 年以来虽然采取了宽松的货币政策刺激经济，但经济却没有明显上行的原因。我国经济 10 年来的持续下行，恰逢本轮长周期的下行期，再加上我国进入新旧动能转换期和改革攻坚期，"三期叠加"的合力冲击，使我国经济下行的压力不断加大。按照长周期变动的基本规律，新一轮长周期进入上行轨道需要新一轮技术革命引发新经济的兴起。目前以人工智能为标志的新一轮技术革命还处于起步阶段，虽然发展迅速，但由此引发全面的产业革命据估计还需要 10 年左右的时间。因此，稳增长，一方面要有打"持久战"的准备，另一方面要加快人工智能技术的研发和产业应用，快速发展新经济。

年年稳增长，年年"稳"不同，这需要学者们不断推进"稳"的与时俱进。2019 年学者们的研究重点主要集中在通过提升全要素生产率实现稳增长，因而"全要素生产率"跃升到 2019 年关键词出现频次的第一位。这主要是因为，随着我国人口红利的减少、资本存量增速的回落，提高全要素生产率就成为未来中国经济增长最为重要的因素。麦肯锡早在 2015

---

① 黄泰岩：《我国改革的周期性变化规律及新时代价值》，载《经济理论与经济管理》2018 年第 11 期。

年 10 月 22 日的研究报告中就明确指出，全要素生产率带来的经济增长在 GDP 中所占份额需要增长到 35% ~ 50%，中国才能在今后 10 年享有 5.5% ~6.5% 的年经济增长率。① 根据我们的测算，近几年我国全要素生产率对经济增长的贡献已经不足 20%，因而提高全要素生产率的贡献度已经刻不容缓。

2. 自主创新继续保持历史高位

自主创新热点 2019 年继续保持 2018 年创下的第 2 位的历史最高位，显示了学者们对技术创新的持续强烈关注，进一步彰显了创新是推动我国经济高质量发展的第一动力。

2019 年自主创新继续保持高位，一个重要原因是残酷的现实把中国逼到了不加快自主创新就会陷入极度危险的境地。这主要表现在：一是经济下行的压力迫使我国必须加快新旧动能转换。2019 年经济增长速度降到 6.1%，虽然是"三期叠加"的结果，但最主要的原因是新旧动能的转换，或者说新动能的经济贡献不足。增加新动能的关键在于提高科技进步对经济增长的贡献度，我国科技进步对经济增长的贡献率 2018 年仅为 58.5%，主要发达国家已超过 70%，美国更高达到 80%。因此，只有加大自主创新力度，快速提高科技进步对经济增长的贡献率，才能使我国经济进入稳定增长的轨道。例如，麦肯锡 2018 年 9 月发布的研究报告认为，到 2030 年，人工智能技术的开发和运用可以为全球增加 13 万亿美元的经济规模，对经济增长的贡献率完全可以与"工业革命"的蒸汽机等技术变革相媲美，甚至认为，如果没有人工智能的发展，中国实现目标增长可能将面临挑战。② 二是美国发动的对我国前所未有的技术遏制，使我国更加清醒地认识到关键技术、核心技术是我国的"命门"，关键技术、核心技术受制于人是我国最大的隐患，发达国家在关键的时候随时都可以不讲商业规则卡我们的脖子，"中兴"和"华为"两个案例就是充分的证明。所以，历史经验和铁的事实告诉我们，要立于不败之地，必须把关键技术、核心技术掌握在自己手里。三是关键技术、核心技术是买不来的，包括美国、日本在内的 42 个《瓦森纳协定》成员国对高新技术贸易做出严格控制，最

① 《境外媒体："双创"关乎中国经济的未来》，载《参考消息》2015 年 10 月 23 日，http://column.cankaoxiaoxi.com/g/2015/1023/974489.shtml。
② 麦肯锡：《2030 年 AI 将为全球经济贡献 13 万亿美元　国家间差距可能进一步扩大》，前瞻网，2018 年 9 月 5 日，https://t.qianzhan.com/caijing/detail/180905 - 144fe4ff.html。

近他们又计划把军用级网络软件和半导体部件制造技术纳入出口管制。关键技术、核心技术是发达国家的"定海神针"，对他们不能抱有任何幻想。四是关键技术、核心技术是学不来的，因为现代技术创新呈现出加速度的发展趋势，根据联合国教科文组织的测算，知识更新的周期，在 20 世纪六七十年代需要 5～10 年，进入八九十年代缩短到 5 年，21 世纪以来只有 2 年，① 当我国经过改革开放 40 多年对国外技术学习引进消化吸收进入世界技术前沿时，学习的后发优势已经不存在了，只有靠自己整合世界资源自主创新，才能挺进科技强国前列。五是关键技术、核心技术的重大突破需要构建新体制新机制，从而需要加快科技体制、教育体制、评价体系、人才制度的深化改革，走出一条举国体制与市场体制相结合的中国特色技术创新道路。所以，党的十九届四中全会在阐述社会主义基本经济制度时，单独提出了完善科技创新体制机制，凸显了其重要性和对推进国家治理能力治理体系现代化的不可或缺。从世界经济发展经验来看，日本 1980年提出"科技立国"战略，构建"产学官合作研究体制"，引领日本快速进入了科技强国前列。

3. 公共经济重回前 10 位

2019 年公共经济热点比 2018 年上升 5 位，重回 2017 年的第 8 位，表明学者们对公共经济再次关注。但关注的重点却发生了变化，如关键词"制度环境"比 2018 年下降了 199 位，"环境规制"下降了 7 位，意味着我国通过近几年的"放管服"改革，制度环境和营商环境有所改善。世界银行 2019 年 10 月发布的《全球营商环境报告 2020》报告显示，我国的营商环境排名已跃居全球第 31 位，比上一年提升了 15 位。②

2019 年学者们对公共经济关注重点的新变化主要体现在：一是党的十九届四中全会第一次把社会主义市场经济体制纳入社会主义基本经济制度的基本内容，从而把既要充分发挥市场对资源优化配置的决定性作用，又要更好地发挥政府作用作为我国长期坚持的基本经济制度，这就需要深入探讨如何更好发挥政府作用，彰显我国的制度优势。二是我国民间投资不振，是经济下行压力加大的一个重要原因，为实现稳增长目标，就需要发挥政府重大工程项目投资的逆周期调节作用，从而需要探讨重大工程的建

① 《知识更新周期缩短至 2～3 年》，载《时事报告》2010 年第 2 期。
② 《世界银行发布〈全球营商环境报告 2020〉我国营商环境排名已跃居全球第 31 位》，央广网，2019 年 10 月 25 日，http：//china. cnr. cn/news/20191025/t20191025_524831219. shtml。

设模式、治理机制、投资效率、风险评估、与社会资本的合作等，使重大工程项目投资和建设对稳增长起到关键性作用。三是为创新驱动经济高质量发展，就需要更好发挥政府对创新的保障作用，即推进创新所需要的对产权，特别是知识产权的严格保护，形成对创新的产权激励；推进营商环境改善，形成对创新的环境和文化激励。四是为了更好发挥市场对资源优化配置的决定性作用，就需要进一步深化"放管服"改革，加快建立政府权责清单制度，厘清政府和市场、政府和社会的关系，从制度上规范"放管服"改革，同时通过对近几年"放管服"改革的绩效评价，完善"放管服"改革的政策体系。五是人民对公共服务的需要不断增长，特别是对粮食安全、食品安全、药品安全、公共卫生安全、金融安全等的需求更加迫切，从而凸显了我国在这些方面公共服务的短板，如2019年我国仅有医院3.4万个，医疗卫生机构床位892万张①，看病难、看病贵成为常态，一旦发生重大公共卫生疫情，更加难以应对，这就需要政府在公共服务建设上补短板、堵漏洞、强弱项，扩大公共服务供给，推进公共服务均等化，优化公共服务供给结构。六是防风险的压力不断加大，2019年受经济下行，特别是大规模减税降费的影响，全国一般公共预算收入同比仅增长了3.8%，但同期一般公共预算支出却同比增长了8.1%，加之房地产市场调控对土地财政的影响，政府债务风险问题凸显，这就需要对政府债务风险做出科学准确的评估，以及提出防范系统性风险的对策。

4. 区域经济上升到10年来最高位

区域经济热点位次的变化表现出截然不同的两个阶段：2003～2008年期间，位次都排在前10位，分别为第5、4、6、5、8、6位；自2009年以来，位次明显下移，分别排在第11、10、10、10、11、10、13、11、12位，2019年上升到10年来的最高位第9位。

区域经济热点位次的上移，体现了区域经济发展战略上出现了一些需要研究的新变化，主要有：一是区域经济协调发展提到了前所未有的理论高度。党的十九届四中全会在阐述社会主义基本经济制度时，把构建区域协调发展新机制作为加快完善社会主义市场经济体制的重要内容确定下来，这在我国社会主义基本经济制度理论发展史上是重大突破。这就要

---

① 国家统计局：《中华人民共和国2019年国民经济和社会发展统计公报》，国家统计局网站，2020年2月28日，http://www.stats.gov.cn/tjsj/zxfb/202002/t20200228_1728913.html。

求：在社会主义经济制度体系建设中，必须加快区域协调机制的改革深化，构建区域协调发展新机制；在国家治理体系和治理能力现代化建设中，必须把区域经济协调发展新机制的显著制度优势更好转化为治理效能。二是区域经济协调发展成为稳增长的有力支撑。为应对经济下行压力，必须寻找稳增长的新区域经济增长点。从国内来看，中西部与东部地区存在明显的发展差距，通过以长三角为龙头的长江经济带一体化建设、粤港澳大湾区建设和京津冀协同发展，形成新的经济增长极，如 2019 年长江经济带地区生产总值增长 6.9%，高于全国 6.1% 的增长速度；京津冀每平方公里的 GDP 产出只有长三角的一半和不足珠三角的 1/4，发展潜力巨大。从国际来看，为了应对中美贸易摩擦对中国经济的冲击，我国加快"一带一路"建设，对"一带一路"沿线国家货物进出口总额比上年增长 10.8%，促进了 2019 年对外贸易实现逆势增长。三是区域经济协调发展要求各区域特色发展。从区域政策来看，要充分发挥各地的比较优势，打造优势特色产业和产业群，构建本区域在全国乃至世界范围内的竞争优势；从宏观政策来看，要实施精准化的区域政策，一地一策，扶持特色发展，内涵发展，在全国层面形成主体功能明显、优势互补、高质量发展的区域经济布局。四是区域经济协调发展要求提高区域集聚度。2009 年世界银行发展报告指出：全球资源配置的趋势是集聚、集聚，再集聚！世界半数的生产活动已经位于 1.5% 的陆地区域，集聚度达到相当高的程度。[①] 但是，我国的区域经济集聚度还相对较低，如我国规划建设的粤港澳大湾区每平方公里的 GDP 产出为 2696.43 万美元，而纽约湾区为 6511.63 万美元，东京湾区为 4891.3 万美元，旧金山湾区为 4469.27 万美元，[②] 提高我国区域经济的集聚度，就成为区域经济协调发展的重要方向。五是区域经济协调发展要求加快区域中心城市建设。通过区域中心城市建设，提高中心城市的综合承载能力，发挥中心城市的区域辐射和带动作用，形成错位发展、优势互补的大中小城市一体化城市群和城乡融合发展的新格局。

5. 经济体制改革位次变动打破常规

经济体制改革热点的位次变化，以往表现出在改革开放周年庆时大幅

---

① 世界银行：《2009 年世界发展报告：重塑世界经济地理》，清华大学出版社 2009 年版。

② 《粤港澳大湾区与世界三大湾区对比：GDP + 人口 + 面积》，闽南网，2019 年 2 月 19 日，http://www.mnw.cn/news/china/2128672.html。

上升，之后迅速下降的特点，如2008年改革开放30周年时达到历史最高的第9位，2009年就迅速跌到第29位；2018年改革开放40周年时按照变动规律又回到第9位，但不同的是2019年虽然下跌了6位，但仍排在第15位，打破了大幅下降的常规。此外，对照经济体制改革热点位次变化的另一个影响因素，即中央每次出台经济体制改革的决定时，都会带动学界2~3年对经济体制改革的研究，从而经济体制改革热点的位次随之上升，如2013年11月出台了《中共中央关于全面深化改革若干重大问题的决定》，当年经济体制改革热点就从2012年的第26位跃升到第18位，2014年再上升到第11位，2015年下降到第15位，之后再下降到第20位。2019年中央没有专门出台重大的经济体制改革决定，但经济体制改革热点仍能保持在历史上第15位的高点，显现出了新的变化特征。

2019年经济体制改革热点保持高位的主要原因有：一是社会主义市场经济体制成为社会主义基本经济制度的重要组成部分。党的十九届四中全会通过的《中共中央关于坚持和完善中国特色社会主义制度推进国家治理体系和治理能力现代化若干重大问题的决定》，从基本经济制度的视角，对经济体制改革做出了明确的战略部署，要求按照坚持和完善基本经济制度任务图、时间表加快推进经济体制改革。这表明，2019年中央虽然没有专门出台经济体制改革的重大决定，但在推出的重大决定中提出了深化经济体制改革的决定，从而使经济体制改革热点表现出类似于出台专门经济体制改革决定的变动特征。二是经济体制改革成为全面深化改革的重要组成部分。党的十八大以来，我国进入全面深化改革的新阶段。《中共中央关于全面深化改革若干重大问题的决定》，全面部署了经济体制改革、政治体制改革、文化体制改革、社会体制改革、生态文明体制改革、党的建设制度改革"五位一体"的全面改革，这意味着经济体制改革被纳入全面改革加以推进，将不再单独出台经济体制改革的决定，因而经济体制改革热点的变动将依据中央全面改革重大决定的出台而变动。三是经济体制改革的步伐加快。从改革开放到2013年，我国基本上每10年出台一个经济体制改革决定，从而形成了我国特有的改革周期，并由改革周期引发的经济发展周期，而党的十八大以来，经济体制改革的步伐明显加速，中央全面改革的决定密集出台，2013年出台《中共中央关于全面深化改革若干重大问题的决定》后，2018年和2019年又先后出台了《中共中央关于深化党和国家机构改革的决定》和《中共中央关于坚持和完善中国特色社会主义制度推进国家治理体系和治理能力现代化若干重大问题的决定》，这些决定都涉及经济体制改革，因而中央关于经济体制改革的决定出台不再表现为 10 年的周期，这也是 2013 年以来经济体制改革热点位次与以往相比发生变化的重要原因。四是经济体制改革是推动高质量发展的强大动力。2019 年中央经济工作会议对改革开放做出了新的定位，要求推进经济高质量发展，必须坚持以改革开放为动力，从而把改革开放与创新驱动并列，作为全面提高经济整体竞争力，加快现代化经济体系建设不可或缺的两个轮子，把改革开放从创新驱动中的制度创新独立出来，强调改革开放对高质量发展的重要性，这就需要学者们对标高质量发展，对经济体制改革做出新的研究。

6. "三农"再次回到历史高位

自 2003 年以来，"三农"热点有 5 年排在第 2 位，有 9 年排在第 3 位，各有 1 年排在第 1 位和第 5 位，2018 年意外跌到第 6 位，2019 年反弹回到第 3 位。"三农"问题之所以成为每年排位比较高的热点，是由我国二元经济的特殊国情决定的，农民问题不解决，就没有全面小康社会；农业没有现代化，就没有中国的现代化；乡村没有振兴，就没有中华民族的振兴。

2019 年"三农"热点排名位次的上升，主要是因为需要：一是打赢脱贫攻坚战。2019 年是决胜全面小康的关键之年，不折不扣完成脱贫攻坚任务，巩固脱贫成果，是当前解决"三农"问题的头等大事，这就需要学者们在总结以往脱贫攻坚经验的基础上，针对深度贫困脱贫攻坚的难点和突出问题，找到精准脱贫和巩固脱贫成果的解决措施。二是继续实施乡村振兴战略。坚持农业农村优先发展的总方针，必须以实施乡村振兴战略为总抓手，这就需要在总结典型经验和对乡村振兴发展水平评估基础上，进一步完善乡村振兴的体制机制，推动城乡融合发展，加强特色村寨建设，加快农村基础设施建设和环境治理，以及推动乡村旅游、乡村民宿新型产业的发展等。三是做好"六稳"工作。通过稳定农业生产，保障口粮的绝对安全；通过加大农业核心技术关键技术的联合攻关，为人民提供更加优质、安全的农产品；通过延长农产品产业链，为回乡青年创新创业提供发展平台；通过扩大农业的对外开放，加快推进并支持农业"走出去"和开辟多元化的进口渠道，特别是加强与"一带一路"周边国家的农业合作等。四是深化"三农"体制机制改革。党的十九届四中全会提出的基本经济制度建设，明确提出了深化"三农"体制机制改革的重要任务是：深化农村集体产权制度改革，发展农村集体经济，完善农村基本经营制度；实施乡村振兴战略，完善农业农村优先发展和保障国家粮食安全的制度政策，健全城乡融合发展体制机制；扩大农业开放等。这就为"三农"制度体系、体制机制和政策体系的完善开辟了新的研究领域。五是激发农村发展活力。通过全面推开农村土地征收制度改革，以及农村集体经营性建设用地入市改革，建立城乡统一建设用地市场，激活农村经营性建设用地市场，让农民获得更多的土地收益；通过推进农村宅基地制度改革，增强宅基地的保障功能和财产功能。

7. 企业投资大幅跃升首次进入前 20 位

企业投资从 2018 年的第 40 位跃升到 2019 年的第 19 位，成为 2019 年前二十大热点中上升幅度最大的热点，充分体现了在经济下行压力加大的情况下，特别需要发挥企业投资对稳增长的关键作用。

2019 年全社会固定资产投资继续呈现下行态势，因而稳投资就成为稳增长的重要抓手。这就需要：一是加大国有企业投资的逆周期调节作用。社会主义基本经济制度的显著优势，就是可以发挥国有经济对经济运行的控制力、影响力和抗风险能力。2019 年国有控股企业投资增长 6.8%，中央国有企业投资增长 7.6%，很好地发挥了稳投资作用，但在对第三产业的投资中，基础设施投资（不含电力、热力、燃气及水生产和供应业）仅增长了 3.8%，远远低于全国平均水平，当前我国的教育、公共卫生、环保等公共基础设施还远远不能满足人民对美好生活的需要，特别是农村公共服务基础设施建设还存在明显的短板，发挥政府的引导作用，加大国有企业对这一领域的投资力度对稳投资具有重要意义。二是激发民营企业投资积极性。民营企业投资在全部固定资产投资中的占比已经超过 60%，在制造业投资中占比甚至超过 85%，民营企业投资对稳投资具有决定性的影响。2019 年民间固定资产投资仅增长 4.7%，比 2018 年下降了 1.2 个百分点，这主要是因为民营企业大多集中在传统产业领域，新旧动能转换使民营企业投资空间大大缩小，而转向新兴战略产业或对传统产业进行改造又受到融资约束，这就需要根据民营企业的异质性，进行分类扶持。同时，还要依据社会主义基本经济制度的要求，对民营企业的引导、支持制度化、规范化，并长期坚持和完善，稳定民营企业投资的未来预期。三是稳外资。2019 年外商投资企业固定资产投资下降了 0.7%，主要是因为逆全球化的兴起、发达国家对本国企业投资我国战略性新兴产业的遏制，以及我国人工、土地、环保、融资等成本的上升，形成了高端挤压、低端挤出的困境，这就需要加大我国在更广领域、更深层次的对外开放，加快压减全国和自贸区外资进入负面清单，以及提供更加便利化的服务，为外商投资创造更大的发展空间。四是扶持引导企业向工业部门投资。2019 年第二产业投资仅增长 3.2%，其中制造业投资增长 3.1%，在我国工业化远没有完成，而且我国的制造业由于缺乏核心技术和关键技术仍处在产业链中低端的情况下，制造业的投资增长如此之低是不合理的。日本在实现工业化的 1974 年第二产业占 GDP 的比重仍高达 41.37%，到 1997 年还保持在 32.69%；韩国到 2015 年还占 37.98%。但我国 2019 年这一比重已经降到了 39%。拉美国家陷入"中等收入陷阱"的一个重要教训就是制造业的衰落。这就需要采取有力措施吸引企业向制造业投资。五是稳定房地产开发投资。2019 年全国房地产开发投资增速达到 9.9%，其中住宅投资增长了 13.9%，但在房地产泡沫风险不断累积和家庭负债率迅速攀升的情况下，房地产开发投资快速增长已不可持续，这就需要找到稳定房地产开发投资的有效途径。[①]

8. 企业成长回到高位

自 2003 年以来，企业成长热点排名分为三个明显的变动阶段：2008 年以前，企业成长的排名比较低，如 2005 年为第 46 位，体现了 2008 年世界金融危机之前中国企业一路高歌的野蛮生长；2008 年之后，为应对世界金融危机的冲击，企业成长受到重视，2010 年曾达到历史最高的第 12 位，但 2012 年又迅速跌落到第 27 位，显示出大幅波动的变化特征，表明企业成长出现了阶段性的难题和困境；2015 年以来，随着经济下行压力的不断加大，特别是新旧动能转化和居民消费结构加快升级对企业生存构成了不可逆转的严重影响，企业成长成为学界持续性的研究热点，历年排名都保持在前 20 位，最高的 2016 年和 2017 年都回到历史最高的第 12 位，2018 年降到第 18 位，2019 年又回到第 14 位，虽然没有达到最高，但也属历史高位。

2019 年企业成长问题之所以引起学者们的关注，主要原因：一是企业生存的压力。近几年来，企业注销数量不断增长，2014～2018 年，年度注

---

① 国家统计局：《中华人民共和国 2019 年国民经济和社会发展统计公报》，国家统计局网站，2020 年 2 月 28 日，http://www.stats.gov.cn/tjsj/zxfb/202002/t20200228_1728913.html。

销企业数分别为 50.59 万户、78.84 万户、97.46 万户、124.35 万户和 181.35 万户。2019 年推出企业注销便利化新政后，仅通过简易注销退出市场的企业就达 133.9 万户。这表明，企业生存的压力不断加大，如何"活下来"成为企业经营的第一法则，正如任正非所说：华为最基本的使命就是活下去，我只想这几年如何活下去。二是企业盈利的压力。随着经济的下行，企业盈利水平趋于下降，2019 年全国规模以上工业企业实现利润总额比上年下降 3.3%，其中国有控股企业下降 12.0%，股份制企业下降 2.9%，外商及港澳台商投资企业下降 3.6%；2019 年全国规模以上工业企业营业收入利润率只有 5.86%，比上年下降了 0.43 个百分点。企业的低盈利水平，使企业难以实施创新驱动产业升级和产品优化，形成恶性循环。三是企业转型的压力。随着居民消费结构的加速升级，企业的产品和服务供给与消费者的需求形成严重错位，这就迫使企业必须转型成长以适应居民消费结构的升级和消费行为的变化，而企业转型成长又面临着资金、技术、人才等瓶颈制约，如何走出两难困境成为当下企业成长的首要难题。四是企业成本的压力。虽然在减税降费等降成本的系列政策作用下，企业经营成本快速上升的势头得到有效控制，但 2019 年规模以上工业企业每百元营业收入中的成本仍比上年增加了 0.18 元，如何进一步完善减税降费等宏观政策直接受惠于企业，以及通过加快要素市场改革促进要素自由流动等切实降低企业成本，就成为扶持企业成长的重要举措。五是企业环境的压力。把社会主义基本经济制度的显著优势更好转化为治理效能，需要进一步建立和完善相关的制度体系，改革相应的体制机制，构建完善的政策体系等，使对企业的治理法制化、规范化、长期化，为企业成长创造良好的稳定预期。

9. 就业重回历史高位

就业是经济发展的"晴雨表"，近几年随着经济下行压力的不断加大，就业的压力也越来越大，引起了社会和学界的广泛关注，就业热点也从 2015 年的第 24 位一路飙升到 2019 年的第 13 位，距历史最高的第 12 位仅一步之遥。

2019 年就业热点再回第 13 位，主要是因为：一是稳就业就是稳民生。2018 年 7 月 31 日召开的中央政治局会议在分析研究经济形势时明确提出要做好"六稳"工作，而且把稳就业排在第一位。这表明：一方面宏观经济政策导向进一步转向贯彻落实"以人民为中心"的发展思想，把让人民过上美好的幸福生活作为发展目标，而就业是民生之本，稳就业就是最大的民生工程、民心工程；另一方面，在经济下行压力加大的情况下，就业的压力在增大，2019 年城镇新增就业比上年少增 9 万人，全国城镇调查失业率从上年的 4.9% 上升为 5.2%，这就要求必须把稳就业放在更加突出的位置。二是稳就业就是稳增长。2019 年最终消费支出对国内生产总值增长的贡献率为 57.8%，比资本形成总额的贡献率高出 26.6 个百分点[①]，因而稳增长就必须稳消费，稳消费就必须稳就业，因为居民收入的主要来源是工资性收入。从城镇居民收入来看，工资性收入占城镇居民收入的比重，虽然改革开放以来大幅下降，但目前仍占 60% 以上；从农民收入来看，工资性收入已经成为农民增收的最主要来源，2018 年，农民工资性收入对农民增收贡献率达 42.0%，比农民经营净收入 27.9% 的贡献率高出 15.9 个百分点[②]。三是稳就业就是稳企业。随着我国新旧动能转换加快和污染防治攻坚战持续深入，广大中小微企业和个体工商户面临越来越大的生存压力，而中小微企业却提供了 80% 的城镇就业，8000 多万个体工商户吸纳了 2 亿多人的就业。因此，要稳就业就必须稳企业，就需要研究因地因企因人分类开展有针对性的援企政策，稳住中小微企业，防止出现大规模裁员。四是稳就业就是稳高质量发展。随着我国高等教育的发展，每年毕业的大学生成为新增就业的主体，2019 年本专科以上毕业生高达 820 多万人，因而注重高校大学生就业就成为就业工作的重中之重。实际上，每年庞大的高校毕业生群体是我国推进经济高质量发展的巨大人才优势，如何把"人口优势"转变为"人才红利"，就成为新时代稳就业的重要命题。

10. 对外贸易与贸易政策持续受到关注

对外贸易与贸易政策自 2017 年连续 3 年都排在第 7 位，相对稳定。这表明，中美贸易摩擦爆发以来的世界逆全球化和贸易保护主义盛行对我国外贸产生了严重冲击，必须高度重视和积极应对。

2019 年对外贸易与贸易政策继续能够排在高位，主要是因为需要：一是建设更高水平开放型经济新体制。党的十九届四中全会第一次把建设更高水平开放型经济新体制作为我国基本经济制度的重要内容确定下来加以

---

① 国家统计局：《中华人民共和国 2019 年国民经济和社会发展统计公报》，国家统计局网站，2020 年 2 月 28 日，http://www.stats.gov.cn/tjsj/zxfb/202002/t20200228_1728913.html。

② 《2018 年中国农民增收最主要来源为非农收入》，中新网，2019 年 4 月 28 日，http://www.chinanews.com/sh/2019/04 - 28/8822775.shtml。

坚持和完善，这是对新中国成立 70 年，特别是改革开放 40 多年经验的科学总结，从而需要一方面研究如何用制度保障不断扩大对外开放，把制度优势转化为对外开放的治理效能；另一方面研究如何按照进一步扩大对外开放提出的任务清单，明确建设更高水平开放型经济新体制的路线图、施工表，形成扩大对外开放的新格局。二是优化国际市场结构。在中美贸易摩擦的大背景下，只有形成全面开放的新格局，才能确保我国对外贸易的逆势增长。2019 年我国对美国的进出口总额虽然出现较大的负增长，但对"一带一路"沿线国家进出口总额却比上年增长了 10.8%，对欧盟、东盟、拉美、非洲进出口分别增长 8%、14.1%、8% 和 6.8%，都高于整体 3.4% 的增长。[①] 三是大力发展服务贸易。我国服务业的快速高质量发展助推服务贸易快速增长，2019 年我国服务进出口总额比上年增长 2.8%。其中，服务出口增长 8.9%，服务进口下降 0.4%，服务贸易的逆差减少，表明随着我国服务业，特别是战略性新兴服务业的高速增长，形成了明显的进口替代效应。[②] 四是推进我国自贸区、边境经济合作区、跨境经济合作区全面加快发展。2019 年国家批准新设山东、江苏、广西、河北、云南、黑龙江 6 家自贸区，自贸区数量达到 18 个，形成了从南到北、从东到西的全面开放格局；我国边境地区依托 3 个跨境经济合作区、17 个边境经济合作区和 7 个沿边重点开发开放试验区，积极推进边境地区的对外开放，成为我国扩大对外开放新的增长点。五是培育外贸新业态新模式。运用现代信息技术和人工智能技术等推进对外贸易业态和模式创新，在总结跨境电子商务综合试验区建设经验基础上，加快推动跨境电商在更大范围发展，为对外贸易增长提供新动能；扎实推进市场采购贸易方式试点，为对外贸易提供新的增长点。

三、中国经济学进一步研究的方向和重点

贯彻落实新发展理念，以供给侧结构性改革为上线，按照稳中求进的工作总思路，做好"六稳"工作是当前我国经济工作的重中之重，中国经

---

① 《2019 年我国与"一带一路"沿线国家进出口总值占比近 30%》，中国经济网，2020 年 1 月 14 日，http：//www.ce.cn/xwzx/gnsz/gdxw/202001/14/t20200114_34121918.shtml。

② 国家统计局：《中华人民共和国 2019 年国民经济和社会发展统计公报》，国家统计局网站，2020 年 2 月 28 日，http：//www.stats.gov.cn/tjsj/zxfb/202002/t20200228_1728913.html。

济学必须以问题为导向，提出解决问题的理论指导和政策建议。

1. "稳"的理论内涵和政策体系

稳中求进工作总基调是治国理政长期坚持的重要原则。"稳"从最初的稳增长演变为在统筹推进稳增长、促改革、调结构、惠民生、防风险工作下的稳就业、稳金融、稳外贸、稳外资、稳投资、稳预期，可以说当前经济工作是"稳"字当头。为了进一步做好"六稳"工作，就需要从以下几个方面对"稳"的内涵做出理论上的科学阐释。一是如何理解我国经济增长的长期基本面及其影响因素。经济增长的影响因素分为需求拉动和供给推动两个方面。需求拉动，即消费、投资、出口"三驾马车"拉动的经济增长；供给推动，就是通过要素投入、结构优化、制度变革推动的经济增长。通常情况下，短期因素会影响需求侧的变化，引起经济增长的短期变化；供给侧一般属于长期因素，决定了经济增长的基本面，可以用潜在经济增长率表示。所以，当短期的扰动因素如短期的贸易摩擦、重大疫情等突发事件使短期的经济增长严重低于潜在经济增长率，也就是与经济基本面出现背离时，就需要采取有效的宏观政策"稳增长"。所以，稳增长不是主观臆断的"拔苗助长"，而是通过宏观政策干预使就业、金融、外贸、外资、投资、预期等回归到经济的应有水平。此外，从历史经验来看，短期因素和意外因素如果处置不当，一旦引起经济断崖式下跌和社会动荡，也会陷入比较长期的困难境地，因而"稳"也是通过宏观政策干预把短期和意外因素对经济增长的负面影响降到最低。二是我国经济增长的长期基本面的变动趋势。这就需要从不同视角对我国未来的潜在经济增长率做出比较精准的测算，以确保宏观政策干预更精准、更有效，防止出现过度干预或干预不足。例如，随着我国工业化、城镇化的推进，以及人口老龄化的加速，人口、资本形成等生产要素对经济增长的贡献会趋于下降，潜在经济增长率也会随之下降，"稳"需要锁定的锚就会发生变化。所以，做好"六稳"工作，必须首先明确在不同阶段"稳"应该锁定的锚是什么，否则"稳"就失去了方向和标准。三是构建实现"稳"的政策体系。从根本上说，实现"稳"必须靠"进"，以供给侧结构性改革为主线，迅速壮大新经济和全面改造传统产业，跨越转变发展方式、优化经济结构、新旧动能转化三大关口，使我国经济转入高质量发展的新轨道。但是，在跨越三大关口过程中，在新经济、新动能还不能支撑稳增长重任的情况下，就需要运用新旧动能的有效组合实现"稳"，"稳"与"进"

相互支撑、相互促进、相互转化。

2. 把基本经济制度优势更好转化为治理效能

党的十九届四中全会对我国社会主义基本经济制度做出的新概括，是中国特色社会主义经济理论的创新和发展。基本经济制度在经济制度体系中发挥着根本性、基础性、方向性的决定作用，因而构建中国特色社会主义经济理论体系，必须要把基本经济制度在理论上说清楚。一是基本经济制度的构成内容。党的十九届四中全会把我国社会主义基本经济制度表述为：公有制为主体、多种所有制经济共同发展，按劳分配为主体、多种分配方式并存，社会主义市场经济体制等社会主义基本经济制度。这就需要，一方面阐明按劳分配为主体、多种分配方式并存，社会主义市场经济体制成为社会主义基本经济制度重要内容的理论依据；另一方面还要阐明社会主义基本经济制度是否还包括其他的内容，因为党的十九届四中全会对我国社会主义基本经济制度提出三方面内容的表述后又加了一个"等"字，这就意味着可以还有其他的内容，因为在党的十九届四中全会对我国社会主义基本经济制度进行具体表述时，除了三方面的内容外又并列增加了"完善科技创新体制机制"和"建设更高水平开放型经济新体制"两部分内容。这两部分内容是与其他三部分内容共同构成社会主义基本经济制度，还是内涵在三部分内容之中？二是社会主义经济制度体系。党的十九届四中全会指出，中国特色社会主义制度是一个严密完整的科学制度体系，最重要的包括根本制度、基本制度和重要制度。这就需要，一方面搞清楚社会主义经济制度体系中都包括哪些具体制度，特别是哪些为重要制度、哪些为一般制度，以及制度建设的短板等，从而为固根基、扬优势、补短板、强弱项提供理论指导；另一方面揭示基本经济制度、重要制度、一般制度、经济体制等制度体系中各个组成部分的相互关系，为构建系统完备、科学规范、运行有效的制度体系提供理论指导与政策建议。三是把社会主义基本经济制度的显著优势更好转化为治理效能的传导机制。党的十九届四中全会明确指出，我国基本经济制度具有显著优势，要把我国制度优势更好转化为国家治理效能。这就需要，一方面揭示基本经济制度优势更好转化为治理效能的传导机制，明确传导的层次与链条，以及这些层次与链条在哪些方面仍然存在短板或漏洞；另一方面针对传导机制存在的短板和漏洞，如何通过制度建设和完善、体制机制改革和创新等疏通传导机制的堵点，推进我国治理能力与治理体系的现代化。

3. 构建中国经济学理论体系

构建中国经济学理论体系，是中国经济学人基于中国经验创新发展经济学说的时代责任和长期任务，因而需要在已有理论积累的基础上不断持续深化研究。从现有的研究难点和焦点来看，主要应首先解决以下几个基本理论问题：一是中国经济学的称谓是否成立。从经济学说史来看，在西方经济学主要流派中，有以名字命名的如凯恩斯经济学，有以理论主张命名的如货币主义经济学，也有以国家命名的如瑞典学派、奥地利学派，也有以地方命名的如新剑桥学派，等等，这意味着，只要能够提出不同的理论体系，以什么名字命名都是可以的。从马克思主义经济学的形成来看，马克思对资本主义基本经济规律的深刻揭示，就是以当时资本主义最发达的英国为典型完成的，从特殊上升到了一般。以中国发展经验为基础构建的中国经济学，虽然具有中国特色，但对世界上其他发展中国家实现经济发展也是一种新的理论、道路和方案，因而也具有经济学的一般价值。二是中国经济学的理论来源。马克思构建自己的经济学理论大厦，吸收了古典经济学的科学成分。构建中国经济学，就是要坚持和发展马克思主义经济学的基本理论与方法，从中国经验中总结提升理论和借鉴世界上一切经济学的科学成分，因而中国经济学的构建是继续沿着经济学发展的文明大道推进经济学理论的创新和发展，是包含了现有一切科学理论基础上的时代化的、中国化的理论体系、学术体系和话语体系。三是中国经济学的形成过程。马克思的历史唯物主义就是把任何事物的发展都看作是一个产生、发展、成熟的历史过程，中国经济学的形成也同样需要经历这样一个过程，特别是在中国经济改革与发展仍处在跨越历史关口，中华民族伟大复兴还处在进行时的情况下，中国经济学的构建不可能一蹴而就，需要我们在新中国成立 70 年，特别是改革开放 40 多年发展经验中总结提炼出的"四梁八柱"理论框架基础上逐步向前推进，当前尤其需要把中国经济学聚焦于中国特色社会主义政治经济学理论体系的构建，一方面解决中国经济改革与发展的时代之问，指导中国经济完成从富起来到强起来的历史飞跃；另一方面为中国经济学成为集大成的经济学奠定坚实的理论基础。

第二章 经济增长与发展
问题研究新进展

　　2019 年中国经济下行压力陡增，全年 GDP 增速为 6.1%，比上年回落 0.5 个百分点。纵观全年，四个季度呈单边走低趋势，第一季度增速为 6.4%，第二季度为 6.2%，第三、第四季度分别降至 6.0%。虽说 2019 年经济增速的下滑幅度比前几年大，但很多宏观指标与十年来的变化趋势基本相当。虽然经济增速下行，但通胀温和、就业稳定。造成这种状况的原因是多维的，既有长期趋势性因素的作用，也有短期突发性因素的扰动，前者冲击的是供给端，比如人口、技术；后者冲击的则多为需求端，比如出口、投资、消费。在这一过程中经济的结构性矛盾依然十分突出，现在既要提升经济发展质量，更要防止经济失速，这对国民经济管理提出了更高的要求。

一、潜在增长率的下行趋势

　　从长期趋势看，一国经济增速的演变轨迹与潜在增长率是暗合的。如果潜在增长率处于下行周期，那么除非有其他短期因素的干扰，否则，实际的经济增速也将大概率下行，这也正是当前中国面临的现实。多数学者认为，近年来的经济增速换挡是潜在增长率下行的必然结果，短期内无法改变。[①]
　　古典经济学认为，一国潜在产出水平取决于资本、劳动、土地等要素的供给状况及技术水平，相应地，潜在增长率也取决于要素供给增长率和

---

　　① 张建华、程文：《服务业供给侧结构性改革与跨越中等收入陷阱》，载《中国社会科学》2019 年第 3 期；郭晗：《结构转换提升我国潜在经济增长率的理论逻辑与实现路径》，载《经济学家》2019 年第 6 期。

技术进步率。中国现在面临的问题是，要素增长率在放缓甚至减少，而技术进步率受多重因素影响而无法腾飞，后者不足以抵补前者。

（一）人口红利渐失与资本积累困境

先看人口因素。威廉·配第曾说："劳动是财富之父，土地是财富之母"，劳动供给对一国经济发展的重要性是不言而喻的，劳动供给的母体是人口。18 世纪工业革命之所以率先在英国掀起，一个重要的因素就是自维多利亚女王时期开始就注重刺激生育率，其人口相对于法国、意大利等邻国保持长期的显著增长。[①]

富余人口和近乎无限的劳动供给是改革后中国经济发展的重要驱动力，人口红利也曾被视作整个东亚奇迹的关键，[②] 然而，近年来中国人口红利正趋于消失，这典型地表现在劳动年龄人口的减少上。就以 15～59 岁年龄段人口为例，按国家统计局公布的数据，其峰值出现在 2011 年，当时为 9.4 亿人，此后便开始下降，每年减幅为 350 万～550 万人。如果把年龄放宽至 15～64 岁，峰值出现在 2013 年，约为 1 亿人，此后也开始下降，2016 年之前每年降幅约 100 万人，2017 年开始加速，每年减幅超过 400 万人。劳动年龄人口减少是中国今后将长期面临的一个要素禀赋变化，将对经济社会发展产生深远的影响。[③]

劳动年龄人口上述变化是长期以来生育率、死亡率演进的结果，其中，既有 20 世纪 80 年代计划生育政策的强制作用，也有人民生活水平提高后寿命延长因素的影响。持续二三十年的"低生育率，低死亡率，低人口增长率"使今天的人口结构出现非生产型特征，在我国尚未进入高收入国家行列时，"未老先富"的人口结构除了会终结劳动力无限供给的红利外，还会带来养老难题。[④]

有研究表明，生育率与预期寿命对经济增长在不同国家表现不同：生

① 丁守海：《中国应着力开发二次人口红利》，载《湖南大学学报》（社会科学版）2019 年第 4 期。
② 林毅夫、蔡昉、李周：《比较优势与发展战略——对"东亚奇迹"的再解释》，载《中国社会科学》1999 年第 9 期。
③ 丁守海：《结构大变革时期中国就业的新现象、新规律、新趋势》，中国人民大学《中国宏观经济论坛》2019 年三季度主报告。
④ 蔡昉：《70 年发展的回声：最大最快的人口转变》，载《经济研究》2019 年第 9 期。

育率的正向收入效应与预期寿命的负向替代效应在发达国家中占主导地位；而生育率的负向替代效应与预期寿命的正向收入效应在发展中国家起决定作用。改革开放40多年来，中国生育率的下降和预期寿命的延长对经济增长的总贡献年均2.72%，随着经济发展水平的提高，生育率下降与预期寿命延长的正边际效应正在消退，负边际效应正在攀升。[①] 这也是人们呼吁人口政策尽快调整的原因。

从理论上说，放开"二孩政策""远水解不了近渴"，至少在十几年内，新增的新生儿尚不能加入到劳动力大军中，人口红利无法得到及时抵补，甚至由于育儿负担加重等原因，经济增长短时间内可能还会受到一定程度的损害，但长远来看，放开"二孩政策"的正面效果仍是非常明显的。[②]

工资是连接人口红利和经济增长的桥梁，人口红利丧失第一时间将通过工资上涨来对传统增长模式施加压力，我们既不能反对工资增长，也无法迅速地切换经济增长模式，这大概是当今中国经济增长与发展所面临的最大困惑。折中的解决办法是通过劳动力资源配置结构的优化实现帕累托改进，即把劳动力从低效率部门或地区转移到高效率部门或地区，在既定人口总量的前提下仍有望实现经济的持续增长。这算是一个折中的解决方案，也是近年来劳动力转移这个老生常谈的话题仍被屡次提及的原因。[③] 显然，任何劳动力市场的制度性障碍，比如劳动力市场分割，都会妨碍劳动力转移，并造成错配。邓红亮等通过构建新凯恩斯DSGE模型发现，这种分割会造成明显的工资粘性和市场分离，偏离市场调节的内在要求，对产出、就业等宏观变量产生负向冲击。[④] 盖庆恩等通过引入开放经济的多部门模型进一步验证了它对生产率的副作用。[⑤]

人口红利丧失带来的另一问题就是资本积累，养老是一个重要的传导渠道。随着老龄化程度的提高，储蓄将减少，资本形成率下降。据测算，2015~2035年中国资本存量增长率可能会降至9.22%，而自加入WTO之

---

① 王维国、刘丰、胡春龙：《生育政策、人口年龄结构优化与经济增长》，载《经济研究》2019年第1期。
② 杨华磊：《世代更迭、人口政策调整与经济增速》，载《经济科学》2019年第3期。
③ 常进雄、朱帆、董非：《劳动力转移就业对经济增长、投资率及劳动收入份额的影响》，载《世界经济》2019年第7期。
④ 邓红亮、陈乐一：《劳动生产率冲击、工资粘性与中国实际经济周期》，载《中国工业经济》2019年第1期。
⑤ 盖庆恩、方聪龙、朱喜、程名望：《贸易成本、劳动力市场扭曲与中国的劳动生产率》，载《管理世界》2019年第3期。

后中国资本存量的年均增长率一直都在 10% 以上。[①] 为应对养老压力，有人建议通过国有资本划转养老保险基金的办法来解决，这有利有弊：利在提高长期的劳动供给质量，弊在降低劳动供给数量，总影响不确定。[②] 另一个解决办法是降低养老保险缴费率，同时优化生产性财政的内部支出结构，提高人力资本投资力度。[③]

当然，人口红利丧失还会通过工资上涨来对资本积累施加压力。常进雄等通过构建动态一般均衡模型发现，在劳动力转移过程中工资分配份额呈"U"型变化趋势，即在早期劳动剩余阶段工资份额不断下降，利润份额不断上升，但随着剩余劳动力的枯竭，工资份额开始上升，利润份额开始下降，投资率开始遭遇瓶颈，[④] 尽管从理论上讲，工资上升也有倒逼产业升级的作用，但总体来说力度非常有限。[⑤]

（二）全要素生产率受多方制约

党的十九大报告指出我国经济已由高速增长阶段转向高质量发展阶段，这一过程经济增速适当回落是意料之中的，提高经济发展质量才是核心，高质量发展的关键是全要素生产率的提升。[⑥]

毋庸置疑，改革后中国全要素生产率的快速提升在很大程度上得益于向西方国家的模仿性技术创新，特别是加入世贸组织后深度嵌入全球产业链分工体系使我们能直接从巨大的技术落差中获益，不幸的是，近年来这种后发技术优势开始遭遇挑战，中外技术落差已经越来越小，某些领域甚至已领先于世界，如 5G。在这种情况下模仿性技术创新的边际收益越来越小。其次，逆全球化的干扰。虽然从长期看全球化不可逆转，但短期内

---

① 刘伟、范欣：《中国发展仍处于重要战略机遇期——中国潜在经济增长率与增长跨越》，载《管理世界》2019 年第 1 期。

② 景鹏、郑伟：《国有资本划转养老保险基金与劳动力长期供给》，载《经济研究》2019 年第 6 期。

③ 景鹏、郑伟：《养老保险缴费率、财政支出结构与经济增长》，载《世界经济》2019 年第 12 期。

④ 常进雄、朱帆、董非：《劳动力转移就业对经济增长、投资率及劳动收入份额的影响》，载《世界经济》2019 年第 7 期。

⑤ 白雪洁、于庆瑞：《劳动力成本上升如何影响中国的工业化》，载《财贸经济》2019 年第 8 期。

⑥ 逄锦聚、林岗、杨瑞龙、黄泰岩：《促进经济高质量发展笔谈》，载《经济学动态》2019 年第 7 期。

逆全球化确实在暗流涌动，[①] 以美国为代表的发达国家试图对中国进行技术封锁和遏制，[②] 中兴被调查、华为遭抵制、核心技术和元器件对华禁运，这些事件对中国的技术影响不可小觑。

当然，在开放经济背景下中国不仅可以通过吸引 FDI 来摘取外国技术果实，也可以通过 OFDI "走出去"来实现。近年来美国一再宣称"中国通过海外投资窃取核心技术"，但实际如何呢？沈春苗等基于 2003～2015 年中国对 29 个 OECD 国家 OFDI 数据的测算表明，中国基本没有从对外投资中获得多少技术溢出效应，甚至还对国内技能偏向性技术进步产生了一定的抑制作用，究其原因：一是与国内产能过剩和技术吸收能力不足有关；二是与我们在全球价值链中低端锁定以及发达国家的技术封锁有关。[③]

不管引进来还是走出去，如果一味地跟在发达国家后面搞模仿性技术创新，终将陷入"模仿陷阱"。彭伟辉发现，如果没有国家干预，单凭市场的内生力量来模仿发达国家技术，是很难跳出"模仿陷阱"的，终极解决之道还是要走向自主创新。但这条道路并不那么容易成功，它有很多前提条件，比如基础研发补贴、产权保护制度、资本积累机制等，一个条件跟不上，就可能又会陷入"转型陷阱"。[④] 近年来中国技术进步可能正处于这样一个十字路口。一般认为，这个困惑点大约出现在 2008 年金融危机前后，模仿性技术创新的收益大幅收窄，原发性技术创新的收益却尚未显现，导致 2008 年之后全要素生产率快速下滑。2013 年之后随着东部地区高技术产业的崛起，全要素生产率开始有所回升，但中西部地区受传统的重化工业及资源性产业的拖累，下滑态势仍很明显。[⑤]

2008 年为应对金融危机的冲击，中国政府实施了著名的四万亿元投资计划，很多学者认为它带来的一个副作用就是延缓了产业升级的进程，尽管也可能发生资本偏向性技术进步，但总体来说，资本深化对劳动生产率的提升起到了很大的遏制作用。[⑥] 今天，为应对经济下行风险，我国又大

---

① 姜少敏：《经济全球化、反全球化与逆全球化力量的博弈：过程、现状与趋势》，载《教学与研究》2019 年第 11 期。

② 宋国友：《美国对华技术封锁不得人心》，载《人民论坛》2019 年第 6 期。

③ 沈春苗、郑江淮：《中国企业"走出去"获得发达国家核心技术了吗？——基于技能偏向性技术进步视角的分析》，载《金融研究》2019 年第 1 期。

④ 彭伟辉：《我国技术进步路径选择：一个理论模型分析》，载《经济问题探索》2019 年第 9 期。

⑤ 郑世林、张美晨：《科技进步对中国经济增长的贡献率估计：1990～2017 年》，载《世界经济》2019 年第 10 期。

⑥ 余东华、张鑫宇、孙婷：《资本深化、有偏技术进步与全要素生产率增长》，载《世界经济》2019 年第 8 期。

发地方债，缪小林等认为，地方债会通过挤占私人资本而损害地区 TFP 增长，现在不仅要防控地方债可能带来的金融风险，更要关注它对全要素生产率的影响。①

垄断也是妨碍全要素生产率提升的一个重要因素。研究表明，竞争可以加速低效率企业收缩和高效率企业扩张，这种创造性破坏过程通常表现为企业更替和产业重组，它们能极大地推动微观层面全要素生产率的提升，这是新常态下中国模式转变的关键，② 但现实中诸多领域还存在不完全竞争，特别是国计民生部门垄断现象还比较严重，行业准入门槛高，各种行政管制限制了竞争。

全要素生产率的另一制约因素是结构转型。按理说，结构转型一般是有利于提高生产率的，但它有个前提，那就是生产要素从低效率部门转向高效率部门。正如从改革初生产要素从农业部门流向工业部门，这时对应的是结构红利，它是改革后中国经济高速增长的一个重要源泉。但近年来结构转型走向了另一方向，国民经济重心开始从第二产业转向第三产业，而第三产业又以餐饮、住宿、旅游、零售等传统服务业为主，生产率比第二产业低，要素的反向流动会拉低整个经济的全要素生产率。刘华军等发现，中国结构红利呈倒"U"型，现在正处于下坡阶段，处理不好会带来结构性减速。③

税收结构不合理也会制约全要素生产率，比如增值税的多档税率特征会导致抵扣链条出现"低征高扣"和"高征低扣"现象，扭曲中间投入价格，由此造成资源错配和生产率损失。④

近年来很多学者研究了所谓的绿色全要素生产率的问题，即更具环境友好型特征的全要素生产。各地不断加强环境规制，频频掀起环保风暴。从理论上说，这会倒逼高耗能、高污染、低效率企业进行技改提高效率，但实践中并不像想象的那么完美。盛丹等发现，在污染整治区企业生产率的提升速度反而慢于其他地区，究其原因，生产成本的大幅提升使企业无

① 缪小林、赵一心：《地方债对地区全要素生产率增长的影响——基于不同财政独立性的分组考察》，载《财贸经济》2019 年第 12 期。
② 李平、简泽、江飞涛、李晓萍：《中国经济新常态下全要素生产率支撑型模式转变》，载《数量经济技术经济研究》2019 年第 12 期。
③ 刘华军、雷名雨：《中国结构红利的空间格局及其大国雁阵模式》，载《中国软科学》2019 年第 3 期。
④ 刘柏惠、寇恩惠、杨龙见：《增值税多档税率、资源误置与全要素生产率损失》，载《经济研究》2019 年第 5 期。

力进行技改投资，它更多地带来了淘汰效应而非生产率效应。① 那些产值大、纳税多、就业人数多的污染大户在与地方政府谈判时有更强的讨价还价能力，往往能得到豁免。②

今天随着人工智能、大数据、云计算等信息技术的发展，人们已经可以借助互联网等手段来提升效率。陈维涛等利用上市公司数据和阿里巴巴商务发展指数测算发现，互联网电子商务能显著促进企业全要素生产率的提升。③ 另外，人类也有更多的手段来应对传统的要素禀赋减少所带来的影响，比如能用人工智能技术来减少对劳动力的依赖，这或许能缓解人口老龄化对经济的冲击。④ 但直至目前似乎还看不到完整的解决方案，经济学家们对未来潜在增长率的测算仍是偏保守的。李帮喜等指出，无论是冯·诺依曼意义上的潜在增长率，还是马克思意义上的潜在增长率，都出现了长期的下降趋势。⑤

二、经济运行的不确定性

如果说趋势性因素是决定一国经济基本面的决定性因素的话，那么，短期内经济运行还可能会受到一些扰动因素的侵袭并暂时偏离趋势性轨道。近年来中国遭受扰动因素的频率有所加快，中美贸易摩擦、猪肉价格暴涨等接踵而至，它们与长期趋势性因素叠加，对中国经济构成了复合型压力。

（一）逆全球化与外部环境的不确定性

自 2008 年金融危机爆发以来新一轮贸易保护主义有所抬头，它以"反自由贸易、反一体化"为特征，在一定程度上引发了逆全球化浪潮，

① 盛丹、张国峰：《两控区环境管制与企业全要素生产率》，载《管理世界》2019 年第 2 期。
② 李鹏升、陈艳莹：《环境规制、企业议价能力和绿色全要素生产率》，载《财贸经济》2019 年第 11 期。
③ 陈维涛、韩峰、张国峰：《互联网电子商务、企业研发与全要素生产率》，载《南开经济研究》2019 年第 12 期。
④ 陈彦斌、林晨、陈小亮：《人工智能、老龄化与经济增长》，载《经济研究》2019 年第 7 期。
⑤ 李帮喜、赵奕菡、冯志轩：《新中国成立 70 年的经济增长：趋势、周期及结构性特征》，载《管理世界》2019 年第 9 期。

全球化指数 KOF 单边下行，多边贸易协定屡遭破坏，商品及要素跨境流动壁垒越发明显。[①] 在此过程中美国扮演了急先锋角色，它通过加征关税、发起知识产权诉讼、指责汇率操纵等手段对中国进行极限施压，打击面也由最初的资本品行业逐渐向其他行业拓展。虽然 2019 年底中美之间签订了第一阶段的贸易协议，贸易摩擦似有暂时缓和的迹象，但从长期来看仍充满巨大的不确定性。贸易摩擦对中国经济的影响是全方位的，出口、消费、投资等都会受到冲击，也恶化了各类经济主体对未来经济发展的预期，加剧了经济下行压力，社会福利损失较大。[②]

以进出口为例，尽管有学者发现美国加征关税并未对中国出口造成明显的伤害，[③] 但那是短期的，2019 年中国对美国进出口总额同比减少14.5%，下降幅度令人咂舌。多年来美国一直是中国第二大贸易伙伴国，2019 年已被东盟取代，沦为第三。进一步，出口冲击还会传导到就业上。研究表明，如果不采取竞争性贬值等对冲措施，中国可能会损失 300 万元左右的就业岗位。虽然从总量上看似乎不是很大，但它若在某一时点、某一地区、某一行业突然引爆失业风险，威力还是不小的，这也是现在最要防止出现的情况。估算表明，通用设备制造业、电气机械及器材制造业、金属制品业、橡胶和塑料制品业等若干对美国出口行业，现在正处于引爆失业风险的临界点上，这些行业集中了约 500 万就业人口。[④] 实际上，不仅中国就业受损，美国就业也会受损，可谓两败俱伤。[⑤]

美国肆意的单边行动不仅冲击贸易总量，还会影响贸易结构，因为它会加剧未来的不确定性，而当面临高度不确定的外贸环境时，基于对风险和利润的权衡，出口企业更倾向于选择加工贸易而非一般出口贸易，盈利能力由此降低。[⑥]

贸易保护主义一般都发生于经济萧条时期，当今美国经济发展总体不

---

① 马丹、何雅兴、黎春：《国际经济协作、国内经济稳定与经常账户失衡改善》，载《财经研究》2019 年第 8 期。

② 肖浩然、吴福象：《贸易摩擦、异质性消费及其福利效应》，载《上海经济研究》2019年第 5 期。

③ 王璐航、首陈霄：《中国入世与出口增长：关于关税不确定性影响的再检验》，载《经济学（季刊)》2019 年第 2 期。

④ 丁守海：《结构大变革时期中国就业的新现象、新规律、新趋势》，中国人民大学《中国宏观经济论坛》2019 年三季度主报告。

⑤ 齐鹰飞、LI Yuanfei：《跨国投入产出网络中的贸易摩擦——兼析中美贸易摩擦的就业和福利效应》，载《财贸经济》2019 年第 5 期。

⑥ 金泽虎：《异质性企业出口模式选择：基于政策不确定性波动的推论》，载《北京社会科学》2019 年第 11 期。

错，也是贸易自由化的最大受益国，他们之所以挑起贸易摩擦，张二震等认为这主要还是源于全球化利益分配的失衡。在以要素分工为主要特征的全球化过程中，美国虽然凭借技术优势占据了价值链的高端，获取了贸易增加值的大部分，但在促进产业发展和经济增长方面，发展中国家也收益颇丰，这与美国主导的缺乏包容性的国际经济治理体系发生了冲突。资本主义国家内部的劳资矛盾升级，从过去的剥削与被剥削关系升级为遗弃和被遗弃的关系，单凭国内力量已难以调和，逆全球化就是为了转嫁美国内部的利益分配矛盾。[①]

从这一视角来解读，逆全球化或许算是美国利益诉求的外延表现，它也必然会冲击贸易伙伴国的劳资博弈关系。道理很简单，按传统要素禀赋理论，国际贸易会扩大对本国富余要素的需求，进而提高其相对价格。相对于美国来说，中国要素禀赋是劳动富余、资本稀缺，中美贸易会提高中国的利益。逆全球化就相当于美国要求中国把这部分通过辛劳的汗水所挣的利益让渡出来。如此美国国内劳资矛盾将转嫁到中国，中国资方力量将相对增强。谢申祥等证明了这一猜想，他们发现不稳定的贸易环境确实会损害工人的议价能力。[②]

逆全球化不仅会冲击贸易，还会影响跨国投资和国际资本流动。自2013年"一带一路"倡议提出以来，我国企业"走出去"的步伐越来越快，对外直接投资规模越来越大，但这两年在逆全球化思潮的冲击下，对"一带一路"沿线国家的投资风险正在不断加剧。[③]

逆全球化也会使国际资本如惊弓之鸟，在国与国之间频繁流动，顺周期特征愈发明显：在经济过热时期加剧过热；萧条时期加剧萧条，并使股、债、汇三市风险明显上升。[④] 过去几年里中国经济遭遇了一些困难，逆全球化鼓动这些资本逃离中国，加剧了经济波动。对此应在宏观层面构建跨境资本流动的管理机制，利用逆周期调节工具合理引导市场预期，对

① 张二震、戴翔：《关于中美贸易摩擦的理论思考》，载《华南师范大学学报》（社会科学版）2019年第4期。
② 谢申祥、陆毅、蔡熙乾：《开放经济体系中劳动者的工资议价能力》，载《中国社会科学》2019年第5期。
③ 郭周明、田云华、周燕萍：《逆全球化下企业海外投资风险防控的中国方案——基于一带一路的视角》，载《南开学报》（哲学社会科学版）2019年第11期。
④ 方意、和文佳：《中美贸易摩擦对中国金融市场的溢出效应研究》，载《财贸经济》2019年第6期。

冲逆全球化的负面影响。①

改革开放 40 多年来，中国工业竞争力已从传统的价格优势转向规模优势，当前又要从规模优势向创新优势进发，而逆全球化的出发点就是遏制中国工业的核心竞争力，打压它在全球产业链分工体系中的地位：② 一方面，限制对中国的高技术出口；另一方面，调整跨国公司的全球产业布局，挤压中国输入型供应链，扰乱中国制造业布局。③

对此，有人主张通过反制手段来达到惩戒对方、保护自己的目的，但杨源源等利用 DSGE 模型下反事实模拟发现，尽管提高关税、加大补贴等反制手段能在短期内起到"奖出限入"的作用，但从长期来看会对宏观经济造成严重的负面效应。中国不应以牙还牙，而应通过国际协调机制来化解分歧，其中国际货币协调尤为重要。④

李春顶等则认为，对逆全球化没必要过于紧张。他们通过参数校准方法计算各国不同情景下的最优关税水平，结果发现随着世界经济的不断发展，不同经济体之间的经济联系和依赖性不断增强，贸易自由化是内生的最优选择。逆全球化违背了这一规律，因此不可持续。⑤

（二）其他扰动因素

1. 人民币汇率大幅波动

2019 年中国经历了较大的人民币贬值压力，特别是 8 月，美元对人民币汇率"破七"。按传统理解，汇率贬值应有利于促进本国出口。田侃等验证了这一推断。他们利用新的全球价值链分行业测算了人民币实际有效汇率，结果发现，1995～2005 年人民币实际汇率一直处于贬值阶段，对出口产生了明显刺激作用；自 2005 年汇率制度改革以来，随着名义汇率的

① 刘场、李佳耘：《逆全球化视角下我国跨境资本流动监测预警指标体系构建研究》，载《中央财经大学学报》2019 年第 6 期。
② 陈启斐、张为付、张群：《逆全球化、去规则化与全球价值链服务化》，载《南开经济研究》2019 年第 3 期。
③ 黎峰、曹晓蕾、陈思萌：《中美贸易摩擦对中国制造供应链的影响及应对》，载《经济学家》2019 年第 9 期。
④ 杨源源、于津平：《逆全球化背景下中国贸易政策取向选择——基于 DSGE 模型的动态模拟分析》，载《南开经济研究》2019 年第 2 期。
⑤ 李春顶、陆青、何传添：《最优关税与全球贸易自由化的内生动力》，载《世界经济》2019 年第 2 期。

升值，实际汇率也不断升值，对出口产生了显著的负向影响。汇率对出口的负向作用在中美贸易中表现得尤其明显。[①]

不管贬值还是升值，币值不稳定会使经济主体对未来缺乏稳定的预期，进而产生负面影响。就以对外直接投资来说，张夏等利用2000~2013年中国OFDI微观数据发现，母国和东道国之间事实的双边固定汇率能使对外直接投资概率显著提高，最高升幅达55%。汇率稳定也能降低对外直接投资的生产率阈值。[②]

鲁晓东等则认为汇率波动未必会对贸易商造成很大影响，它们有一定的对冲机制。他们通过解构企业的生产行为，基于全球价值链的视角剖析了汇率对出口商品价格的传导机制，结果发现，出口市场和进口市场的垄断势力有助于提高企业的汇率"免疫力"，对进口密集度和市场份额在95分位以上的大出口商和大进口商来说，汇率传导率只有59%，另外，中间品出口和最终产品进口会形成一个汇率缓冲带。[③]

曹伟等研究了人民币汇率波动对进口价格的影响。他们发现，相对于升值来说，人民币贬值对进口价格的传递效应更小；资本密集型产品进口占比越大，贬值促进进口品价格上升的幅度越大。另外，在经济越发达的省份，汇率传递效应越小。[④]

从根本上说，汇率贬值还是一国实际经济因素决定的，其中，生产率的作用尤为明显。根据经典的巴拉萨—萨缪尔森模型，贸易品部门生产率提升将导致本部门工资上涨，在劳动力自由流动的条件下，非贸易品部门工资也将随之上涨，而非贸易品部门的生产率变化一般来讲相对较慢，这会导致非贸易品部门相对于贸易品部门价格上涨，即实际汇率上升。从这个角度讲，近年来我国汇率贬值是出口部门生产率提升缓慢的结果。亢宇君等论证了这一思想，他们发现贸易品的分散化有助于遏制汇率贬值趋势。[⑤]

[①] 田侃、悦红福、悦江飞：《人民币实际有效汇率对中美贸易的影响——基于全球价值链视角的分析》，载《经济学动态》2019年第1期。

[②] 张夏、汪亚楠、施炳展：《事实汇率制度选择、企业生产率与对外直接投资》，载《金融研究》2019年第10期。

[③] 鲁晓东、刘京军、陈芷君：《出口商如何对冲汇率风险：一个价值链整合的视角》，载《管理世界》2019年第5期。

[④] 曹伟、万谍：《一带一路背景下人民币汇率变动的进口价格传递效应研究》，载《经济研究》2019年第6期。

[⑤] 亢宇君、刘晓辉：《可贸易品部门企业异质性、出口产品分散化与实际汇率》，载《世界经济》2019年第12期。

有观点认为,近年来人民币汇率波动幅度之所以较大,人民币汇率主动贬值是可能的重要原因。早年中国采取盯住美元的汇率制度,以显示其维护经济稳定及低通胀政策的决心,但随着中国参与国际贸易程度的不断提升,需要不断放开汇率调整的空间以调节贸易平衡,并辅以资本管制来保证货币政策和汇率政策的独立性。在这一过程中,中国将收获更高的福利。①

在人民币国际化不断推进的背景下,汇率双向波动不断加剧,如何构建具有优良预测能力的人民币汇率预测模型越来越重要,李欣珏等通过构建多元自适应可变窗算法发现,在预期人民币对美元、日元、欧元等主要币种的汇率波动时,该种算法的准确性要显著强于随机游走模型、购买力平价模型等其他传统模型。②

2. 非洲猪瘟和猪肉价格暴涨

2018 年 8 月初,辽宁省发现第一例非洲猪瘟疫情,该病毒具有高传染性和高致死率,疫情迅速蔓延至全国,导致大量生猪死亡或被扑杀。一时间猪肉供给出现巨大缺口,价格暴涨,8 月同比涨幅达到 46.7%,9 月则直冲 69.3%。相对于玉米、大豆、稻谷、小麦等大宗农产品来说,猪肉价格处于国民经济价格传导链的末端,③ 猪肉价格上涨加大了宏观调控的难度,也冲击了居民消费。④

当然,肉价波动未必完全是非洲猪瘟造成的,它是多种因素综合作用的结果,涉及国内国外、供给端和需求端等多种因素。刘春鹏等利用 SVAR 模型分析发现,随着中国逐步融入世界经济的循环体系,国际肉价的上涨会对国内肉价造成明显冲击。另外,汇率及国内流动性也会对肉价造成显著的影响。⑤

与猪肉价格上涨相伴,2019 年中国出现了较大的通胀压力。8 月猪肉

---

① 恩格尔:《关于国际资本流动管理和汇率制度的几点思考》,载《经济学(季刊)》2019年第 1 期。

② 李欣珏、牛霖琳:《汇率预测及其经济基本面:基于多元自适应可变窗算法的构建》,载《统计研究》2019 年第 9 期。

③ 仝世文、毛学峰、曾寅初:《中国农产品中价格稳定的锚是什么?》,载《中国农村经济》2019 年第 6 期。

④ 文洪星、韩青、芦千文:《食品安全丑闻报道与市场需求结构反应》,载《经济经纬》2019 年第 6 期。

⑤ 刘春鹏、肖海峰:《外部冲击对我国肉类价格的影响——基于 SVAR 模型的实证分析》,载《中国农业大学学报》2019 年第 5 期。

价格猛涨之后，CPI 指数开始抬头，此前一直在 2.8% 以下，9 月达到 3%，10 月猛升至 3.8%，11～12 月则达到 4.5%。但这一定意味着通胀吗？有人提出了质疑，并抛出所谓的"拿掉猪以后只剩通缩"的观点。[①] 为什么会出现这种情况？许坤等指出中国 CPI 指数的构成有偏差，肉类价格权重太大，消费价格上涨结构性特征太明显。深层次原因在于 CPI 指数的抽样比例、权重及调整周期不合理。[②] 总之，猪肉价格上涨与通胀之间还隔着一条巨大的鸿沟。

多年来中国通胀呈较明显的惯性特征，有人研究发现，这种惯性主要来自食品价格的惯性，非食品价格的惯性则不甚明显。而食品价格的惯性过去主要是来自粮食价格的惯性，现在则是粮食价格和生猪价格并重，因此，在制定货币政策应对通胀时要兼顾二者的波动趋势。[③]

3. 消费遭遇严冬

以汽车为例，自 2018 年底开始销量出现明显下降，2019 年全年降幅达 8.2%，至 2020 年 2 月达惊人的 -42%。汽车行业几乎被冻结。再以智能手机为例，出货量下降大约始于 2017 年 5 月，2018 年达到非常严重的状态，当年 3 月出货量累计同比减少 27%，至 2019 年虽然有 5G 等概念助力，全年出货量仍同比下降 4.7%。以华为为代表的手机厂商遭遇极大困境。

汽车和手机是当今中国最有代表性的两大消费品，这些行业遇到困境，会对国民经济运行产生较大影响，仅以就业为例，光汽车产业就集中了约 460 万就业人口，2019 年的消费困境可能导致该行业近 50 万人失业。丁守海认为，这些行业遭遇如此困境有一个共同原因，那就是居民杠杆率急速攀升限制了居民消费能力。2016 年房价快速上涨使居民杠杆率迅速越过 40%，现在已逼近 60% 的国际警戒线，与欧元区及日本相近。但与这些发达经济体相比，我国社保体系还很不完善，在背负高额债务的时候，居民不敢放开花钱。[④]

---

① 任泽平：《拿掉猪以后都是通缩，该降息了》，金融界，2019 年 9 月 11 日。
② 许坤、卢倩倩：《CPI 权重、结构性物价上涨与物价感知》，载《价格理论与实践》2019 年第 9 期。
③ 吕建兴、毛学峰：《食品通胀惯性特征、惯性来源变化与放大效应》，载《宏观经济研究》2019 年第 1 期。
④ 丁守海：《结构大变革时期中国就业的新现象、新规律、新趋势》，中国人民大学《中国宏观经济论坛》2019 年三季度主报告。

从实际情况来看，除了汽车、手机行业外，其他行业的消费同样也不景气，这典型地反映在社会消费品零售总额的变化趋势上：在 2015 年之前，社会消费品零售总额同比增速尚能维持在 10% 以上，此后便一路回落，2019 年则只有 6%。何兴强等利用中国家庭金融调查数据考察房价收入比对消费的影响发现，房价收入比越高，家庭消费越大，但会显著降低家庭消费的房产财富弹性，特别是对有多套房产的家庭来说，弱化效应更明显。① 由此推断，投资性房产价格虚高可能是扼杀消费的主因。

消费不振可能还有另外两个深层次原因：一是居民可支配收入增速放缓。② 2019 年城镇居民人均可支配实际收入同比增速只有 5%，远低于当年 GDP 增速。二是收入分配结构不合理。经典的消费理论认为，相对于高收入阶层来说，低收入阶层的边际消费倾向越大，所以收入分配差距越大，对消费扩张越不利。但从消费结构的角度讲，相对于低收入者来说，高收入者对奢侈品的消费能力更强。于是，收入差距虽不利于扩大消费总量，却有利于促进消费升级，而消费升级对发展动能转换很重要。刘悦等否定了这一辩解。他们发现，即便对那些富余弹性的消费品来说，收入差距也会对其需求造成负面影响，而且，在人均收入水平越高的阶段，这种负面效应越大。③

今天中国消费还面临另一结构性问题，即政府消费强、居民消费弱，而政府消费占比过高不利于打造经济发展的内生动力，不利于经济的可持续发展。④ 更何况，近年来政府消费乘数已越来越小，对经济增长的刺激作用有所削弱，它对市场的扭曲作用却不断凸显。⑤ 所以，刺激消费终究还是要落实到居民消费上，在这一方面，我国还有很大的空间。相对于发达国家来说，我国居民消费中教育、文化、娱乐等还有很大的潜力可挖。⑥

---

① 何兴强、杨锐锋：《房价收入比与家庭消费——基于房产财富效应的视角》，载《经济研究》2019 年第 12 期。

②④ 清华大学中国经济思想与实践研究院（ACCEPT）宏观预测课题组：《中国宏观经济形势分析与前瞻》，载《改革》2020 年第 1 期。

③ 刘悦、陈雅坤、李兵：《收入不平等对消费升级的影响》，载《经济科学》2019 年第 12 期。

⑤ 陈创练、郑挺国、姚树洁：《时变乘数效应与改革开放以来中国财政政策效果测定》，载《经济研究》2019 年第 12 期。

⑥ 姜雪：《中美居民消费结构的比较与启示》，载《宏观经济管理》2019 年第 7 期。

三、经济高质量发展

提高经济发展质量的一个重要内涵就是结构高级化，然而目前我国经济运行仍存在诸多较为严重的结构性矛盾，与高质量发展的要求相距甚远。

（一）矫正要素配置扭曲

1. 消缓土地饥渴症

随着工业化、城市化的推进，土地消耗很大，造成耕地面积一度急剧减少，2001～2008 年从 19.14 亿亩降至 18.26 亿亩，减少了近 1 亿亩。此后，随着土地增减挂钩等相关政策的出台，耕地面积才逐渐回复，2019 年竟达 20.79 亿亩。但这并不意味着土地消耗的减少，只是复耕后农村宅基地的抵补作用而已，土地增减挂钩政策不仅没有阻止土地消耗冲动，反而滋生中国土地资源丰富的认识误区。[①]

土地饥渴源于价格扭曲。地方政府为了招商引资，故意压低建设用地的价格，再通过抬高住宅用地的价格进行补贴。住宅价格上涨很大一部分是源于建设用地成本的转嫁，地方政府在这一过程中两头受益：一边通过住宅土地出让获得巨大财政收入；一边通过招商引资获得发展。低地价却引导企业过多依赖土地扩张来谋取粗放式发展，不利于转型升级。[②] 低效率企业也可以凭借早期的土地囤积而继续生存，退出机制不畅，这会进一步遏制地区全要素生产率的提升。[③]

政府之所以能压低建设用地的价格，一个重要原因就是城乡土地产权制度的差异。我国土地分国有和集体两种产权性质，农村土地为集体性质，只有使用权，没有处置权和交易权，只有变更为国有性质才能上市交

---

① 贺雪峰：《城乡建设用地增减挂钩政策的逻辑与谬误》，载《学术月刊》2019 年第 1 期。
② 张少辉、余泳泽：《土地出让、资源错配与全要素生产率》，载《财经研究》2019 年第 2 期。
③ 张莉、程可为、赵敬陶：《土地资源配置和经济发展质量——工业用地成本与全要素生产率》，载《财贸经济》2019 年第 10 期。

易。在这一过程中，政府可以通过压低集体土地的收购价来为降低建设用
地成本创造条件。所以，要解决土地配置失衡的问题，就必须赋予农村土
地完整的产权，① 在市场化改革中逐步恢复土地价格的生成功能，发挥它
在资源配置中的调节作用。②

2. 遏制资本脱实向虚

近年来随着实体部门收益率的下降，经济资源更多地流向金融部门，
进一步加剧实体部门的困境。实体部门与虚拟部门的资源错配已引起社会
各界和决策层的高度关注。金融供给侧改革就是要力求破解这一问题。③

2019 年我国深化减税改革，从理论上说，这一举措应该能提高实体经
济的回报率，引导资金理性回归实体部门。徐超等以上市公司为例验证了
这种可能性。他们发现，增值税改革所引起的税负下降明显对制造业金融
化起到遏制作用，企业不仅加大固定资产投资还加大研发投入，这一效应
在那些融资约束小的企业中更明显。④

近年来我国推动市场利率化改革，放松对贷款利率上下限的管制，如
果应用得好，应该能有效降低企业的债务成本，缩小实体部门与金融部门
的利差并遏制实体部门的金融化倾向。杨筝等利用准自然实验方法证明，
放松利率下限管制确实能起到如上作用，而且对那些盈利能力强、规模
大、市场竞争压力小的企业来说，遏制作用更明显。但放松利率上限管制
作用并不明显。⑤

孟宪春等则认为，要遏制经济脱实向虚，需要实施混合型的货币政
策。他们通过构建一个动态随机一般均衡明显刻画了脱实向虚的生成机
理，结果发现：单一的数量规则在稳定物价方面有优势；利率规则在遏制经
济波动方面有优势，混合货币规则则能结合二者的优势，弱化抵押约束机制
对经济周期的放大效应，遏制房价上涨和信贷扩张，引导经济脱虚向实。⑥

---

① 郑振源、蔡继明：《城乡融合发展的制度保障：集体土地与国有土地同权》，载《中国农村经济》2019 年第 11 期。

② 张海鹏：《中国城乡关系演变 70 年：从分割到融合》，载《中国农村经济》2019 年第 3 期。

③ 董竹、周悦：《金融体系、供给侧结构性改革与实体经济发展》，载《经济学家》2019 年第 6 期。

④ 徐超、庞宝庆、张充：《降低实体税负能否遏制制造业企业脱实向虚》，载《统计研究》2019 年第 6 期。

⑤ 杨筝、王红建：《放松利率管制、利润率均等化与实体企业脱实向虚》，载《金融研究》2019 年第 6 期。

⑥ 孟宪春、张屹山、李天宇：《中国经济脱实向虚背景下最优货币规则研究》，载《世界经济》2019 年第 5 期。

我们不仅要引导资金投向实体部门，最好还要投向私人实体部门。众所周知，投资既可以由公共部门来执行，也可以由私人部门来执行，前者对后者存在挤出效应。公共—私人投资有一个最优值，如果实际公共—私人投资比偏离该值，就会对经济增长产生显著的负向效应。近年来中国公共部门投资迅速扩张，私人部门投资则停滞不前，公共—私人投资比远高于最优水平，降低公共投资、扩大私人投资是优化投资结构的一个重要内涵。①

3. 开发二次人口红利

企业长期依赖廉价劳动的投入来谋求低质量发展，劳动者的素质和技能没有得到应有提升。直至目前，我国70%以上的劳动者只受过初中或初中以下教育，这已成为制约高质量发展的主要短板。② 随着人口红利的消失，数量型优势终将走进死胡同，中国面临开发二次人口红利的艰巨任务，能否将人力资源数量型优势成功切换至质量型优势，对未来产业升级及发展动能转换至关重要。③ 这就需要：一是要坚定实施科教兴国战略和人才强国战略，推进教育改革，提高教育质量，健全多层次人才培养体系。④ 二是引导优质人才流向创新部门，促进经济长远发展。⑤ 当前即便高质量的人力资本也存在产业间的错配，比如名校毕业生纷纷选择金融行业工作，不愿到实业部门工作，导致优质研发人员、技术人员、生产人员缺乏。⑥ 制造业是中国的立国根本，优秀人才不愿到制造业部门工作是一个很不正常的现象，于长期国力的提升不利。造成这一现象的主要原因是薪酬倒置。以2018年城镇非私营单位平均工资为例，金融行业为13万元，制造业只有7.2万元，前者高出80%多。薪酬倒置是人力资本"脱实向虚"的一个重要诱因，会阻碍未来的经济增长潜力。⑦ 对此，政府可通

---

① 陈斐、何守超、吴青山、康松：《偏离最优公共—私人投资比对经济增长的影响》，载《中国工业经济》2019年第1期。

② 张建华、程文：《服务业供给侧结构性改革与跨越中等收入陷阱》，载《中国社会科学》2019年第3期。

③ 丁守海：《中国应着力开发二次人口红利》，载《湖南大学学报》（社会科学版）2019年第4期。

④ 潘士远、朱丹丹、何怡瑶：《美国减税之中国应对研究：基于人才流失的视角》，载《经济研究》2019年第10期。

⑤ 刘伟、范欣：《中国发展仍处于重要战略机遇期》，载《管理世界》2019年第1期。

⑥ 朱佐想、叶映华：《高水平大学毕业生就业选择的影响因素研究》，载《中国高等教育》2019年第2期。

⑦ 李静、刘霞辉、楠玉：《提高企业技术应用效率，加强人力资本建设》，载《中国社会科学》2019年第6期。

过产教融合等手段来提高实体部门的人力资本收益，同时打破金融行业的进入壁垒，降低其不合理的工资租。①

（二）打破产业结构低端锁定

改革开放以来我国产业发展多元化特征非常明显，但各类产业水平都不高，这在经济发展的早期阶段尚能促进经济增长，其贡献被程名望等比喻成"汗水"贡献。据测算，在改革开放之初，"汗水"对经济增长的贡献度超过60%，但随着时间推移，"汗水"的作用越来越小，经济增长与发展更多地依靠"灵感"，比如技术进步、制度创新、资源配置优化、结构升级等。中国要延续增长奇迹，就必须加大"灵感"的供给，② 在这一过程中产业结构高级化是一项重要内容，它必须打破产业结构的低端锁定，通过产业升级释放结构红利，塑造新的发展动能。③ 中国当前正处于工业化中后期阶段，同时也处于跨越中等收入陷阱的关键阶段，放眼全球，要成功实现这一跨越，后发经济体一般更依赖产业结构高度化来实现，特别是第二产业的高级化。④

产业升级的主旨是打破对比较优势的路径依赖，通过技术创新推动第二产业和第三产业的结构优化，实现产品附加值、加工度、集约化程度的高级化，同时在各产业内部要发展新型产业链，从传统的单一功能产业链转向复合型产业链，比如兼具制造功能和服务功能的产业链，促进制造业和服务业的融合。⑤

多年来，我们一直强调利用信息技术改造传统工业，但没有现代服务业是不可能完成这一工作的。今天中国服务业还比较落后，服务业占GDP比重刚刚过半，不仅远低于发达国家的平均水平，甚至低于巴西、印度、墨西哥等发展水平不如我们的国家。而服务业又以生活服务业为主，生产服务业占比并不高，现代生产服务业更低。生活服务业的劳动生产率普遍

---

① 李静、刘霞辉、楠玉：《提高企业技术应用效率，加强人力资本建设》，载《中国社会科学》2019年第6期。

② 程名望、贾晓佳、仇焕广：《中国经济增长（1978~2015）：灵感还是汗水？》，载《经济研究》2019年第7期。

③ 杨仁发、李娜娜：《产业结构变迁与中国经济增长》，载《经济学家》2019年第8期。

④ 张辉、闫强明、黄昊：《国际视野下中国结构转型的问题、影响与应对》，载《中国工业经济》2019年第6期。

⑤ 曾宪奎：《我国高质量发展的内在属性与发展战略》，载《马克思主义研究》2019年第8期。

偏低，促进服务业发展和升级，大力发展现代生产服务业，是当前面临的一项迫切任务。①

产业升级不仅要发展新兴产业，更要构建新的产业生态。② 随着互联网、大数据、人工智能、物联网等技术的发展，全球价值链的驱动机制已发生重大变化，价值链分层逐步形成，我国要取得优势位置，就要把新旧驱动力有机融合起来，大力培育数字经济生态链。③ 在微观层面，可以形成兼具规模经济、范围经济及长尾效应的环境，更好地匹配供需，完善价格生成机制。在宏观层面，可以通过改善要素投入和资源配置效率促进经济增长。④ 以大数据为例，它将技术流、物质流、资金流、人才流有效整合，促进产业融合。在企业层面，它能颠覆传统思维模式，变革管理模式，打造新的价值链。⑤类似的还有互联网电子商务。⑥

产业升级与技术创新不可分割，推动产业升级与促进技术创新是一个话题的两个视角。就今天中国而言，要从顶层设计上为技术创新奠定制度基础，各级政府要从竞争型政府转向服务型政府，绩效评价体系从经济增长类转向创新引领。⑦ 政府要划清与市场的边界，企业是创新主体，政府不能越俎代庖。近年来新能源汽车补贴政策效果欠佳就是一个教训。制度供给的一个重要维度就是保护竞争，创造公平的市场环境，这种公平不仅包括狭义上的同业竞争公平，更包括对创新者的回报公平，比如通过专利法保护创新者的应得收益，减少外部性。

今天技术创新越来越复杂，单纯依赖某一主体已很难胜任，政府应着力构建协同创新机制，比如通过科技园、孵化器等形式为企业搭建创新平台，力促分离创新走向联合。⑧ 现代技术创新很多都肇始于军事领域，再逐渐渗透到民用部门，信息技术、新材料、航空技术等都发端于美国星球

---

① 张建华、程文：《服务业供给侧结构性改革与跨越中等收入陷阱》，载《中国社会科学》2019 年第 3 期。

②⑤ 李辉：《大数据推动我国经济高质量发展的理论机理、实践基础与政策选择》，载《经济学家》2019 年第 3 期。

③ 荆林波、袁平红：《全球价值链变化新趋势及中国对策》，载《管理世界》2019 年第 11 期。

④ 荆文君、孙宝文：《数字经济促进经济高质量发展：一个理论分析框架》，载《经济学家》2019 年第 2 期。

⑥ 陈维涛、韩峰、张国峰：《互联网电子商务、企业研发与全要素生产率》，载《南开经济研究》2019 年第 5 期。

⑦ 张莉、程可为、赵敬陶：《土地资源配置和经济发展质量——工业用地成本与全要素生产率》，载《财贸经济》2019 年第 10 期。

⑧ 郭晗：《结构转换提升我国潜在经济增长率的理论逻辑与实现路径》，载《经济学家》2019 年第 6 期。

大战计划。在技术扩散过程中，军事部门和民用部门的衔接很关键，政府在这一方面应有所作为。[1]

（三）优化区域结构

一直以来，东中西等地区存在较大的发展差异，特别是在 21 世纪之前，区域经济发展以非均衡为主导，东部地区经济增速普遍高于中西部地区，自 21 世纪后这种状况有所改善，中西部地区增速渐超东部地区，区域经济协调度也不断提高，[2] 劳动生产率出现一定的收敛趋势，特别是西部地区收敛得更快。[3] 以财力为例，刘书明等发现，不论是从经济规模为权重还是以人口规模为权重，区域间财力差异不断缩小。[4]

但这并不代表区域差距真的缩小了，它还涉及质量问题。唐兆涵认为，区域发展差距的根源还是技术条件，在技术进步方式的转型期，落后地区可能会有一段追赶的小高潮，但随后区域差距还会扩大。只有当技术进步完全转向自主创新后，区域差距才会真正缩小。但这需要一个相当漫长的过程。[5] 汪晨等也提出了类似的警告。他们发现，在每一次产业结构重大变迁之初，区域差异都会扩大，但随着时间推移差距会缩小，但当下次产业结构重大变迁来临时，区域差异会再次扩大。对应到中国的实践，改革后的工业化进程曾使东中西地区的差距扩大，近年来，随着工业化进入中后期，区域差异开始缩小，但正在开启的服务业化大幕可能会再次拉大地区间的差距。[6] 这提醒我们，当产业结构沿着配第 - 克拉克路径向前推进时不要奢望区域差距问题能一蹴而就地解决。

在四大板块中，东北问题现在最突出，近年来东北经济失速引起广泛关注，被称为"新东北现象"。孙久文等认为，东北经济的断崖式下降主要源于它对宏观冲击的敏感性，这也是资源型城市或老工业基地的通病。

---

① 梁宇、龚六堂：《军事支出冲击的宏观经济效应》，载《经济科学》2019 年第 1 期。

② 李言、毛丰付：《中国区域经济增长与经济结构的变迁：1978～2016》，载《经济学家》2019 年第 2 期。

③ 李丹丹：《中国的所有制结构与区域劳动生产率收敛》，载《贵州财经大学学报》2020 年第 3 期。

④ 刘书明、李文康、师宇：《中国地方财力差异的区域结构特征、变化趋势和影响因素——基于 2007～2017 年省级数据的实证分析》，载《宏观经济研究》2019 年第 11 期。

⑤ 唐兆涵：《我国经济增长与区域不平衡发展结构的关系与演变——基于技术进步方式转型视角的研究》，载《当代经济管理》2019 年第 12 期。

⑥ 汪晨、万广华、张勋：《区域差异与结构变迁：1978～2016》，载《管理世界》2019 年第 6 期。

通货紧缩、金融冲击、政府债务都可能会触发经济崩塌。而市场化程度低、非公经济发展滞后、产业结构单一是病根。[1]

发展增长极对加快落后地区发展非常重要，增长极与产业集聚又密切相连。林秀梅等利用2003～2016年的省级面板数据发现，生产性服务业集聚可以促进产业升级，且对中西部地区的带动作用明显强于东部地区，因此，中西部地区应大力发展生产性服务业产业集群。[2]

区域平衡发展不能搞落后地区的单独冒进，各地应在大国雁阵模式下有序地传递衔接，保持一个合理的产业梯度。具体地，东部发达地区可以率先发展先进制造业和现代服务业；中西部地区则依次承接产业转移。这种梯度落差既能避免产业同构所带来的地区间恶性竞争，[3] 也能延长结构红利的时效，避免一窝蜂地去工业化所可能带来的结构性减速压力。[4]

当然，上述过程还需要建立良好的区域协调机制，打破"诸侯经济"思维，既要扫清市场整合的障碍，更要拆除产业分工的藩篱。[5]

（四）优化城乡结构

改造城乡二元结构是社会结构转型的关键。新中国成立70周年以来，城乡结构转变经历了三个阶段，即二元结构的形成、二元结构松动、城乡统筹。现在正从第二阶段向第三阶段迈进。随着城乡发展战略的转变以及一系列惠农政策的实施，城乡发展不平衡问题已得到一定程度缓解，但尚未根除，城乡差距仍较大，户籍人口的城镇化率低、农民工市民化进程慢、基本公共服务未均等化。[6]

现在城乡融合面临的最大问题还是制度供给不足，特别是土地制度供给不足。农村土地产权残缺使集体经济利益受损，农民不能充分分享发展

① 孙久文、闫昊生：《外部宏观冲击与新东北经济失速》，载《当代经济研究》2019年第8期。
② 林秀梅、曹张龙：《中国生产性服务业集聚对产业结构升级的影响及其区域差异》，载《西安交通大学学报》（社会科学版）2019年第11期。
③ 刘帅：《中国经济增长质量的地区差异与随机收敛》，载《数量经济技术经济研究》2019年第9期。
④ 刘华军、雷名雨：《中国结构红利的空间格局及其大国雁阵模式》，载《中国软科学》2019年第3期。
⑤ 郭晗：《结构转换提升我国潜在经济增长率的理论逻辑与实现路径》，载《经济学家》2019年第6期。
⑥ 刘保中、邱晔：《新中国成立70年我国城乡结构的历史演变与现实挑战》，载《长白学刊》2019年第9期。

的红利。只有让农村土地享受与国有土地相同的产权或至少要增加其用益物权和担保物权，才能为城乡融合发展提供坚实的保障。①

户籍制度也是造成城乡二元结构最主要的制度障碍，近年来我国逐步放开了城市户籍门槛，力促农民市民化。张吉鹏等梳理了 2000 年以来各级政府的落户政策，构建了城市落户的门槛指数，结果发现，三线以下城市的落户门槛较低，而且越来越低，一、二线城市的门槛还比较高。落户门槛与人口规模、公共服务和经济发展水平密切相关。②

城乡融合的障碍还来自流通方面。张敏利用 8909 家零售企业的数据分析发现，2013～2017 年我国城乡零售企业的生产率差异在缩小，但整体水平仍然较低，生产要素在城乡之间流动不畅、配置效率不高仍是制约城乡融合的瓶颈。对此，可适当放开部门商业领域的准入门槛，加大电子商务向农村地区渗透等办法来加大城乡间的流通效率。③

随着电子商务的发展，农村居民的消费搜寻将获得更大的便捷性，效用得到更大提升，城乡消费差距因此而缩小，但由于农产品标准化程度不如工业品高，电子商务促进农产品进城的力度不如工业品下乡，从这个角度讲，它在缩小城乡消费差距的同时可能又扩大了发展差距。④

近年来特色小镇屡屡被提起，人们对它在城乡融合中的作用寄予厚望。特色小镇源于浙江，它克服了产业园的单一功能弊端，集生产、生活、生态等功能于一体，不仅关注产业集聚，更关注人口集聚及其与产业集聚的匹配，符合产业升级和新型城镇化的内在要求，有望成为促进城乡要素流动的新载体。⑤

2011 年京沪高铁开通，自此中国进入高铁时代，经济大地理也随之发生了重大改变，商品和要素的城乡流动、区域流动变得更加频繁，它有没有可能缩小城乡差距呢？余泳泽等利用 2008～2016 年 287 个地级市层面的数据给出了肯定的答案，其作用机理是促进了劳动力转移，而且随着时

① 郑振源、蔡继明：《城乡融合发展的制度保障：集体土地与国有土地同权》，载《中国农村经济》2019 年第 11 期。
② 张吉鹏、卢冲：《户籍制度改革与城市落户门槛的量化分析》，载《经济学（季刊）》2019 年第 7 期。
③ 张敏：《中国零售企业全要素生产率增长城乡差异分析》，载《统计研究》2019 年第 12 期。
④ 李洁、邢炜：《电商市场发展与中国城乡消费趋同性——搜寻匹配的分析视角》，载《经济理论与经济管理》2020 年第 2 期。
⑤ 王博雅、张车伟、蔡翼飞：《特色小镇的定位与功能再认识——城乡融合发展的重要载体》，载《北京师范大学学报》（社会科学版）2020 年第 1 期。

间的推移，作用还在强化。[①]

城乡融合发展要求教育均等化，一直以来人们关心的一个话题是相对于城市孩子而言，农村孩子接受高等教育的机会更少，这引发了对不平等代际转移问题的持久讨论。吴炜利用中国综合社会调查数据 CGSS 发现，改革后城乡高等教育入学机会差距呈先降后升再降的趋势，目前城乡间高等教育入学机会的不平衡问题仍然存在，但与"80 后"相比，"90 后"城乡差距已显著降低，不过，降低主要发生在专科入学机会上，本科教育变化不大。[②]

骆永民等指出，税收结构对城乡差距也有很大影响，他们通过构建动态一般均衡模型研究发现，在宏观税负中，间接税比重越大，城乡收入差距越大，而且在城乡二元结构明显的地区，间接税对收入差距的强化作用也更大。从缩小城乡差距的角度，税改应该朝直接税的方向推进，特别是所得税和财产税。[③]

我国幅员辽阔，地区差异明显，在推动城乡融合发展这一问题上，也要体现区域特色，探索差异化的融合模式。[④]

（五）扩大对外开放

改革开放以来，但凡中国经济遇到困难，都会以更开放的姿态融入世界经济体系，现在也不例外，只是所面临的国际环境与以往不同，局势更加复杂，要权衡的因素更多。一是为形成新的外贸增长点，要从低端制造业开放走向先进制造业和现代服务业开放的新格局，[⑤] 在更高层次上推进对外开放。二是实行更加灵活的贸易政策。面对逆全球化的扰动，要综合运用各种贸易规则，努力降低关税壁垒，灵活运用非关税壁垒，打造有利于提升我国企业国际竞争力的政策组合。对不同贸易主体采取多元化的贸

① 朱冰星、潘妍：《高铁开通缩小了城乡收入差距吗？——基于异质性劳动力转移的视角》，载《中国农村经济》2019 年第 1 期。

② 吴炜：《新中国成立以来我国高等教育城乡不均衡的最新演变——基于 CGSS2015 数据的分析》，载《中国农业大学学报》（社会科学版）2019 年第 10 期。

③ 骆永民、樊丽明：《宏观税负约束下的间接税比重与城乡收入差距》，载《经济研究》2019 年第 11 期。

④ 李爱民：《我国城乡融合发展的进程、问题与路径》，载《宏观经济管理》2019 年第 2 期。

⑤ 陈启斐、张为付、张群：《逆全球化、去规则化与全球价值链服务化》，载《南开经济研究》2019 年第 3 期。

易策略：对发达国家，可以通过"以市场换市场"的思路与之签订双边协定，为中国企业获取战略性资产创造条件；对发展中国家，可以利用我们的制造能力与它们的禀赋优势实现双赢合作。① 三是积极引进高附加值环节的外资。一方面重视打造承接高端价值环节转移的有利环境；另一方面要加快调整利用外资的政策，在先进制造业和现代服务业部门加大政策力度，带动国内关联产业的发展。② 四是积极引导中国资本"走出去"。通过"走出去"整合资源，注重企业对外直接投资规模和结构，避免"跟风式"投资，提高投资质量，提高中国在全球生产体系中的话语权。③ 利用"一带一路"建设在沿线国家推行以人民币结算，并逐步实现与发达国家之间的人民币结算，提高人民币国际化程度。④ 五是防范金融风险输入。金融市场对外开放应遵循渐进式原则，加强国家金融安全审查，守好金融安全底线。⑤ 资本账户的开放应审慎进行，逐次推进，优先顺序分别是：FDI—信贷流入—资本市场流出—OFDI—资本市场流入—房地产。⑥ 六是加大文化输出。扩大人员交流，加深海外民众对中国文化的了解，拉动中外旅游贸易。文化输出有利于提升外国民众对中国品牌认知，提高中国制造业的海外竞争力。⑦

四、宏观调控的政策组合

经济下行压力与结构性矛盾并存使宏观调控面临更大的挑战，我们既要坚持底线思维，保证经济不失速，也不能搞"大水漫灌"，以结构恶化和风险升级为代价追求经济增长。

---

① 安礼伟、马野青：《国际经济秩序：中国的新需求与政策思路》，载《经济学家》2019年第1期。
② 孙成浩、沈坤荣：《企业融资规模、银行所有制歧视与产能利用率》，载《经济理论与经济管理》2019年第1期。
③ 孔群喜、王紫绮、蔡梦：《对外直接投资提高了中国经济增长质量吗》，载《财贸经济》2019年第5期。
④ 步晓宁、张天华、张少华：《通向繁荣之路：中国高速公路建设的资源配置效率研究》，载《管理世界》2019年第5期。
⑤ 贾根良、何增平：《金融开放与发展中国家的金融困局》，载《马克思主义研究》2019年第5期。
⑥ 陈中飞、王曦：《资本账户子项目开放的经济增长效应及中国应用》，载《管理世界》2019年第1期。
⑦ 赵永亮、葛振宇：《汉语文化传播与"中国制造"的海外影响力》，载《南开经济研究》2019年第3期。

46

（一）财政政策与货币政策的组合

财政政策和货币政策是调控的两个轮子，配合是否合理对调控效果很重要。刘金全等回顾了新中国成立 70 年来两类政策组合范式的变迁过程，从"双积极""双紧缩"到"积极＋紧缩"再到"积极＋稳健"，组合越来越灵活，相机调控、需求管理、工具多元的特征愈发明显，但挑战也越来越大，多维目标之间的冲突凸显、调控效应滞后、边际效应递减。最近两年央行和财政部互怼就说明两类政策协调配合存在较大的困境。在新时期，调控组合不仅要考虑传统的财政政策与货币政策的组合问题，还要考虑它们与宏观审慎的配合问题。而目前学术界考虑的主要是货币政策与宏观审慎之间的配合问题。在三组合框架内政策取向要更加突出预期管理、微调、供求两端发力等新的特征。[①]

改革开放以来财政政策多偏主动，货币政策多偏被动，这符合西方经济学的逻辑，毕竟萧条周期中财政政策的刺激效果更直接；繁荣周期中货币政策控制物价的效果更明显。但杨源源等通过模拟分析发现，这种组合模式的效果并不理想，特别是在熨平经济周期方面。相反，主动型货币政策辅以被动型财政政策更易消化外生冲击。[②]

当然，目标不同，合意的组合模式也不同。在萧条周期，目标是盯住增长率，财政政策就会更活跃；一旦财政赤字积累到一定高度，防风险会成为新的目标，货币政策的作用凸显出来，它以盯住债务杠杆率为己任。[③]中国现在就兼具二者特征，既要盯住增长率，又要盯住杠杆率，进退两难。研究表明，杠杆率对增长率的影响是非线性的，债务—通缩有一个紧缩机制的临界值，只要经济增速能维持在它之上，操作空间就会大很多，可通过总量上稳杠杆、结构上去杠杆、效率上优杠杆来兼顾多元调控目标。另外，只要全要素生产率处于强劲的上升通道，也能显著降低杠杆率变化带来的扰动。[④] 现在来看，这两个条件似乎都不具备。

---

① 刘金全、张龙：《新中国成立 70 年财政货币政策协调范式：总结与展望》，载《财贸经济》2019 年第 9 期。
② 杨源源、于津平、尹雷：《中国财政货币政策协调配合范式选择》，载《财贸经济》2019 年第 1 期。
③ 陈创练、林玉婷：《财政政策反应函数与宏观调控政策取向研究》，载《世界经济》2019 年第 2 期。
④ 刘晓光、刘元春、王健：《杠杆率、经济增长与衰退》，载《中国社会科学》2018 年第 6 期。

财政政策与货币政策的组合不是简单的相加关系，它们之间还会产生交互效应。以货币政策对财政政策的影响为例，卞志村等指出，中国货币政策正在转型，从过去的数量导向转向价格导向。他们在新凯恩斯 DSGE 模型基础上引入权重可调的混合型货币规则发现，在货币政策转型过程中以政府投资、政府消费、投资补贴、消费税、资本收益税、劳动税为代表的六大财政政策工具的乘数效应也随之发生变化，且呈非线性特征。变化机理在于财政冲击对私人资本的挤出强度发生了变化。基于此，新时期要构建协同高效的宏观调控体系，财政政策要密切关注货币政策的转型进度，更重视结构性减税和投资补贴工具的运用，财政调控要有增有减，防止债务风险累积。①

47

2018 年 7 月中央提出"六稳"目标，其中，稳就业居第一位，只有稳住就业，其他五稳才有基础。王东京认为，为兼顾这六项目标，财政政策要加力提效，加力是保就业；提效是兼顾其他五稳。财政政策要立足供给侧结构性改革，推行结构性减税。货币政策仍要保持稳健、中性，货币供给要适度。② 宋瑞礼则认为，今天中国经济正面临严峻的挑战，为应对可能出现的失速压力，传统的松紧组合及微调手段都不足以应对，调控组合可能要重回"双积极"的轨道。③

毋庸置疑，今后一段时间，无论实体经济还是虚拟经济部门风险都在加剧。防风险任务艰巨。④ 货币政策与宏观审慎的配合愈发重要，徐海霞等指出，当经济面临需求冲击时，二者相互促进；当面临供给冲击时，又相互冲突。在具体的政策组合上，LTV 规则可以对房价做出更强烈的反应；利率可以在标准泰勒模型的基础上加上宏观审慎监管因素后进行调整。这种组合能显著增强经济体系的稳定性。⑤

面对国际环境冲击和内部通胀压力，胡小文等指出，通过利率调控和外汇储备干预等工具的组合可以做到"内外兼修"：面对国际资本冲击，

———————

① 卞志村、赵亮、丁慧：《货币政策调控框架转型、财政乘数非线性变动与新时代财政工具选择》，载《经济研究》2019 年第 9 期。

② 王东京：《中国经济稳中求进的优先目标及其宏观政策取向》，载《管理世界》2019 年第 5 期。

③ 宋瑞礼：《新形势下中国宏观调控取向与对策研究》，载《宏观经济研究》2019 年第 11 期。

④ 刘柏、张艾莲、潘梦梦：《机构异质性风险对宏观经济稳定的阶段影响研究》，载《经济学家》2019 年第 8 期。

⑤ 徐海霞、吕守军：《我国货币政策与宏观审慎监管的协调效应研究》，载《财贸经济》2019 年第 3 期。

应果断启动汇率管制；面对贸易冲击，可适当提升汇率弹性，减少对产出的冲击，同时辅以利率调控来控制通胀。①

中国人民大学中国宏观经济分析与预测课题组认为，当前在世界经济结构裂变、微观基础薄弱、结构性体制性问题集中暴露的基础上，2016年以来稳中向好的局面已经改变，经济下行压力难以通过短期的稳增长政策解决，必须辅以新一轮全方位的改革开放和新一轮供给侧结构性改革来对冲和缓解。大改革的窗口期在2018年已全面打开。②

供给侧结构性改革要为财政政策和货币政策的效力发挥创造制度基础：一是深化政府职能改革，厘清它与市场的边界，为市场机制在资源配置中发挥决定性作用创造条件。二是促进科技创新，建立现代金融体系，为优质的宏观调控提供产业载体。③ 三是改善营商环境。④ 制度设计要有前瞻性，能为下一步的改革指明方向。⑤

（二）避免矫枉过正

多年来中国调控政策都不是微调的，而是矫枉过正。以财政政策为例，徐源浩等认为，这与固定资产的短期通缩效应有关。传统理论认为，源于供求传导机制，大规模的固定资产投资一定会引发通胀，但实际上，在短期内可能引发的是通缩而不是通胀。究其原因：固定资产投资推高以房地产为代表的资产价格，诱使居民部门将更多的收入投入到固定资产中，挤占消费。出于对通缩的恐惧，地方政府认为它代表财政刺激力度不够，于是不断加码，导致刺激过度。⑥

矫枉过正可能会导致财政政策失去逆周期的特征，而熨平经济周期恰是财政政策最核心的使命，它不应推波助澜。但孙琳等研究发现，近年来

---

① 胡小文、周瑞明：《通胀目标制与汇率目标制不能共存吗?》，载《经济理论与经济管理》2019年第12期。
② 中国人民大学中国宏观经济分析与预测课题组：《2018～2019年中国宏观经济报告——改革开放新征程中的中国宏观经济》，载《经济理论与经济管理》2019年第1期。
③ 刘伟：《坚持新发展理念，推动现代化经济体系建设——学习习近平新时代中国特色社会主义思想关于新发展理念的体会》，载《管理世界》2017年第12期。
④ 张志明、周彦霞、张建武：《嵌入亚太价值链提升了中国劳动生产率吗?》，载《经济评论》2019年第5期。
⑤ 张军扩、罗雨泽、宋葒柯：《突破"制度高墙"与跨越"中等收入陷阱"》，载《管理世界》2019年第11期。
⑥ 徐源浩、杜亚斌、张润驰：《中国财政政策不断发生刺激过度现象的原因、机理及对策》，载《云南社会科学》2019年第3期。

的财政政策具有某种顺周期的特点，这应引起财政部门的警惕，并加快中长期支出框架的改革，重构逆周期调控特色。①

在开放经济环境下，过猛的财政政策会带来一系列的连锁反应，比如，政府投资会导致经常项目赤字和实际汇率升值，同时对居民投资产生"挤入效应"，另外，居民消费也会受到财政投资和财政消费的影响，具体影响取决于财政政策的内容。这些都是在制定财政政策时要考虑的。② 另一个要考虑的变量是企业的存货波动。研究表明，存货波动会使财政支出的短期乘数变大，长期乘数变小。制定财政政策时要考虑到企业存货的变化，着力创造有效需求，加快去库存。③

财政政策过猛会引发地方政府对土地财政的依赖，热衷于推高地价和房价，绑架公共政策，④ 或拿土地做抵押，过度融资，加剧资产泡沫和地方债务风险，若放任下去，可能会触发"明斯基"窗口，引发系统性金融风险。⑤ 在财政纵向失衡的情况下，地方政府财权与事权缺口越大，上述扭曲效应越明显。⑥

货币政策也同样存在用力过猛的问题。自 2008 年金融危机以来量化宽松政策在全世界大行其道。量化宽松政策之所以被广泛接受，有一个很重要的逻辑自洽，那就是所谓的现代货币理论（MMT）。它发端于 20 世纪 90 年代，是非主流经济学的一个分支，它一反弗里德曼传统，提出政府发债无约束、央行财政是一家、零利率是合理的、扩张政策不会导致通胀等观点。科学地辨别其中的是非，有益于国内货币政策的制定。张晓晶等对此进行了系统的梳理和回顾。⑦

中国这些年来货币政策名义上是稳健、中性的，但实际多为偏宽松，流动性过剩就是一个典型的例证。其中一个重要原因就是货币政策的传导

---

① 孙琳、王姝黛：《中期支出框架与走出"顺周期陷阱"——基于 88 个国家的数据分析》，载《中国工业经济》2019 年第 11 期。

② 田磊、杨子晖：《双赤字还是双重分叉——开放经济环境下中国积极财政政策冲击效应研究》，载《经济学（季刊）》2019 年第 4 期。

③ 王燕武、吴华坤：《企业存货调整与中国财政政策的效力发挥》，载《管理世界》2019 年第 1 期。

④ 闫先东、张鹏辉：《土地价格、土地财政与宏观经济波动》，载《金融研究》2019 年第 9 期。

⑤ 沈坤荣、赵倩：《土地功能异化与我国经济增长的可持续性》，载《经济学家》2019 年第 5 期。

⑥ 林春、孙英杰：《纵向财政失衡、地方政府行为与经济波动》，载《经济学家》2019 年第 9 期。

⑦ 张晓晶、刘磊：《现代货币理论及其批评——兼论主流与非主流经济学的融合与发展》，载《经济学动态》2019 年第 7 期。

机制不畅。何德旭等从企业融资难的视角剖析了这一困境。源于信息不对称等诸多原因，资金供求两端难以有效对接，民营企业、中小企业融资难问题得不到有效解决，即便释放出大量货币也难以流入到企业端，最终只能淤积在供给端，催生了脱实向虚问题。[①] 2019 年中央提出金融供给侧改革，本意就在于解决这一问题。崔建军等进一步指出，货币政策传导机制不畅非但会弱化它对经济增长的刺激功能，反而可能转向遏制经济增长，并加剧通货膨胀，因此在下行周期货币政策不宜承担过多的刺激产出的任务。[②]

与货币政策传导机制不畅相伴随的一个问题是资源错配：该得到政策扶持的部门没有得到，不该得到部门的却得到了。一些民营企业投资效率高，却拿不到贷款；另一些低效率的国有企业却拿着用不完的贷款去搞重复投资，助长产能过剩。为解决这一问题，有人甚至提出将货币规则调整为瞄准资本利用率。[③]

不管财政政策还是货币政策最好能保持稳定的政策取向，以便于公众能形成稳定的预期，矫枉过正必然会带来政策的大幅波动，不确定性加剧。许志伟等发现，这会带来负的需求冲击并加剧产出和物价波动。在当今中国劳动收入份额下降、劳动供给弹性变小的背景下，政策不确定性带来的不利影响会进一步加剧。[④]

————————

① 何德旭、于晶晶：《中国货币政策传导的现实难题与解决路径研究》，载《经济学动态》2019 年第 8 期。

② 崔建军、张冬阳：《货币政策、金融周期及其宏观经济效应》，载《经济理论与经济管理》2019 年第 1 期。

③ 赵恢林、黄建忠：《货币政策、异质性企业与产能过剩》，载《产业经济研究》2019 年第 1 期。

④ 许志伟、王文甫：《经济政策不确定性对宏观经济的影响——基于实证和理论的动态分析》，载《经济学（季刊）》2018 年第 10 期。

第三章　自主创新问题研究新进展

改革开放 40 多年以来，我国积极参与全球化进程，经济和科技实力得到大幅跃升，在世界创新网络中占据重要位置。2018 年全社会研发经费支出达到 1.76 万亿元，占国内生产总值的比重为 2.13%，超过欧盟 15 国的平均水平。研发人员全时当量达 403.4 万人年，连续 5 年稳居世界第一。科技投入的产出质量和效率大幅提升，我国发明专利申请量和授权量均居世界第一。基础研究和前沿技术领域实现多点突破、群体性跃升，在载人航天、探月工程、北斗导航、量子通信、深海探测、高速铁路等领域取得一批世界级的重大成果。科技创新能力正在从量的积累向质的飞跃、从点的突破向系统能力提升转变。然而，我国科技发展水平、特别是关键核心技术创新能力同国际先进水平相比还有很大差距，尤其是在发生中兴事件、华为事件之后，更凸显了加快在关键技术、核心技术上取得突破的重要性和急迫性。为此，如何在新时代增强包括产业链、价值链、供应链在内的自主创新能力？怎样激发创新活力？如何设计激励约束相容机制对创新主体产生最有效的推动作用？如何围绕"一带一路"倡议建设推进创新等一系列问题成为经济学者关心的时代热点问题。

一、政策激励的创新效果

政府高度重视科技在生产力中的重要作用，审时度势提出并贯彻落实创新驱动发展战略，以切实增强自主创新能力、建设创新型国家。因此，以体制机制改革激发创新活力、形成适应创新驱动发展要求的政策环境，是中国迈入创新型国家行列的重要保障。近年来，为鼓励技术创新，中国在营商环境、政府研发资助、税收政策、贸易政策、"一带一路"倡议、金融业等方面进行了一系列的制度安排，学者们对这些政策的实施效果进行了深入研究。

（一）营商环境与创新

根据党中央全面深化改革的战略部署和国务院推进简政放权、放管结合、优化服务的总体要求，在界定政府和市场边界的前提下，制度改革深入开展，不断为大众创业、万众创新释放活力。夏后学等基于世界银行对中国企业营商环境的调查数据，利用二值选择模型研究发现，在市场机制尚未健全的转型经济中，寻租作为非正规补偿手段和"关系资本"，一定程度上对市场创新产生了扭曲的正面影响；优化营商环境显著影响企业寻租与市场创新的关系，对消除寻租影响、促进创新有积极作用。[①] 徐浩等则从营商环境、政府创新投入同群行为与技术创新间的关系视角剖析了地方政府同群偏向的内生机理及其对技术创新的促进机制，分析了营商环境优化对二者关系的调节作用，并以我国 2008～2017 年 185 个地级市数据为样本进行实证检验发现，地方政府创新投入行为存在显著的同群偏向性，"行政相邻"下同群偏向强度最高，"地理相邻"下同群偏向强度随着地理半径的增加而衰减；地方政府创新投入同群偏向性对技术创新具有显著的促进作用；营商环境优化能够有效抑制地方政府在"经济人"诉求下对财政创新投入配置效率的负面影响，从而提升政府创新投入绩效。[②]

（二）政府支持与创新

政府的政策激励和政府适度干预对创新有重要影响，如何发挥政府的积极影响、避免过度干预，从而实现效率最大化成为需要探讨的问题。

1. 政府对企业研发的精准资助

郑江淮等认为，企业研发创新成果具有"公共品"的特性。公共物品的供给仅仅依赖市场和企业，往往不能达到社会最优，并且也会降低企业的积极性，因此需要政府的适当干预，在提升企业积极性的同时，使得创

---

① 夏后学、谭清美、白俊红：《营商环境、企业寻租与市场创新——来自中国企业营商环境调查的经验证据》，载《经济研究》2019 年第 4 期。

② 徐浩、祝志勇、李珂：《营商环境优化、同群偏向性与技术创新》，载《经济评论》2019 年第 6 期。

新研发能够达到社会最优。企业微观特征的异质性导致了政府资助效应的发挥存在差异。企业规模越大、知识存量水平越高、劳动生产效率越高的企业中，政府研发补贴的影响效应越大。政府在选择研发资金资助对象的时候，应该重点对这些企业进行扶持。这些企业能够有效地吸收政府的研发资助资金，从而提升自身企业的创新活动水平，也能够更有效地发挥政府补贴的激励效应，实现政府经济政策的战略目标。特别是对于研发效率较高的非国有企业，政府应该重点给予支持，因此政府应该根据企业不同的微观特征，制定针对性的资助措施，更有效地发挥政府资金对企业研发创新的激励作用。[①]

颜晓畅等认为，我国高新科技企业的典型特征是固定资产较少，规模相对较小，因而难以得到抵押贷款。因而，如何有效筹措创业资金、获得风险投资是关键。各级政府可设立或加强已有的创业投资引导资金等，进一步吸收并引导社会资本积极参与创业投资基金和股权投资基金，满足高科技产业发展需要。政府对高新技术产业基本设施的提供及相关优惠政策，对该产业发展具有特别重要的作用，体现出政策支持的针对性和实效性。如何将高新技术产业在起步阶段有限的自筹资金集中用于研发，减轻基本建设投资的风险和压力是问题的关键。[②]

2. 税收政策、政府补助等政策效应对比

李万君等运用197家种子企业的调查数据，将种子企业技术创新绩效划分为创新数量和创新质量两个维度，实证分析政府支持对种子企业技术创新绩效的影响。研究表明：第一，从政策异质性来看，直接补助和税收优惠对种子企业技术创新数量的提升具有显著作用，信贷支持对种子企业技术创新数量和质量的提升都具有显著影响。不同类别的政府支持对种子企业技术创新数量具有显著的正向交互效应，事中提供强度大的直接补助和事前提供强度大的信贷支持更有助于种子企业技术创新数量提升。强度大的税收优惠对技术创新数量的提升作用显著，非事中支持且强度大的税收优惠对创新质量的提升作用显著。第二，从组织异质性来看，政府对规模较大的非公有种子企业提供支持更有利于其提升技术创新绩效。第三，

① 郑江淮、张玉昌：《政府研发资助促进企业创新的有效性：激励效应异质性假说与检验》，载《经济理论与经济管理》2019年第12期。
② 颜晓畅、黄桂田：《政府在高新技术产业发展中的扶持效应——基于国家火炬计划软件产业基地的数据》，载《经济科学》2019年第6期。

54

从市场异质性来看，在竞争激烈和知识产权保护力度大的市场环境中，政府支持更能提升种子企业的技术创新绩效，尤其是创新质量。与竞争激烈的市场环境相比，在竞争较弱的市场环境中，信贷支持更有助于促进种子企业技术创新数量的提升。若知识产权保护力度小，提供税收优惠将给技术创新质量带来负面影响。①

颜晓畅等以国家火炬计划软件产业基地为样本，通过四个面板回归模型，测度三种主要科技活动经费来源、税收、土地及人才优惠政策对经济产出和科技产出的扶持效应，并比较中央及地方政府资金的影响发现，企业资金、中央政府资金、税收优惠、土地优惠和人才优惠政策对软件基地的发展起显著促进作用，而金融贷款和地方政府资金的影响不显著；其中，税收优惠政策的扶持效应最大。②

税收激励不仅有利于当期，而且有利于未来技术创新水平的提升。但税收激励对企业技术创新的长期正向促进效应不具有稳健性，尤其不利于研发成果的转化。长期来看，税收激励对企业技术创新的正向促进效应更易受长期融资约束、管理层短视等因素的影响。③ 政府研发资助对企业自身研发投入存在激励作用，同时也会提升企业研发创新的专利和新产品的产出水平。政府资助的激励效应存在企业异质性，在企业规模越大、人力资本水平越高、劳动生产效率越高的企业中，政府资助的激励效应越大，并且对非国有企业的研发创新产出的促进效用要高于国有企业。④

3. 政府干预的有效性及前提

吕铁等基于对中国高铁主要创新主体和重要当事人的调查研究和深度访谈发现，政府干预之所以能够推动高铁这一复杂产品的技术成功，是因为政府在机会条件、创新导向和微观主体互动方式等方面引致了高强度、高效率和大范围的技术学习。首先，大规模高铁建设是中国高铁实现技术赶超重要但非充分的条件，丰富的技术机会，特别是政府构建的技术机会才是中国高铁高强度技术学习的直接驱动力。其次，由于政府同时也是装

① 李万君、李艳军、李婷婷：《政府支持如何影响种子企业技术创新绩效？——基于政策、组织和市场异质性的分析》，载《中国农村经济》2019年第9期。
② 颜晓畅、黄桂田：《政府在高新技术产业发展中的扶持效应——基于国家火炬计划软件产业基地的数据》，载《经济科学》2019年第6期。
③ 李香菊、贺娜：《税收激励有利于企业技术创新吗?》，载《经济科学》2019年第1期。
④ 郑江淮、张玉昌：《政府研发资助促进企业创新的有效性：激励效应异质性假说与检验》，载《经济理论与经济管理》2019年第12期。

备用户和系统集成者，因而中国高铁的自主创新呈现鲜明的商业化应用导向，并大大提高了中国高铁技术赶超的效率。最后，高铁是中国极少数打破总成企业与零部件企业的"合作悖论"、从整车到核心零部件（系统）形成全产业链技术能力的产业，这种独特的技术能力位置是在铁路装备高度专业化的产业组织条件下由行业管理部门主要出于安全保障、服务响应等理性考虑推动实现的。中国高铁的技术赶超是在非常特殊的制度、经济和文化背景下发生的多因素交互作用的复杂过程，政府干预的有效性具有很强的特定性和本地性。总体上看，影响中国高铁技术赶超的制度性因素（边界条件）对其他产业的借鉴意义较小，而政府及各类微观主体的行为特征则更具一般性。中国高铁技术创新的经验显示，政府干预的有效性不仅取决于政府是否具有引导产业创新发展的恰当激励，而且还取决于政府是否具备制定有效的战略和政策并高效实施的能力，对政府干预效果的完整理解需要同时纳入激励和能力两个维度。①

　　江鸿等以中国高铁的系统创新为例，总结政府政策调控成功鼓励自主创新成功的经验发现：首先，大规模高铁建设对创新投入和技术发展提供了重要的激励，但市场机会本身并不必然导致更高的技术能力，政府主动构建的技术机会，才是驱动中国高强度技术学习的直接动力。没有技术机会的市场机会只能引致技术模仿和生产性投资。中国的大规模市场需求可以为技术进步提供必要的市场条件，消费升级和比较优势转换也能够诱致企业开展渐进的技术创新。如果政府基于形成竞争优势、因势利导地构建战略性的技术机会，则能够引致企业更高强度的技术学习。其次，中国高铁能够在不到 20 年的时间里快速完成技术赶超，是因为其自主产品开发和自主产品平台建设具有鲜明的商业化应用导向。目前中国的基础研究、技术研发、工程化和产业化由科技部、工信部和发展改革委分头管理，创新链的割裂使得大量的科技项目最终停留于科学研究和实验室阶段。中国高铁经验显示，为了更好地发挥产业政策对突破性创新的催化剂作用，就必须打通资源配置和行业管理的边界，通过探索新的体制和管理模式形成对从基础研究到商业化应用的全链条激励和支持。最后，中国高铁卓越的技术创新绩效不仅表现在技术水平对前沿的快速追赶，更重要的是，实现了从总成到核心零部件、控制软件和基础材料的全面替代和技术自主，从

---

① 吕铁、贺俊：《政府干预何以有效：对中国高铁技术赶超的调查研究》，载《管理世界》2019 年第 9 期。

而形成了不同于中国其他行业的技术能力位置。虽然"高铁模式"并没有为中国其他产业由竞争性供应链向合作型供应链转变提供普适的经验和模式，但其产业组织条件却具有非常明确的政策含义。为了培育具有大量专有知识的核心零部件企业，应该尽可能促成专业化的市场结构，如对总成企业的垂直一体化进行必要的限制，鼓励其更多通过水平多元化、而非垂直一体化做大规模等。[①]

56

（三）金融体制改革与企业创新

金融服务业的高效运行是促进企业创新的重要因素之一，而金融服务业的融资模式、风险管控，以及运行机制等都会影响企业的创新行为。

1. 金融市场结构

武力超等基于世界银行微观企业调研数据库和服务贸易限制数据库，分析金融服务部门开放对企业技术创新活动的影响发现，金融服务部门开放促进了制造业企业技术创新。高外部融资依赖型企业的技术创新活动受金融服务部门开放的影响更大，金融服务部门的开放将更有效地促进这类企业技术创新活动的蓬勃发展。[②]

吕承超等基于中国制造业上市公司数据，从企业融资能力和效率异质性视角考察正规金融市场和民间金融市场的利率分割，以及信贷供求失衡对技术创新产出的作用机制及其影响。研究表明：（1）金融市场分割因增加外部融资利率，对所有企业技术创新产出均有阻碍作用。（2）信贷失衡对异质性企业技术创新产出的影响存在差异，具体影响机制是信贷失衡使得融资能力强的低效率企业实现技术创新，而仅使极少数高效企业放弃技术创新，因此信贷失衡在一定程度上促进技术创新产出。（3）金融市场分割对技术创新产出的总体作用效果受到信贷失衡程度的影响，即信贷失衡能够削弱金融市场分割对技术创新产出的抑制作用。[③]

陈陶然等基于中国工业企业库和专利数据库，利用中国证券市场资本

---

① 江鸿、吕铁：《政企能力共演化与复杂产品系统集成能力提升——中国高速列车产业技术追赶的纵向案例研究》，载《管理世界》2019年第6期。

② 武力超、张馨月、童欢欢：《金融服务部门开放对制造业企业技术创新的影响》，载《财贸经济》2019年第4期。

③ 吕承超、王媛媛：《金融市场分割、信贷失衡与技术创新产出——基于企业异质性的制造业上市公司数据分析》，载《产业经济研究》2019年第6期。

化总额占比的快速上升和企业风险特性差异研究表明，市场主导程度更高的金融结构，而非更大的金融市场总体规模，通过缓解外部融资依赖程度更高行业中的私有企业的融资约束，显著促进了高风险私有企业的创新。这一模式对于小型私有企业表现得更加明显。金融体系特征对于国有企业的创新影响较弱。①

张璇等将 1998～2007 年中国工业企业数据、专利申请数据与银监会公布的金融许可证数据相匹配，考察银行业竞争影响企业创新的内在机制发现，竞争的加剧通过缓解企业面临的融资约束，从而提升其创新能力。在弱化内生性问题和一系列稳健性检验后，上述结果仍然稳健。进一步研究发现，外部融资依赖度较高的企业，中小民营企业，以及位于市场化水平高和法治环境好的地区的企业，银行业竞争通过缓解融资约束促进其创新的效应更加明显。此外，股份制银行和城商行的竞争能更好地推动企业创新。建立健全多层次、多元化的金融体系，能有效缓解企业创新的融资困境，激发创新活力。②

潘敏等对金融中介创新与企业整体技术创新的关系，以及不同类别技术创新对不同行业的影响进行实证研究发现，总体上，金融中介创新对企业整体技术创新存在倒"U"型的非线性影响，当金融中介创新达到某一特定临界值之前，其对企业技术创新发挥着促进作用，而当金融中介创新超过特定的临界值后，其对企业技术创新产生抑制作用。相较于科学价值和风险较低的增量型技术创新和在企业现有技术基础上的创新，金融中介创新对科学价值较高、风险较大的突破性技术创新和吸收企业外部技术进行的创新的非线性影响更明显。金融中介创新对企业整体和不同类别技术创新的非线性影响效应随着行业技术密集度的提高而增强。从影响机制看，金融中介创新主要通过影响企业创新投入作用于企业技术创新。③

2. 银行信贷偏好

银行信贷是企业创新活动的重要资金来源，然而，银行针对企业创新活动的信贷业务存在着风险与收益不对称问题。风险与收益的不对称性会

---

① 陈陶然、谭之博：《金融体系特征、风险特性与企业创新》，载《经济理论与经济管理》2019 年第 7 期。

② 张璇、李子健、李春涛：《银行业竞争、融资约束与企业创新——中国工业企业的经验证据》，载《金融研究》2019 年第 10 期。

③ 潘敏、袁歌骋：《金融中介创新对企业技术创新的影响》，载《中国工业经济》2019 年第 6 期。

抑制银行支持企业创新的积极性，甚至可能抑制企业持续创新投入。徐飞基于 2007～2017 年 A 股非金融业上市公司样本进行研究显示：（1）银行信贷更偏好前期低创新企业；（2）银行信贷强度会抑制企业创新再投入；（3）银行信贷最终增加了企业持续低创新频率、抑制了企业持续高创新频率，即加剧企业持续低创新困境。因此，加强银行业竞争、降低四大国有银行寡头垄断，有助于缓解银行信贷对企业低创新的偏好。政府不能简单通过行政手段要求银行以正常信贷条件，甚至低息信贷条件来支持企业创新，行政干预反而造成银行信贷市场失灵。政府应当从风险补偿、政策性支持和银行业竞争出发，构建政府、银行、企业多维度互动的持续创新体系。①

3. 股票市场对外开放

沪港通是中国资本市场对外开放的重大制度改革之一，对推动我国资本市场的双向开放具有重要意义，其实施不仅为内地股票市场带来了一系列变化，也对上市公司产生了一定影响。丰若旸等以我国 2010～2016 年 A 股国有上市公司为样本，运用"倾向得分匹配"和"双重差分估计"的方法，研究沪港通制度对国有企业技术创新水平的作用效果及机制发现：（1）沪港通制度提高了国有企业的技术创新水平；（2）沪港通能够缓解国有企业面临的融资约束，从而促使国有企业增加其研发投入并提高技术创新水平；（3）沪港通还能够通过提高国有企业的股票流动性为长期机构投资者的进入提供更多机会，进而提高国有企业的技术创新水平。②

4. 企业金融化与创新

黄宇虹等研究发现，金融知识显著提升了小微企业的创新意识，表现为更重视创新的必要性与员工的创新能力，也有效改善了创新活力。金融知识通过市场认知机制与信贷约束机制分别作用于创新意识与创新活力。在市场化高、非国有经济发展好、金融市场化高的地区，小微企业的创新活力强而创新意识不强，金融知识的作用主要在于提升创新意识，通过提升市场认知机制发挥作用。而在市场化低、非国有经济发展差、金融市场化低的地区，小微企业的创新意识强而创新活力不强，金融知识的作用主

---

① 徐飞：《银行信贷与企业创新困境》，载《中国工业经济》2019 年第 1 期。
② 丰若旸、温军：《沪港通会促进我国国有企业技术创新吗?》，载《产业经济研究》2019 年第 4 期。

要在于提升创新活力，即缓解需求抑制型信贷约束的机制发挥作用。[1]

但是，如果企业过分重视金融服务的重要性，在资本的逐利性驱使下，逐渐偏离主营业务，将部分资金配置到金融资产，以期获得利润丰厚的虚拟经济回报率，走向"企业金融化"，它对企业的技术创新有什么影响呢？肖忠意等在新结构经济学关于资源禀赋结构的理论框架下进行实证检验发现，企业金融化对非金融上市公司的持续性创新表现具有抑制作用即"挤出效应"，而这种"挤出效应"在企业成长期尤为强烈。随着企业生命周期阶段的延伸，这种抑制作用被削弱。不同行业的上市公司，在不同生命周期阶段受企业金融化"挤出"效应的影响存在一定的差异。[2]

（四）　地方政府行为与技术创新

地方政府如何有效促进企业的研发投入对于实施创新驱动发展战略、推动实体经济结构优化至关重要。

张嘉望等构建了一个包含政府干预和融资约束的企业研发决策模型，从融资约束的视角考察地方政府行为对企业研发活动的影响发现，在经济增速下滑、企业转型升级迫在眉睫的关键期，政府的施政目标也在逐渐变化，传统的激励机制中注入了以技术创新为标尺的新理念。然而，融资约束导致了异化的地方政府行为，其影响更加深远。融资约束除了直接降低企业挖掘潜在研发投入项目的意愿外，在间接机制上，融资约束弱化了最优路径上政府干预的程度，而政府干预程度的降低又减弱了政府补贴等研发优惠政策对企业融资困境的援助力度，形成恶性循环，进一步加剧了企业研发投入水平的降低。[3]

在财政分权及官员晋升锦标赛制度下，地方官员有权力和动力制定相应的政策，对企业日常经营决策进行干预，以快速提高自己的政绩，为此，官员变更带来的政策变化势必对企业创新有着重要的影响。王全景等在构建数理模型理论分析的基础上，运用 2005 ~ 2015 年中国 A 股上市公司数据对该问题进行验证发现：（1）市长变更、市委书记变更或者两者任

---

[1]　黄宇虹、黄霖：《金融知识与小微企业创新意识、创新活力——基于中国小微企业调查（CMES）的实证研究》，载《金融研究》2019 年第 4 期。

[2]　肖忠意、林琳：《企业金融化、生命周期与持续性创新——基于行业分类的实证研究》，载《财经研究》2019 年第 8 期。

[3]　张嘉望、彭晖、李博阳：《地方政府行为、融资约束与企业研发投入》，载《财贸经济》2019 年第 7 期。

一变更显著降低了企业创新水平。（2）新任市长是异地调任时，加剧了这种负向影响；新任市长与省级领导是同乡或前任市长升迁，缓解了这种抑制效果。（3）在中介效应方面，地方官员变更通过提升企业融资约束、降低创新对业绩贡献度来降低企业创新水平。（4）在调节效应方面，市场化程度、企业性质以及行业性质显著影响了官员变更对企业创新的作用效果。①

地方政府债务也对企业创新产生了重要影响。长期以来，地方政府主要依靠基础设施等公共投资来促进地区经济增长，导致财政压力过大，迫使地方政府通过举债融资的方式为地区发展筹集资金。为应对2008年金融危机，中央政府鼓励地方政府进行公共投资，进一步增加了地方政府财政支出压力。地方发展当地经济的主观动机、中央刺激计划的客观要求使得地方政府债务迅速增长。熊虎等考察地方政府债务对创新活动的影响发现，在样本期内，地方政府过度负债显著挤出了地区整体和企业个体的技术创新产出。中介效应检验表明，地方政府过度负债降低了企业信贷资金的可得性，加剧了企业面临的融资约束，进而挤出了创新活动；地方政府债务膨胀增加了基础设施投资，过度的基础设施投资产生了挤出效应，从而抑制了创新活动；但没有证据表明地方政府债务激增会通过扭曲企业投资对创新活动产生挤出效应。②

（五）对外开放与技术创新

以全球视野谋划和推动科技创新，加快增强自主创新能力是全面实践创新驱动发展战略的重要举措。

1. 贸易体制

张宽等基于中国2005～2015年274个城市的面板数据，在固定效应模型和工具变量估计统一框架内，实证检验贸易开放和人力资本积累对自主创新能力的影响发现，贸易开放与人力资本积累是提升自主创新能力的显著因素，相比贸易开放，人力资本积累对自主创新能力影响更大，贸易

---

① 王全景、温军：《基于融资约束和创新贡献度的路径探寻》，载《南开经济研究》2019年第3期。
② 熊虎、沈坤荣：《地方政府债务对创新的挤出效应研究》，载《经济科学》2019年第4期。

开放水平和人力资本积累程度每上升一个标准差，自主创新能力将分别提高 0.0727 个和 0.1248 个标准差。贸易开放能够通过提升人力资本积累程度来增强自主创新能力，人力资本是吸收国际知识和技术的核心能力，人力资本积累表现出显著的"门槛"效应特征，人力资本积累程度越高，贸易开放对自主创新能力的正向影响越大。上述人力资本积累的约束效应显著存在于东部、中部以及发达经济和发展中经济区域，而在西部地区和落后经济区域均不成立。①

马一德指出，技术交互利用催生技术标准，技术标准许可贸易是全球多边贸易的重要内容。技术标准的推行需要公平、合理、无歧视的多边贸易体制。作为技术标准的法律形态，标准必要专利许可费定价规则是多边技术贸易规则体系的核心内容。现有标准必要专利许可费定价规则表明，不同国家基于各自利益，在多边贸易体制外主动或被动制定单边规则，致使技术标准定价规则碎片化。以市场因素整合技术定价规则，重塑多边贸易体制的职能，实现多边贸易规则体系的现代化，增强多边贸易体制对全球价值链的适应性，是解决技术标准定价规则冲突的可行方案。倡导建立以市场为标准必要专利定价规则，才能使不同层级发展水平的国家能够在多边贸易体制下共享技术革命成果，以此推动全球均衡、包容、普惠发展。②

韩剑等指出，低技术的出口企业要发展成为利用自贸协定进行出口的高技术企业，存在两条不同的发展路径：一是企业先实现技术升级然后再转变出口方式；二是企业先转变出口方式然后再进行技术升级。企业选择的发展路径不同，原产地规则限制效应对企业技术升级的影响也不同。当只存在要素市场的资源配置效应时，较高的原产地规则限制效应反而有利于企业的技术升级，当同时存在要素市场的资源配置效应和产品市场的利润缩减效应时，较低的原产地规则限制效应将有利于企业的技术升级。③

2. 贸易政策

李敬子等通过构建双向固定效应和面板 logit 模型等多种回归方法，利用 2005～2007 年中国工业企业数据库研究发现，贸易政策不确定性对企

① 张宽、黄凌云：《贸易开放、人力资本与自主创新能力》，载《财贸经济》2019 年第 12 期。
② 马一德：《多边贸易、市场规则与技术标准定价》，载《中国社会科学》2019 年第 6 期。
③ 韩剑、岳文、吴小康：《优惠自贸协定、原产地规则与企业技术升级》，载《经济评论》2019 年第 4 期。

业 R&D 投资具有正向激励作用，这种作用可通过改变政府补贴、企业出口以及融资约束等渠道进行传导。此外，贸易政策不确定性对于异质性企业研发投资的影响程度不同。相比非出口企业而言，出口企业在贸易政策不确定性上升时更倾向加大研发投入；不同所有制下，贸易政策不确定性上升对国有企业 R&D 投资的激励作用最大，民营企业次之，而对外资企业影响不显著；从不同行业来看，制造业企业的研发投资比采矿业和电力、燃气及水的生产与供应业对贸易政策不确定的影响更为敏感，尤其是高技术制造业企业更容易受到影响。[①]

3. 引进外资

步丹璐等基于当前新的国际国内环境，研究国有企业引入外资股东与核心技术的经验教训发现，华控赛格引入外资股东三星康宁后不但没有获得核心技术，反而成为外资股东转移落后技术的对象，过时的技术直接导致华控赛格巨额的资产减值和亏损。同时，外资股东从参股到控股，逐步将华控赛格演变为廉价代工厂，并通过关联方交易和占款实现技术控制利益。可见，基于比较优势理论，外资在技术转移中可能通过严格控制核心技术和转移落后技术来实现技术比较利益。因此，核心技术不能完全靠引资获得。进一步地分析表明，外资并不必然提升引资企业的创新能力，长期依赖外资技术可能导致技术陷阱和创新惰性，阻碍引资企业的自主创新。面对当前国内经济转型和技术发展受到发达国家遏制的状况，增强企业的自主创新能力才是取得核心技术的根本途径。[②]

4. "一带一路"倡议

近年来，"一带一路"倡议的经济效应备受关注，"一带一路"倡议是否可以促进中国企业创新？王桂军等基于 2012～2017 年中国上市公司数据，利用双重差分模型（DID）研究发现，"一带一路"倡议可以显著地提高中国企业的创新水平。"一带一路"倡议对中国企业创新的促进效应严重依赖于企业的对外直接投资。"一带一路"倡议对大型企业、国有

---

① 李敬子、刘月：《贸易政策不确定性与研发投资：来自中国企业的经验证据》，载《产业经济研究》2019 年第 6 期。

② 步丹璐、兰宗、田伟婷：《引入外资能引进核心技术吗？——基于华控赛格的案例研究》，载《财经研究》2019 年第 9 期。

企业和资本密集型企业的创新激励效应尤为突出。[1]

二、产业链与创新链

习近平总书记指出，要围绕产业链部署创新链，发展科技含量高、市场竞争力强、带动作用大、经济效益好的战略性新兴产业，把科技创新真正落到产业发展上。这为我国实施创新驱动实现高质量发展指明了方向，同时也指出了创新的目标导向。近期愈演愈烈的中美贸易战实际上转向了技术战。美国阻碍中国技术进步的重要路径就是打压中国的高科技企业。其方法是利用产业链对华为等高科技企业断供技术、中间产品和市场。这充分证明了围绕产业链部署创新链的重要性。

（一）价值链重塑与创新

洪银兴认为，当代国际竞争突出表现为全球价值链竞争。产业链、供应链、价值链，核心是创新链。创新发展的关键是推动产业迈上全球价值链中高端。突破口就是围绕产业链部署创新链，把科技创新落到产业发展上。我国产业迈上全球价值链中高端主要有两个方向：一是建立以我国拥有的核心高端技术为主导的全球价值链；二是从全球价值链中低端环节向中高端环节攀升。这两个方向实际上指明了围绕产业链部署创新链的方向。在产业链上部署创新链，关键是在相应的产业链环节上创新处于国际前沿的核心技术。产业创新链的基本功能是有效衔接知识创新和技术创新两大体系。产学研协同创新更适合产业创新链的构建。[2]

推进产学研深度融合，需要做到以下三个方面：第一，有共同的研发平台。产学研各方进入共同的平台介入创新，协同创新平台有的建在大学，有的建在企业，相当多的建在政府主导的科技园。第二，有协同创新机制。科学家和企业家相互导向，科学发现和市场需求互动。第三，有可持续性。协同创新平台不是一次性研发新技术，而是源源不断开发新技术

---

① 王桂军、卢潇潇：《"一带一路"倡议可以促进中国企业创新吗?》，载《财经研究》2019 年第 1 期。

② 洪银兴：《围绕产业链部署创新链——论科技创新与产业创新的深度融合》，载《经济理论与经济管理》2019 年第 8 期。

并通过进入平台的企业不断地进行产业化。相比科技创业，产学研协同创新是有组织的创新方式，更为高端。①

邵朝对等探讨日益兴起的国内价值链与地区间技术差距之间的关系对于区域经济协调发展的影响发现，国内价值链贸易缩小了地区间技术差距，而在考虑国内价值链贸易之后，区际双边贸易则扩大了地区间技术差距，反映出国内价值链贸易主导了区际贸易的技术差距缩减效应。通过促进资源再配置效率的空间收敛是国内价值链贸易缩小技术差距的重要途径。国内价值链贸易的技术差距缩减效应在初始技术差距较大的省份间、国内价值链位置差异较大的省份间以及东部和中西部省份间更强。纳入全球价值链后，国内价值链贸易对全球价值链贸易参与不平衡带来的技术差距具有矫正作用。②

（二）产业政策与创新

政府产业政策的干预和引导是否能够帮助企业提高技术效率？产业政策对企业技术效率的影响效果是否依赖于某些约束条件？对这些问题的回答，有助于深化理解产业政策的实施效果，同时也关系到我国产业结构升级和长期经济增长。

张超林等以"十一五"规划、"十二五"规划期间中国制造业上市公司为研究样本，从企业技术效率角度出发，对产业政策对创新的影响进行评估发现，不论是一般鼓励产业政策，还是重点鼓励产业政策，都对企业技术效率的提升产生了促进作用。产业政策的实施效果依赖于企业的内部治理机制、融资约束程度以及所处地区的市场化程度。产业政策对企业技术效率的影响在低代理成本企业中显著为正，在高代理成本企业中并不显著，企业内部治理机制及代理问题是制约产业政策实施效果的重要因素。产业政策通过放松低代理成本企业受到的外部融资约束，促进了企业技术效率。相对于市场化程度较高的地区，产业政策显著促进了市场化程度较低地区的企业技术效率。③

---

① 王文静、高敏雪：《中国产学合作模式下的知识存量研究》，载《数量经济技术经济研究》2019 年第 4 期。
② 邵朝对、苏丹妮：《国内价值链与技术差距——来自中国省际的经验证据》，载《中国工业经济》2019 年第 6 期。
③ 张超林、王连军、袁立华：《产业政策对企业技术效率的异质性影响研究——基于中国制造业上市公司的实证检验》，载《产业经济研究》2019 年第 5 期。

金宇等采用多时点 DID – PSM 的研究方法，基于 2007 ~ 2015 年 A 股上市公司数据，对选择性产业政策与企业专利质量的关系进行研究发现，选择性产业政策有利于企业专利质量的提升，表现出政策"促进作用"。选择性产业政策通过缓解企业融资约束、提升人力资本稳定性这两条路径对专利质量提升发挥作用。然而选择性产业政策对专利质量的积极作用仅在知识产权保护力度较大的区域显著，这表明外部环境对政策执行效果具有重要影响。因此，为了摆脱关键核心技术对发达国家的依赖性，必须在产业政策扶持方面具有选择性，通过向新兴产业和战略产业倾斜，以压缩产业整体演化进程，最终实现产业快速发展和经济赶超。[①]

（三）产业集聚与创新

已有文献认为地理邻近的创新主体往往面临相似的政策环境、文化背景，不同主体之间更容易通过相互交流促进知识和技术的外溢，创新要素的流动也更加顺畅，从而使得这一区域创新主体、组织之间良性互动，形成正式或非正式的关系网络，加强创新主体、组织之间的协同高效运作，从而加速新技术和新知识的研发和扩散，提高整体的创新效率。中国由于内部不同区域的经济发展、社会文化和行政管理手段等差异较大，从区域层面考察其创新效率可能更加合理。谢露露聚焦于科技创新资源相对密集、创新要素流动相对自由、创新合作相对紧密的长三角地区城市群，结合这一区域的创新特征考察影响创新效率发现，同时考虑集聚带来的知识外溢的正外部性和加剧模仿创新的负外部性后，从总效应来看，生产性服务业集聚对创新效率有显著的促进作用，而制造业集聚对创新效率的影响存在门槛效应。效应分解后，仅仅相邻地区制造业集聚对创新效率的影响存在门槛效应，本地制造业集聚始终明显抑制了创新效率的提升，仅仅相邻地区生产性服务业集聚对创新效率有积极影响，吸收能力差距越小，这一外溢效应越明显。来自政府支持的创新激励对创新效率有显著的抑制作用，而来自企业支持的创新激励则有显著的促进作用，这两种影响都明显外溢到相邻地区。[②]

---

① 金宇、王培林、富钰媛：《选择性产业政策提升了我国专利质量吗？——基于微观企业的实验研究》，载《产业经济研究》2019 年第 6 期。

② 谢露露：《产业集聚和创新激励提升了区域创新效率吗——来自长三角城市群的经验研究》，载《经济学家》2019 年第 8 期。

三、互联网与技术创新

国务院明确提出，要充分发挥互联网的创新驱动作用，使"互联网＋"成为中国社会经济创新发展的重要驱动力。互联网将在创新型国家建设和区域创新系统演变发展中扮演日趋重要的角色。

（一）互联网与区域创新效率

韩先锋等首次把互联网纳入区域创新效率提升的分析框架，基于互联网普及、互联网基础设施、互联网信息资源、互联网商务应用和互联网发展环境五个维度构建了省际互联网综合发展水平指数，并利用省级面板数据实证检验发现，互联网的快速发展显著推动了中国区域创新效率水平的提升，完全可以成为新时代国家提升区域创新效率的新动能。互联网不仅能直接促进区域创新效率，还可以通过加速人力资本积累、金融发展和产业升级间接对区域创新效率产生积极影响，但直接效应远超间接效应。互联网对区域创新效率的促进作用呈现显著的"边际效应"递增的非线性特征，这表明互联网"网络效应"和"梅特卡夫法则"的"双重威力"在区域创新系统中共同显现，且在充分考虑人力资本、金融发展和产业升级的调节下，区域创新系统中互联网的动态溢出效果会进一步得到强化。中、西部区域创新系统将从互联网发展中获益更多，互联网在基础研究领域的创新溢出红利将高于应用研究。互联网发展不仅可以驱动区域创新效率，而且通过合理引导和利用，还有助于缩小地区间的创新差距以及激发和强化原始创新溢出。[1]

（二）企业跨界颠覆式创新

进入互联网时代，越来越多的企业借助信息科技的力量纷纷谋求跨界发展。这些行业新进入者的跨界经营行为不仅加剧了现有行业的竞争激烈

---

[1] 韩先锋、宋文飞、李勃昕：《互联网能成为中国区域创新效率提升的新动能吗?》，载《中国工业经济》2019年第7期。

程度，也在很大程度上挑战了原有业务经营的运作模式，从而产生了所谓的"跨界颠覆"现象。跨界，从本质上来讲，代表着组织经营范围的扩大并伴随着组织边界的扩张，而过去研究对组织边界扩张和动态变化的关注主要从交易成本理论、资源基础观和资源依赖理论三个研究视角出发，其核心都侧重于解释"组织边界为何，以及在什么条件下会发生动态的变化"，但这仅仅回答了跨界的动因问题，理论界对"组织如何实现跨界，又如何从跨界经营中构建起新的竞争优势并获利"这一问题并没有给予充分的关注。

张骁等通过对尚品宅配跨界历程的纵向案例分析，运用案例间的复制逻辑构建组织跨界颠覆的理论模型研究表明，组织跨界颠覆有以下三个时序阶段：（1）知识内化阶段，在组织创新能力和学习能力的催化下，组织通过跨界涉入活动转化边界以外的异质性知识，拓展组织知识池。（2）组织边界跨越阶段，组织通过环境洞察能力前瞻性地识别跨行业机会和本行业威胁，然后以 IT 能力为载体，利用组织柔性能力整合冗余资源，开展跨界经营以实现不同的组织目标。（3）颠覆阶段，组织以客户价值为导向，通过创新商业模式颠覆行业传统的运作模式，实现"创造性破坏"。[①]

四、基础设施与技术创新

交通基础设施的网络特征通过降低运输成本提高空间可达性，可实现创新要素自由流动而形成创新跨区域溢出。一般地，如果交通基础设施导致创新要素单向流动，说明其对区域创新产生集聚效应，空间上表现为负溢出；当其导致创新要素双向流动时，说明其主要表现为创新扩散效应，空间上表现为正溢出。作为新时代区域间时空压缩的重要载体，基础设施引致的要素流动特别是创新要素跨区域流动是否会对工业企业创新有显著影响？影响方向和机制是什么？对不同产业类别、不同地理圈层是否存在效应异质性？这一系列命题都需要做出定量评估。

---

① 张骁、吴琴、余欣：《互联网时代企业跨界颠覆式创新的逻辑》，载《中国工业经济》2019 年第 3 期。

（一）高铁对企业创新的影响与传导机制

陈婧等基于准自然实验数据研究高铁开通对企业创新的影响发现，高铁开通能够显著促进当地企业的创新投资。这种促进作用主要体现在高融资约束、高科技行业及民营企业当中。同时，主要的影响渠道包括技术人才的流动、信息环境的改善和融资约束的缓解等。[①]

诸竹君等研究了经济地理重构对工业企业创新水平的影响指出，在理论上，交通基础设施完善会通过竞争逃避效应、创新溢出效应和市场规模效应作用于企业创新活动，从企业和城市—行业层面变量影响当地企业创新水平。通过高铁开通的准自然实验检验表明，高铁开通城市的企业专利申请数量和质量均显著提升，这一正向影响存在空间维度的"U"型曲线关系，距离创新中心相对更远的企业受到正向影响更大。行业层面异质性检验表明，接近技术前沿和更具比较优势的行业获得更大正向效应。[②]

郭进等基于知识溢出视角和 Face-to-Face 理论研究指出，高速铁路建设构成了信息和技术跨区域流通、扩散和再创新的高速通道，为企业在更大范围内搜索面对面交流对象以发掘更多有用的异质性知识提供了途径。以沪深两市 A 股上市公司为样本，引入断点回归模型和双重差分模型进行实证检验发现，高速铁路建设增强了企业间的技术外部性，不仅显著提升了企业的专利产出水平，而且还显著地提升了专利产出对于企业全要素生产率的边际贡献，且在带宽敏感性和间断点安慰剂检验中依然稳健。但高速铁路的这一效应存在企业异质性差异，对大企业创新发展的带动作用更强。[③]

（二）高铁对区域创新的机制与溢出效应

高铁开通不仅从微观上影响企业的创新，而且在区域层面影响区域经济的创新。卞元超等以是否开通高铁为"准自然实验"，采用 2004～2015

---

① 陈婧、方军雄、秦璇：《交通发展、要素流动与企业创新——基于高铁开通准自然实验的经验证据》，载《经济理论与经济管理》2019 年第 4 期。

② 诸竹君、黄先海、王煌：《交通基础设施改善促进了企业创新吗？——基于高铁开通的准自然实验》，载《金融研究》2019 年第 11 期。

③ 郭进、白俊红：《高速铁路建设如何带动企业的创新发展——基于 Face-to-Face 理论的实证检验》，载《经济理论与经济管理》2019 年第 5 期。

年中国287个地级市数据，实证分析高铁开通对区域创新及其差距的影响效应发现，高铁开通显著提升了区域创新水平，其机制主要在于高铁开通后所引发的创新要素流动效应。高铁开通能够对区域创新差距产生重要影响，相对于未开通高铁的城市来说，开通高铁城市的创新能力和创新速度持续提升，这能够进一步拉大区域之间的创新差距。高铁开通能够促进东部地区城市创新活动的开展，也拉大了其内在的创新差距，由于高铁开通所引发的人才流失，高铁开通对中部、西部地区创新活动及其差距的影响效应不显著。①

余泳泽等重点关注了高铁开通是否加速了技术创新的外溢。他们通过采用2008～2013年中国230个地级市的面板数据，通过双重差分法（DID）及倾向得分匹配—倍差法（PSM－DID）分析了高铁开通对区域技术创新外溢的影响。研究发现：（1）高铁开通提升了人均专利引用量，同时加速了专利的折旧速度。高铁开通通过促进经济集聚、区域间合作与贸易以及企业间学习等方式增强了技术创新的外溢效应，且高铁开通对技术创新外溢的影响时滞大约为2～3年。（2）高铁开通对技术创新外溢的影响具有一定的区域异质性。东部地区经济发展程度较高，加之高铁网络下的资源聚集作用，高铁开通对技术创新外溢的影响更加显著。对于政府来说，各城市需要继续完善关键性基础设施，为高铁建设提供各项技术与物质的支撑。对于企业来说，企业应充分利用高铁开通所带来的"时空压缩"效应，加大与跨城企业的合作与贸易，提高自身的创新水平并积极学习其他企业的技术。②

（三）中欧班列与企业创新

自"一带一路"倡议提出以来，沿线国家间的国际贸易自由化与基础设施便利化水平显著提高，进而对中国企业的创新驱动发展产生深远影响。王雄元等以"中欧班列"开通为切入点，采用双重差分法与微观企业数据，检验"一带一路"倡议提出背景下国际贸易如何影响企业创新行为的。研究发现：（1）"中欧班列"开通显著增加了企业的专利申请量而且

---

① 卞元超、吴利华、白俊红：《高铁开通是否促进了区域创新？》，载《金融研究》2019年第6期。

② 余泳泽、庄海涛、刘大勇：《高铁开通是否加速了技术创新外溢？——来自中国230个地级市的证据》，载《财经研究》2019年第11期。

以出口贸易为中介，验证了"中欧班列"开通通过促进出口贸易促进了企业创新。（2）基于企业财务特征、产品行业特征及倡议支持水平的分组检验表明，上述促进效应主要存在于财务资源不足、产品潜力巨大以及倡议支持力度较高的企业，这表明在"一带一路"倡议的积极引导下，以往财务资源不足但产品竞争力较强的企业抓住机遇进入国际市场，从而实现创新驱动发展。（3）参与"中欧班列"国际贸易的企业更可能对外投资以持续增强创新活动，同时也更可能吸引外商直接投资以更好满足企业创新投入的资金需求。①

五、企业制度与技术创新

（一）企业股权制度与创新

要想提高生产效率，必须有一套高效的管理模式和相应的激励约束相容的有效机制，在此基础上，一个有效率的管理体制将会促进企业创新潜力的涌现。

中小国有企业股权结构的变化到底有没有促进企业的创新和生产效率的提高呢？余明桂等利用中国工业企业数据库，以民营化企业为实验组、以国有企业为对照组进行双重差分检验分析发现，中小国有企业民营化显著抑制了企业创新，而融资约束是抑制民营化企业创新的重要因素。融资约束对民营化企业创新的抑制作用主要存在于金融发展水平较低的地区，而在金融发展水平较高的地区，这种抑制作用并不明显。②

并购与创新是发达国家企业发展的重要驱动力。中国企业并购数量和金额交易已居全球第二，并购能否促进创新依然是有待解答的重大命题。近年来，境内并购稳步增长但跨境并购趋于下降引发了诸多质疑，两种模式并购对创新影响是否不同？陈爱贞等利用 2007～2017 年中国 A 股制造业上市公司数据对比分析跨境并购与境内并购对企业创新的影响发现，两

---

① 王雄元、卜落凡：《国际出口贸易与企业创新——基于"中欧班列"开通的准自然实验研究》，载《中国工业经济》2019 年第 10 期。

② 余明桂、钟慧洁、范蕊：《民营化、融资约束与企业创新——来自中国工业企业的证据》，载《金融研究》2019 年第 4 期。

种模式的并购都能够促进创新，且跨境并购的创新效应更强。两种模式并购都提升了企业生产率和无形资产存量，该"效率提升"效应促进了企业创新。两种模式并购也都加重了并购方的资产负债率，对创新产生负效应。不同的是，跨境并购没有带来垄断效应，而境内并购所提升的市场势力对创新造成负效应，使得其"资源替代"效应对创新产出的负面影响更大。当前跨境并购仍是中国企业创新的重要战略，而境内并购的垄断效应亟须规制。①

（二）企业治理结构与创新

谭洪涛等研究认为，集团创新能力的提升依赖内部资源的有效整合，而资源配置的关键在于权力的分配。他们以财权、事权、人事权三项细分权力为视角，引入资源、治理、效率与激励四种作用因素，以 2007~2017 年 A 股上市公司为样本，检验细分权力与企业创新的关系发现，财权集中的资源效应与治理效应大于效率与激励的损失，对创新具有正向影响；事权集中的效率与激励损失大于资源效应与治理效应，对创新具有负向影响，但在重视基础研究的行业中，资源集中的正效应更加凸显，事权集中有利于创新；人事权集中的效率与激励损失大于治理效应，对创新具有负面影响。②

孟庆斌等以 2011~2017 年中国 A 股上市公司为样本，以企业管理层之外的员工为研究主体考察实施员工持股计划对企业创新的影响发现，实施员工持股计划促进了企业创新产出，且在考虑内生性、测试回归模型敏感性后依然成立。员工持股计划通过"利益绑定"功能，提升了员工在创新过程中的个人努力、团队协作和稳定性，提高了创新效率。基于员工特征的进一步拓展研究发现，企业技术员工、高学历员工较多或员工薪酬水平较高时，实施员工持股计划对创新产出的促进作用更强；基于员工持股计划制度设计的拓展研究发现，员工持股计划对创新产出的促进作用主要来自员工持股，而非管理层持股；非杠杆型、购买折价高、锁定期长的员工持股计划对创新产出的促进作用更强；员工持股计划持股人数的扩大可

① 陈爱贞、张鹏飞：《并购模式与企业创新》，载《中国工业经济》2019 年第 12 期。
② 谭洪涛、陈瑶：《集团内部权力配置与企业创新——基于权力细分的对比研究》，载《中国工业经济》2019 年第 12 期。

能引发"搭便车"问题，不利于创新产出。[①]

赵奇锋等指出，发明家创新与晋升锦标赛模型表明，薪酬差距扩大将提高发明家晋升激励，鼓励发明家增加创新投入，进而促进企业技术创新。他们使用中国A股制造业上市公司数据检验后发现，薪酬差距扩大对企业技术创新具有正向促进效应，提高发明家创新效率和参与意愿，而发明家所获专利增加能够提高其晋升管理层概率，晋升管理层的发明家通过提高研发投入强度、改善研发创新效率、吸引高水平发明家等途径促进技术创新。薪酬差距通过发明家晋升渠道对企业技术创新产生正向促进效应。[②]

许荣等首次考察了两院院士及其候选人担任独立董事发挥的治理效能和对企业创新的影响发现：（1）院士（候选人）独立董事与企业创新显著正相关，控制企业个体效应、倾向得分匹配法（PSM）和Heckman两阶段法等一系列稳健性检验后该结论依然成立。（2）院士（候选人）独董的任期越长、兼职公司数量越多，对企业创新的促进作用越好，女性院士（候选人）独董可以更好地促进企业创新，但具有海归经历的院士（候选人）并没有更有效地发挥作用。（3）影响渠道检验结果表明，一方面，战略风格越保守、管理层短视程度越严重的公司聘请院士（候选人）独董对企业创新的促进作用越大，表明院士（候选人）独董可以通过战略咨询有效缓解保守战略和管理层短视对企业创新的制约作用；另一方面，院士（候选人）独董发挥了"桥梁科学家"作用，增加了企业未来两年建立院士工作站的可能性，从而促进了企业的产学研合作和技术创新。（4）与其他公司治理变量的交叉影响分析发现，院士（候选人）在非国有企业、股权结构集中、机构投资者持股比例高和高管不持股的公司中更能发挥促进创新的作用。[③]

刘婷等注意到越来越多的女性参与到高管团队中，并逐渐成为推动企业创新的重要力量，如何充分发挥企业创新过程中女性的潜能和智慧，是需要做出回答的重要问题。她们采用混合最小二乘方法，探讨企业中女性高管参与对企业创新战略的影响及两者之间关系的调节机制发现：（1）女

① 孟庆斌、李昕宇、张鹏：《员工持股计划能够促进企业创新吗？——基于企业员工视角的经验证据》，载《管理世界》2019年第11期。

② 赵奇锋、王永中：《薪酬差距、发明家晋升与企业技术创新》，载《世界经济》2019年第7期。

③ 许荣、李从刚：《院士（候选人）独董能促进企业创新吗——来自中国上市公司的经验证据》，载《经济理论与经济管理》2019年第7期。

性高管参与比例提升，有助于企业提出创新战略，提高企业创新投入。（2）女性高管拥有的权力对两者之间关系起到正向调节作用。（3）相比国有企业，非国有企业中女性高管比例的增加更有利于企业创新，但是这种调节效应在高科技行业和非高科技行业中未能得到体现。（4）女性高管参与程度对企业创新的积极影响，部分是通过企业信息披露质量实现的。这充分说明企业应该高度重视女性高管的选聘和培育。[①]

六、社会资本与企业创新

影响企业创新的众多因素中，有的属于人类群体本身的社会文化传统，如宗教、道德、诚信、荣誉、宗族网络、性别等，它们不是直接作用于创新本身，而是通过影响人类的思想意识间接地影响创新的效率和作用方式。研究这些文化传统因素对创新的影响可以为揭示创新规律提供社会学基础。

（一）儒家文化与企业创新

在创新型国家建设进程中，传统文化到底具有怎样的时代价值和功能？这是一个值得研究的重要问题。徐细雄等从非正式制度视角考察儒家传统文化对当代企业创新行为的影响效应及机理表明，儒家文化对企业创新具有明显的"促进效应"，企业受到儒家文化的影响程度越强，其专利产出水平显著越高。儒家文化主要通过缓解企业代理冲突、提高人力资本投资水平和降低专利侵权风险等三条渠道影响企业创新。另外，非正式制度的儒家文化和正式制度的法律环境在促进企业创新方面存在相互替代功能，特别是儒家文化的全员辐射效应有利于激发全体员工创新热情，进而提升技术创新成果的实际转化效率，增强专利技术对企业经营绩效的边际贡献。[②]

---

① 刘婷、杨琦芳：《"她力量"崛起：女性高管参与对企业创新战略的影响》，载《经济理论与经济管理》2019 年第 8 期。
② 徐细雄、李万利：《儒家传统与企业创新：文化的力量》，载《金融研究》2019 年第 9 期。

（二）合作文化与企业创新

潘健平等以2006～2015年沪深A股非金融上市公司为样本，基于上市公司网站对于企业文化的叙述和年报董事会报告两份文本，采用文本分析方法，构建两个度量企业合作文化强弱的指标进行研究发现，企业文化越强调合作，企业的创新产出越多，创新效率越高。这一结论在采用增加控制变量、利用水稻播种面积作为工具变量以及以董事长的非正常离职事件为冲击进行 PSM - DID 等多种方法后仍然稳健。渠道检验的结果显示，合作文化是通过提高企业内部员工的凝聚力和促进企业的"产学研"合作这两种渠道来促进企业创新。合作文化的促进作用在竞争性行业以及地区信任程度和产业集群程度较高的地区中尤为显著。[1]

（三）道德领导与企业创新

仲理峰等基于社会交换理论，采用由202位下属及其领导构成的领导—下属配对数据探讨了道德领导对员工创新绩效的影响及其传导机制。实证检验表明，道德领导对员工创新绩效和社会交换有正向影响作用，社会交换在道德领导与员工创新绩效之间起中介作用。而权力距离取向不仅调节了社会交换与员工创新绩效之间的关系，还进一步调节了社会交换在道德领导与员工创新绩效之间关系中的中介效应，即员工的权力距离取向水平越高，道德领导通过社会交换对员工创新绩效的间接影响作用越强。[2]

（四）信任与企业创新

干永贵等以 B2B 为背景，基于167 份来自服务外包企业的外包项目经理和战略经理的配对问卷调研数据，采用层次回归方法对相关假说进行检验表明，当供应商适度信任顾客时，信任在供应商的成功创新中发挥了重

① 潘健平、潘越、马奕涵：《以"合"为贵？合作文化与企业创新》，载《金融研究》2019年第1期。
② 仲理峰、孟杰、高蕾：《道德领导对员工创新绩效的影响：社会交换的中介作用和权力距离取向的调节作用》，载《管理世界》2019 年第 5 期。

要作用。然而当信任程度过大时，由此诱发的顾客机会主义行为和供应商对顾客关系的过度投资等不利因素则显著地抑制了供应商的创新绩效。因此，在 B2B 背景下，信任对创新绩效的影响呈现出典型的倒"U"型。而且顾客导向和需求不确定性均对上述倒"U"型关系具有显著的正向调节作用。[①]

（五）宗族网络与企业创新

我国农村地区的经济发展水平相对较低，信息相对闭塞，融资渠道窄，基础设施条件薄弱，人力资本和专业知识匮乏；同时，相对稳定的人群结构、亲缘关系、代际传承又使得农村地区具有更为紧密的宗族关系。在这种情景下，农村创业者如何趋利避害，获取企业发展所需资源，不仅关系其创新创业的质量，更对振兴乡村经济意义重大。董静等指出，在资源匮乏的农村地区，宗族网络一方面可以通过信任与资源供给对企业创新产生积极影响，另一方面又可能因为排斥局外人、限制知识与人员流动而对企业创新产生负面影响。与此同时，先前经验越丰富的创业者越有意识和能力去调动宗族网络的正面影响。她们基于社会资本理论构建宗族网络、企业创新水平以及农村创业者先前经验之间关系的理论分析框架，运用我国"千村调查"的微观数据进行实证检验发现：（1）总体而言，宗族规模对农村创业企业的创新水平的影响不显著，而宗族强度对企业创新水平具有显著的正向影响。（2）农村创业者先前经验能强化宗族强度与创新水平之间的正向关系，发挥协同作用。（3）在经济发展水平高或者宗族文化强的地区，宗族规模对农村创业企业的创新水平的负向影响更为显著，同时宗族强度的正向影响也更为突出。[②]

（六）社会捐赠与企业研发投入

陈东等以 2012～2017 年我国沪深 A 股上市民营企业为研究样本进行

---

①　王永贵、刘菲：《信任有助于提升创新绩效吗——基于 B2B 背景的理论探讨与实证分析》，载《中国工业经济》2019 年第 12 期。

②　董静、赵策、苏小娜：《宗族网络与企业创新——农村创业者先前经验的协同与平衡》，载《财经研究》2019 年第 11 期。

实证研究发现，社会捐赠与研发投入之间存在显著的正相关关系，企业进行社会捐赠有利于提高研发投入力度。企业的社会捐赠活动有利于营造良好的外界营商环境，并通过获取政府补贴资源和提升竞争优势两条路径影响研发投入，但在不同的企业生命周期阶段其影响存在差异性。[①]

76

---

① 陈东、邢霖：《社会捐赠、高管激励与民营企业研发投入》，载《产业经济研究》2019年第6期。

第四章 "三农"问题研究新进展

2019 年"三农"问题上升 3 个位次，重新回到第三位，充分说明当前"我国正处于正确处理工农关系、城乡关系的历史关口"[①]，体现了农业农村现代化是关系整个国家现代化的全局性、历史性任务，从而得到学界的广泛关注。2019 年在研究方法上，理论分析与实证验证协同推进，理论分析中制度经济学的分析方法在"三农"问题的研究中应用非常广泛；实证研究中总结提升改革试点或地方实践的探索经验成为明显特色。在研究内容上，对新中国成立 70 周年以来农村经济发展的经验总结是 2019 年"三农"问题研究的突出特色。另外，在乡村振兴发展水平评估和路径选择、新型城镇化道路选择、农村金融机构、农村宅基地制度改革、农地确权的效果评价、农业现代化主体培育等方面取得了明显的新进展。

一、新中国成立 70 年农村经济发展经验总结

2019 年恰逢新中国成立 70 周年，学者们对农村经济发展进行了不同层面、不同角度的全景式回顾梳理和经验总结，为我国未来农村经济体制改革和乡村振兴战略实施提供借鉴。对农村经济发展 70 年的经验总结，有的从农村经济整体层面，比如对农村经济发展、城乡关系、乡村产业结构演进等进行梳理，有的从具体问题角度，比如对农村土地制度、农业现代化（农业经营体制、农村金融、生产性服务业）、集体经济、农民流动、乡村治理等问题的回顾总结。

---

① 习近平：《把乡村振兴战略作为新时代"三农"工作总抓手》，载《求是》2019 年第 11 期。

（一） 农村经济发展的基本经验

黄茂兴等将新中国成立以来我国农村经济发展的历史演变总结为农村土地制度的改革与完善、农村集体产权制度的改革与创新、农村经营方式从单一到多元、农产品流通体制从计划向市场转变、从废除农业税到实施农业补贴、从城乡二元结构走向城乡融合发展六个方面。新中国成立70年来，农村经济取得了翻天覆地的变化，根本原因在于走出了一条中国特色的农村经济发展与振兴之路，即我国农村经济发展遵循了生产力与生产关系相适应、循序渐进、从一般到特殊、适应我国社会主要矛盾变化和发展动力转换升级五个逻辑规律，其基本经验是，在农村经济发展的过程中，把尊重和保障农民基本权益作为工作的立足点；把巩固和加强农村政策扶持作为重要保障；把坚持和推动产权界定清晰作为有效激励因素；把发挥和激发农村科技生产力作为根本动力；把实现和维护公平包容的治理环境作为稳定之锚。[1]

（二） 城乡关系演进的基本逻辑

张海鹏指出，新中国成立70年，是我国城乡关系逐渐从分割走向融合的过程。新中国成立初期，服务于重工业优先发展战略，我国逐渐建立起城乡分割的体制。改革开放以来，随着我国从计划经济向市场经济的转型，城乡分割的体制不断被打破，城乡关系不断走向融合。他们将70年以来我国城乡关系的演变历程经验总结为：不断向农民主体赋权、坚持渐进式和市场化改革、尊重基层创新和思想观念转变，以及给改革和改革者留出足够的空间。但是，当前的城乡关系仍然存在户籍制度改革亟待深化、城乡二元结构相当尖锐、城乡要素合理流动的机制尚未建立、城乡基本公共服务差距依然较大、乡村衰退日益加剧等问题，这需要：一是深化户籍制度改革，提高城市化率，夯实城乡融合发展基础；二是优先推进城乡发展中需要一体化的主要问题，实现城乡融合发展重点突破；三是加快城乡要素市场一体化进程，攻克城乡融合发展的薄弱环节；四是推动乡村

---

① 黄茂兴、叶琪：《新中国成立70年农村经济发展：历史演变、发展规律与经验启示》，载《数量经济技术经济研究》2019年第11期。

三产融合发展，建立城乡融合发展的产业基础。①

（三）乡村产业结构优化路径

郭芸芸等突破了仅用农业产业占国民生产总值比重来表示乡村产业结构的局限，将乡镇企业等非农产业相关数据纳入乡村国内生产总值核算，并根据促进乡村产业发展的重大因素变化，将新中国成立以来的乡村产业结构演进分为农业产业主导期（1949～1978 年）、乡村工业化快速推进期（1979～2002 年）、乡村产业发育和结构优化期（2003～2012 年）和乡村产业融合与高质量发展期（2012 年以来）四个阶段。我国乡村产业结构在这一演进过程中呈现出从低级向高级有序发展的趋势：一是非农产业逐渐获得主导地位，并随着非农产业内部变化推动乡村产业结构有序高度化；二是一二三产业融合发展推动乡村产业结构不断合理化发展。但我国乡村目前也面临着产业结构发展不平衡、适宜劳动力欠缺、农村科技投入不足和乡村组织化程度低等问题。②

（四）农村土地制度的改革逻辑

丰雷等构建了一个"中央—地方—个体"三者互动与共演的动态制度变迁分析框架，分析中国农地制度变迁 70 年的实践认为，中国农地制度变迁主要包括艰难探索中的农地所有权改革（人民公社运动）、成功的使用权改革（家庭联产承包责任制、"不得调地"与确权登记颁证）和突破重点转让权改革（"三块地"试点改革）三个阶段。中国农地制度变迁的动态过程是中央—地方—农户 3 类主体及其特征变化所形成的，包括中央政府发展战略和决策者认知的转变、地方政府特征的转变以及农民制度需求的变化。中国农地制度改革的实践表明，在中央集权制下政府主导的改革成功有两个关键：一是强制性和诱致性变迁相结合并且方向一致，即中央和个体、地方能形成良性的反馈和互动机制；二是制度要相互补充而非挤出，相关制度之间相互补充，从不同方面达成同一政策目标，增强政策

---

① 张海鹏：《中国城乡关系演变 70 年：从分割到融合》，载《中国农村经济》2019 年第 3 期。

② 郭芸芸、杨久栋、曹斌：《新中国成立以来我国乡村产业结构演进历程、特点、问题与对策》，载《农业经济问题》2019 年第 10 期。

效果。① 董新辉回顾总结我国 70 年来宅基地使用权流转制度的演进脉络指出，我国宅基地制度经历了所有权和使用权的"两权合一"模式下的自由流转阶段、"两权分离"模式下的变相流转阶段和限制流转阶段，再到"三权分置"改革三个阶段。这一演进过程变现为立法思想从公权主导向私权彰显的转变，治理体系从城乡二元向城乡统一的转变，以及权利属性从保障属性主导向财产属性凸显的转变三条主线。宅基地使用权兼具的难以调和的公益与私益双重属性，是宅基地制度改革难以取得实质性进展的症结所在。"三权分置"通过新分解的宅基地使用权自由流转实现其财产价值，又通过新派生的宅基地资格权保留在农户手中从而维护其保障属性，实现了兼顾宅基地使用权的公益性和私益性，是宅基地使用权流转的应然选择。②

（五）农业的现代化进程

1. 农业经营体制的演进

农业经营体制是关系到农业现代化、推进乡村振兴的重要制度安排。周振等梳理认为，新中国成立 70 年来农业经营体制经历了新中国成立初期短暂的以土地农民私有为基础的家庭经营制、农业合作化运动催生的合作经营制、以人民公社为载体的集体经营制、改革开放后的双层经营体制和 21 世纪以来双层经营体制向多层经营体制的创新拓展五个发展阶段，呈现出从家庭经营走向以家庭经营为基础的演进路径，其中统分关系调整贯穿始终是农业经营体制演变的共同内容和不变历史主线。他们以新制度经济学分析框架为基础，构建我国农业经营体制变迁的理论解释框架：（1）"统"与"分"不协调蕴藏的潜在利润来源诱致制度变迁；（2）政府在集体经营阶段对"统"的强调体现了国家工业化建设以及其他发展目标需要，体现的是国家意志，双层经营阶段统分关系失衡是政府无意为之，但没有及时补位，政府的"有意"越位与"无意"缺位是统分关系长期失衡、潜在利润来源的体制因素；（3）农业经营体制的演进验证了生产关系调整能否适

① 丰雷、郑文博、张明辉：《中国农地制度变迁 70 年：中央—地方—个体的互动与共演》，载《管理世界》2019 年第 9 期。
② 董新辉：《新中国成立 70 年宅基地使用权流转：制度变迁、现实困境、改革方向》，载《中国农村经济》2019 年第 6 期。

应生产力发展水平,这是决定制度变迁能否可以持续的关键前提;(4)政府主导的农业经营体制强制性制度变迁易陷入统分的不协调状态;(5)农业经营体制从家庭经营走向家庭经营为基础的多层经营体现了以家庭经营为基础的天然合理性。[①]

2. 农业生产性服务业的发展

农业生产性服务业是推进乡村振兴、实现小农户和现代农业有机衔接的战略性产业,是中国特色农业现代化道路的重要特征。芦千文指出,农业生产性服务业源自农村改革以前就已经存在的农业服务体系和农村改革后国家推动建设的农业社会化服务体系,其形成的标志是农村改革初期大量以农业服务户为主的市场化服务主体大量生成。农业生产性服务业的形成是经济逻辑、历史逻辑和现实逻辑共同作用的结果。由于小农户作为最主要的农业经营主体将贯穿中国农业现代化的全程,农业生产性服务业在中国具有更大的发展空间。当前农业生产性服务业仍是现代农业产业体系的短板,需要着眼于培育乡村产业振兴的示范引领产业,建立推动农业生产性服务业高质量发展的政策体系。[②]

农业金融业是农村生产性服务业的重要内容,孙同全等对新中国成立70年来农村金融研究中具有代表性的思想和观点进行系统回顾指出,新中国成立以来农村金融研究主要涉及三个方面的内容:一是农村金融的需求特点;二是农村金融供给体系建设;三是农村金融发展与农村经济、农民收入增长之间的关系,以及金融扶贫。研究进程可分为四个阶段:一是1949~1978年的农村金融研究的起步与停滞,这一时期的研究主要集中在新中国成立后农村经济恢复以及农村经济集体化过程中国家银行、信用合作社和民间自由借贷之间的关系及各自的作用上;二是1979~1992年学术界开始引进国外理论和经验,并研究中国农村金融的发展历史和初步建立金融学科;三是1993~2002年探寻中国农村金融发展模式阶段,研究的重点是金融机构商业化转制及其对农村金融市场和农业农村经济带来的影响、金融抑制与金融深化、农村金融体系建设以及信贷扶贫等问题;四是2003~2019年深化农村金融研究构建中国农村金融理论时期。农信社

---

① 周振、孔祥智:《新中国成立70年农业经营体制的历史变迁与政策启示》,载《管理世界》2019年第10期。

② 芦千文:《中国农业生产性服务业:70年发展回顾、演变逻辑与未来展望》,载《经济学家》2019年第11期。

改制后，中国农村金融研究走向繁荣，研究领域涉及农村金融理论体系构建、农村金融政策体系、组织体系、农村金融发展与农村经济增长以及农民收入增长的关系等多方面，理论和研究方法也呈现多样化特点。①

3. 农业的机械化

农业机械化是农业现代化的重要内容。方师乐等从现实路径和中国特色两个维度出发，以内部结构变迁作为划分标准，结合我国农业经营制度和农机化政策发生重大转折的时间节点，将新中国成立以来我国的农业机械化进程划分为 1949～1962 年农机大型化起步阶段、1962～1978 年大小农机并驾齐驱阶段、1979～2003 年农机小型化阶段和 2004 年以后的农机回归大型化四个阶段。农业机械化的演进过程是城镇化、农地产权和农业经营制度，以及农机化政策共同影响的结果。在耕地细碎化和农业劳动力不足的双重约束下，以大型农机跨区服务为代表的社会化服务体系成为我国农机化发展的新维度。②

（六）农村集体经济的发展

高鸣等将新中国成立 70 年来农村集体经济的发展历程分为从形成到主导农村经济发展的构建期（新中国成立到农村改革前）、努力适应市场化改革的调整期（农村改革启动到 20 世纪 90 年代末）、探索多元化实现形式的转型期（21 世纪初到 2012 年）和推进农村集体产权制度改革的激活期（党的十八大以来）四个阶段。我国农村集体经济发展的主要经验有：一是实现和维护农民利益；二是提高市场竞争力增强集体经济组织创新形式可持续性；三是处理好与其他市场主体的关系；四是实质性推动集体经济实现形式和组织形式的创新。发展壮大农村集体经济需要从继续深入推进农村集体产权制度改革、加快探索农村集体经济组织特别法人实现形式、多维度创新农村集体经济运行机制、加快消除集体经济"空壳村"、薄弱村、因地制宜推进农村集体经济振兴，以及营造有利于农村集体经济

---

① 孙同全、潘忠：《新中国农村金融研究 70 年》，载《中国农村观察》2019 年第 6 期。
② 方师乐、黄祖辉：《新中国成立 70 年来我国农业机械化的阶段性演变与发展趋势》，载《农业经济问题》2019 年第 10 期。

发展的政策环境等方面着手。[①]

(七) 农村剩余劳动力的流动

李周根据改革开放和农业劳动力流动数据情况将新中国成立 70 年来农业劳动力的转移历程区分为三个阶段：一是 1980 年以前的农业劳动力较少流动阶段；二是 1980 ~ 2008 年农业劳动力转移速度逐渐加速阶段；三是 2008 年金融危机后农业劳动力转移放缓阶段。农业劳动力流动趋势改变的主要原因在于农民工工资上涨，使得中国过早出现了资本替代劳动。农业劳动力流动的阶段变化也伴随着农业劳动力流动目标从解决温饱、消除贫困（改革开放以来前 20 年）向追求更好的发展机会和生活环境（改革开放以来后 20 年）改变，今后 30 年的任务主要是实现共同富裕，与此相适应，中国将由点状发展、块状发展走向全域发展，农民也将由从农村到城市的单向流动转变为全域流动，农民工返乡创业成为共同富裕的重要选择。[②]

(八) 乡村治理现代化

乡村治理现代化是乡村现代化的重要表现。学者们从不同维度对新中国成立 70 年来乡村治理发展进行了回顾，提出了不同的乡村治理现代化发展阶段论。

1. 四阶段论

赵一夫等从历史视角，以农村改革为线索，以乡村治理机制及其内在逻辑的历史变迁为核心，以改革开放为界将中国乡村治理的发展划分为改革开放前和改革开放后"两个时期"：改革开放前的时期又可以细分为1949 ~ 1957 年的乡镇自治和 1958 ~ 1982 年的人民公社制两个阶段；改革开放后的时期可以细分为 1983 ~ 2006 年"乡政村治"和 2006 年后乡村共治两个阶段。在这四个阶段的发展历程中，我国乡村治理发展呈现出四个

---

① 高鸣、芦千文：《中国农村集体经济：70 年发展历程与启示》，载《中国农村经济》2019 年第 10 期。
② 李周：《农民流动：70 年历史变迁与未来 30 年展望》，载《中国农村观察》2019 年第5 期。

较强的路径依赖：一是体制结构的行政化和集权化；二是城乡分治的管理思维，始终处在集体所有制的产权基础和城乡二元结构的体制框架下；三是治理主体的精英化；四是治理方式的技术化，主要表现为乡村治理的制度化、规范化和法治化。新时代的乡村治理应该朝着乡村善治的发展愿景，实现党领导下的"自治、法治、德治"相结合的乡村治理体系，构建开放的多元化的治理格局。①

2. 三阶段论

耿国阶等基于城乡关系维度回顾了新中国成立70年来乡村治理演变的逻辑，将新中国成立以来的乡村治理分为三个不同的发展阶段：一是改革开放前的城乡分离阶段，"以农补工"的工业化优先政策使乡村以人民公社为组织载体的集体化治理成为"城乡分治"的逻辑延伸，党、政、社、经高度合一的整体性控制和动员成为该阶段乡村治理的支配性逻辑；二是改革开放到农业税取消之前的城乡失衡阶段，因应有限市场化与城乡非均衡发展政策，家庭联产承包责任制和"乡政村治"体制逐渐建立，党政社经相对分离，但计生、粮款征收、维稳等刚性任务压力较大，压力型体制和乡村治理的行政化逻辑成为主导逻辑；三是2006年以来的城乡融合发展阶段，伴随着农业税取消、大规模"以工补农"，以及城乡融合发展政策的逐渐成形，传统任务压力大幅减轻，压力型体制向"三治合一"体系的转变，行政化逻辑向公共服务逻辑的转变，成为乡村治理演变的必然趋势。②

3. 六阶段论

丁志刚等运用内容分析法，以中国乡村治理70年的重要政策文本和目标导向为依据，将乡村治理的演进分为主要解决土地问题的土地改革时期、以农业社会主义改造为主的农业合作化时期、建立和巩固人民公社制度的人民公社时期、变革农业生产体制和经营体制开展村民自治的改革探索时期、以处理好"三农"问题为主的新农村建设时期和乡村振兴六个时期。乡村治理的内在逻辑在于，以实现乡村现代化为治理目标，中国共产

---

① 赵一夫、王丽红：《新中国成立70年来我国乡村治理发展的路径与趋向》，载《农业经济问题》2019年第12期。

② 耿国阶、王亚群：《城乡关系视角下乡村治理演变的逻辑：1949~2019》，载《中国农村观察》2019年第6期。

党始终是乡村治理的领导者、政府是组织者、农民和涉农组织是参与者；以乡村现代化面临的主要矛盾为乡村治理的客体，制度供给、法律安排和政策规范的不断变革与创新是 70 年来乡村治理的主要方式。新时代的乡村治理要用历史与逻辑相统一的观点和方法，始终紧扣乡村现代化的治理目标，充分发挥各类治理主体的作用，紧紧抓住乡村治理现代化的各类矛盾，不断深化治理方式改革。[1]

二、乡村振兴

（一）乡村振兴发展水平评估

全国人大农业与农村委员会通过调研认为，各地各部门坚持将实施乡村振兴战略作为做好新时代"三农"工作的总抓手，开展了一系列工作，总体来看，各地推动实施乡村振兴战略开局良好，取得初步成效，但乡村振兴仍处于起步阶段，距离实现乡村全面振兴的目标，距离广大群众的期望仍有一定差距，进一步推进实施乡村振兴战略，破除城乡二元结构，还存在着城乡区域发展不平衡、乡村要素投入和部门协调推进的体制机制尚未形成、农民参与乡村振兴的内生动力不足、农村基层社会治理有待加强、推动农业农村绿色发展任重道远等问题。[2]

闫周府等按照乡村振兴战略"二十字"方针要求，充分考虑乡村振兴的共性特征和区域发展的差异性，构建了一套由 5 个一级指标、21 个二级分项指标和 43 个三级分项指标为基础的动态评价指标体系，并通过"主成分分析"和"专家打分"两种方法综合赋权确定指标权重，对 2016 年全国及各省份乡村发展水平进行测度发现，2016 年全国乡村振兴指数得分为 75.89，离预期目标存在一定距离，显示出进一步加大实施乡村振兴战略的必要性。乡村振兴发展的五个方面，指数得分由高到低依次为产业兴旺、生活富裕、乡风文明、治理有效、生态宜居，表明乡村振兴五个方面

---

① 丁志刚、王杰：《中国乡村治理 70 年：历史演进与逻辑理路》，载《中国农村观察》2019 年第 4 期。

② 全国人民代表大会农业与农村委员会：《乡村振兴战略实施情况的调查与思考》，载《求是》2019 年第 3 期。

的发展存在不协调不平衡。从地区层面来看，2016年乡村发展排名前10位的省份依次为上海、北京、浙江、江苏、广东、福建、天津、安徽、辽宁、海南，乡村发展存在区域不均衡现象，由东到西呈现明显的梯度变化。不同地区乡村振兴五个方面的发展差异程度较深，特别是在治理有效方面表现得尤为明显。①

（二）推进乡村振兴的路径选择

1. 加快建立乡村振兴政策体系和制度框架

胡月等通过分析美国推进乡村发展政策演进的经验指出，在美国乡村发展过程中，政府起到了积极的主导作用，政府通过农业立法、构建管理制度体系和借助社会资本等方式，促进了城乡一体化的有效落实。美国政府的乡村发展支持政策经历了从关注农业生产到改善基础设施条件，解决乡村贫困问题，再到培育乡村自我发展能力的多元化发展路径，呈现出鲜明的阶段性特征。我国当前实施乡村振兴战略的背景与美国20世纪七八十年代情况接近，因此可以借鉴美国乡村发展政策演变的经验教训，分阶段、有侧重的实施战略内容，以立法为保障、以市场为基准，加快建立乡村振兴政策体系和制度框架，鼓励产业延伸和创新，逐步推进新乡村、新乡风和新风貌形成。②

2. 建立稳定的乡村振兴投入增长机制

刘振伟指出，乡村振兴战略是城乡融合发展的总抓手，在乡村振兴整体顶层设计、法治保障加快推进的同时，要同步建立健全稳定的投入增长机制。具体包括：第一，建立一般公共预算支出稳定增长机制；第二，设立乡村振兴专项资金，以解决不发达地区乡村振兴的资金来源；第三，提高土地出让收入用于乡村振兴的比例；第四，扩大涉农生产经营主体税收优惠范围；第五，建立财政资金与信贷资金相互配合的融资机制，包括设立国家乡村振兴融资担保基金、发行乡村振兴专项债券、建立城乡建设用地增减挂钩节约指标跨省调剂机制；第六，鼓励农村集体经济组织、农

---

① 闫周府、吴方卫：《从二元分割走向融合发展——乡村振兴评价指标体系研究》，载《经济学家》2019年第6期。

② 胡月、田志宏：《如何实现乡村的振兴？——基于美国乡村发展政策演变的经验借鉴》，载《中国农村经济》2019年第3期。

民、社会资本投入乡村振兴。[①]

3. 推进生产、生活、生态空间融合

高春留等认为，随着市场化的发展，单一强调农业的发展模式已经不能适应快速城镇化背景下的乡村发展，一些地方（如四川省武胜县代沟村）实行的产村景一体化发展的模式是生产、生活、生态空间的高度融合，是综合性的乡村发展模式，也是天人合一理念在乡村的实践。[②]

4. 合理选择乡村振兴治理主体

第一，培育"新乡贤"。龚丽兰等指出，培育新乡贤，能够有效构建乡村振兴的内生主体基础，实现新乡贤对农户的引领和组织，进而为农民在乡村振兴中的主体地位提供有效支撑。培育新乡贤包括宗族权威公共化、文化权威在地化和经济权威体制化三种具体机制，新乡贤促进乡村振兴的内核机制是基于村内组织的再运作。[③]

第二，发挥"有为集体"的基层组织作用。乡村振兴，治理有效是基础。刘景琦利用案例分析了乡村振兴背景下村集体角色及其实践机制指出，面对村庄衰落，村集体需要整合资本、土地等要素资源以促进村庄发展，"有为集体"是村治主体积极发挥作用的表现。只有"有为集体"才能推动村庄发展，只有通过村集体的中介机制、利益交换与平衡机制、平等协商机制，"经营村庄"才能得以实现。[④]

三、新型城镇化

（一）以都市区和小都市区为主要载体构建城镇化空间模式

小城镇是我国城镇化体系的薄弱环节。汪增洋等指出，产城融合是小

---

① 刘振伟：《建立稳定的乡村振兴投入增长机制》，载《农业经济问题》2019年第5期。
② 高春留、程励、程德强：《基于"产村景"一体化的乡村融合发展模式研究——以武胜县代沟村为例》，载《农业经济问题》2019年第5期。
③ 龚丽兰、郑永君：《培育"新乡贤"：乡村振兴内生主体基础的构建机制》，载《中国农村观察》2019年第6期。
④ 刘景琦：《论"有为集体"与"经营村庄"——乡村振兴下的村治主体角色及其实践机制》，载《农业经济问题》2019年第2期。

城镇高质量发展的核心，为此他们用产城融合测度小城镇发展质量水平，从人的城镇化和小城镇发展的角度考察中国城镇化转型发展下的空间模式选择。在中心城市对外围地区回流效应和涓滴效应以及本地市场潜力效应的作用下，中心城市和毗邻中心城市的小城镇产城融合水平更高，正在形成都市区，一些距离中心城市较远，工业经济对产城融合推动明显的县城将发展成为中小城市并与毗邻小城镇形成小都市区。都市区是中国新型城镇化格局中承上启下的关键一环，都市区和小都市区是城镇化空间模式的主要载体。属于都市区和小都市区的小城镇要通过融入其中实现高质量发展，其他小城镇主要通过发展特色产业和强化服务农村社会经济发展的功能实现高质量发展。[①]

（二）加快推进户籍制度改革

户籍制度改革能够影响农民工主观幸福观[②]，从而对于提高城镇化质量意义重大。然而，户籍制度对城镇化影响的机制比较复杂，不仅影响城镇化进程，也影响城镇化质量，对城镇化既有直接影响，也有间接影响，因此在通过加快户籍制度改革推进城镇化发展的过程中，户籍制度改革有必要增强针对性。户籍制度对城镇化影响机制的复杂性主要原因在于：

1. 户籍制度对城市体系演进影响的复杂性

谭策天等将户籍歧视因素引入新经济地理学（NEG）城市体系分析框架研究发现，户籍歧视直接阻碍了我国城市化进程，降低了城市化率，并通过相同人口规模下更多城市的形成间接降低了城市化率。户籍歧视也对城市体系产生影响，更多城市的出现使得农村劳动力能够就近转移，减少了大城市压力，可以通过户籍制度的有效利用优化城市群内部的城市结构。[③]

2. 人口个体异质性会改变户籍制度对流动人口迁移的影响

刘欢从流动人口迁移的稳定性与完整性角度考察了户籍管制和公共服

---

① 汪增洋、张学良：《后工业化时期中国小城镇高质量发展的路径选择》，载《中国工业经济》2019年第1期。
② 温兴祥、郑凯：《户籍身份转换如何影响农村移民的主观福利——基于CLDS微观数据的实证研究》，载《财经研究》2019年第5期。
③ 谭策天、何文：《户籍歧视、城市体系与城市化——基于新经济地理学视角的理论和实证研究》，载《南开经济研究》2019年第1期。

务供给对城市化的影响。户籍附着的公共服务差别是户籍制度影响城市化的重要机制,然而他们发现,提高基本公共服务供给有助于促进流动人口自身稳定与家庭完整迁移,但基本公共服务的正向作用不足以弥补户籍管制对城市化的负面影响。这主要是因为户籍管制、基本公共服务供给对自身稳定与家庭的完整迁移存在个体年龄、受教育程等的差异性。户籍管制制约了新生代流动人口迁移的稳定与完整性,增加基本公共服务供给则有利于新生代流动人口与高禀赋人口的稳定与完整迁移。①

(三) 完善地方政府制度环境和考核激励机制

朱鹏扬等将我国地方政府作为一个经济发展的内生化主体置入地区经济发展考量,提出了地方政府公司化经营的行为模式,认为地方政府实际上是在考虑地方经济与城市发展的收入与支出后,追求最终输出效益最大化。地方政府公司化这一模式对我国城市化产生重要影响,无论是土地出让收入还是与土地相关的政府债务,都使得其对农村土地转为城市建设用地态度积极,但农民工市民化需要付出巨大的财政成本,结果导致了地方政府要农村土地但不要农民工市民化的"化地不化人"局面,即土地的城市化远远快于人口的城市化。地方政府行为公司化的根源在于中国特殊的中央—地方关系,尤其是分税制、土地制度、住房制度以及户籍、社会保障等多重制度约束和上级政府对地方政府治理的激励机制。在不改变当前制度环境和考核机制的情况下,地方政府的公司化行为模式仍将持续。②

(四) 推进政府、市场和农村三方主体互动

张兴月研究四川省仁寿县水利新村新型城镇化建设的显著成绩时发现,该村的基本经验是正确处理了政府、市场(企业)和农民这三方的职能定位与角色关系,形成了一种以"政府牵头搭台,市场(企业)领衔,农户积极参与,实现三方共赢"的新型城镇化模式。③

---

① 刘欢:《户籍管制、基本公共服务供给与城市化——基于城市特征与流动人口监测数据的经验分析》,载《经济理论与经济管理》2019 年第 8 期。
② 朱鹏扬、李雪峰、李强:《地方政府公司化行为模式与中国城市化的路径选择》,载《财经研究》2019 年第 2 期。
③ 张兴月:《三方主体互动下的新型城镇化模式创新研究——来自四川省仁寿县水利新村的个案》,载《农村经济》2019 年第 2 期。

（五）完善社会保障制度

1. 加大流动人口保障性住房供给

家庭化流动是评价我国新型城镇化的速度、结构和质量的重要标准，然而由于城乡分割的二元户籍制度和住房制度限制，流动人口子女留守现象较为普遍。李勇辉等研究发现，保障性住房政策的推广有利于抑制因子女随迁产生的工作替代和房租上涨等负面效果，从而促进了家庭完整迁移。我国目前保障性住房的供给存在门槛效应，使得流动人口较难获得保障性住房，农业户籍流动人口在家庭化迁移过程中受制度性因素的影响更大，因而对保障性住房的依赖性更高。在新一轮的住房制度改革中，加大流动人口保障性住房供给是提高新型城镇化质量的可能路径之一。①

2. 改革农村养老保险制度

由于新农保较强的非携带性导致了对农村劳动力流动的锁定效应。于新亮等利用2016年"中国劳动力动态调查"（CLDS）数据进行实证检验发现，新农保使得农村劳动力流动概率和跨乡镇流动概率都有所降低，且对青年和盛年劳动力的锁定效应强于老年劳动力。在当前加快新型城镇化建设趋势下，调整以新农保为代表的农村养老保险的非携带性显得尤为重要。②

四、农村金融

（一）农户信贷的可得性

过去学者们对农户信贷可得性进行了诸多研究，2019年学者们从农户群体和影响因素两个维度进一步拓展了农户信贷可得性研究。

---

① 李勇辉、李小琴、沈波澜：《安居才能团聚？——保障性住房对流动人口家庭化迁移的推动效应研究》，载《财经研究》2019年第12期。
② 于新亮、申宇鹏、李红波：《新农保非携带性对农村劳动力流动的锁定效应——兼论对新农合锁定效应的替代》，载《中国农村观察》2019年第6期。

1. 从农户群体角度拓展农户信贷可得性研究

第一，规模农户信贷的可得性。周月书等运用交易成本理论和合约理论探讨农业产业链组织、信贷成本对规模农户信贷可得性的影响，并基于江苏省规模农户的调查数据，采用 Tobit 模型的实证检验表明，信贷交易成本高会降低规模农户的信贷可得性，规模农户加入农业产业链组织能够有效降低其与正规金融机构之间的信息不对称、合约实施机制不完善所致的交易成本，从而提高其信贷可得性。与加入合作经济组织带动性产业链组织相比，规模农户加入龙头企业带动性产业链组织更有助于降低信贷交易成本，提高信贷可得性。[①]

第二，贫困户信贷的可得性。贫困户贷款可得性可从贷款需求和金融机构贷款供给两个维度进行考量。徐玮等利用内蒙古自治区科尔沁右翼中旗和贵州省雷山县的实地调研数据，深入探讨"贫富捆绑"和"银保互动"两种金融扶贫小额贷款模式对贫困户贷款的可得性发现，"贫富捆绑"模式更契合贫困户发展生产需求、能够充分利用社会资本完成抵押担保替代和降低融资成本，因而对贫困户贷款需求有更大的促进作用；而"银保互动"更有利于提高非贫困户的贷款需求。但是从供给看，贫困户面临的信贷配给问题都没有因这两种模式得到解决。[②]

2. 从影响因素角度拓展农户信贷可得性研究

第一，自然灾害冲击。张龙耀等基于 2014 年和 2016 年中国家庭追踪调查（CFPS）数据研究自然灾害冲击下农户的正规信贷获得水平发现，从短期来看，农户受到自然灾害冲击后的正规信贷可得性和规模信贷都有较大提升，但长期来看，灾害频发区的农户相对于较少受到自然灾害冲击的农户，正规信贷可得性和信贷规模没有显著差异，反映出正规金融机构在自然灾害频发区和偶发区可能采取差别化的信贷供给策略和信贷审批标准。[③]

第二，个人特征和社会关系。王慧玲等基于山东省的实地调查数据，

① 周月书、王雨露、彭媛媛：《农业产业链组织、信贷交易成本与规模农户信贷可得性》，载《中国农村经济》2019 年第 4 期。
② 徐玮、谢玉梅：《扶贫小额贷款模式与贫困户贷款可得性：理论分析与实证检验》，载《农业经济问题》2019 年第 2 期。
③ 张龙耀、徐曼曼、刘俊杰：《自然灾害冲击与农户信贷获得水平——基于 CFPS 数据的实证研究》，载《中国农村经济》2019 年第 3 期。

运用 Logit 模型剖析农户参与正规借贷的影响因素发现，户主的年龄和受教育年限、亲友供职于信用社或银行以及对正规信贷的了解情况、家庭资产、未来三年融资需求等是影响农户参与正规信贷的显著因素。①

（二）农村金融机构

随着越来越多新型农村金融机构的产生和发展，农村金融机构在农村经济发展中的作用和改革完善受到学者们的广泛关注。

1. 普惠型农村金融机构

随着普惠金融被确立为国家战略，在普惠金融政策引领下，我国成立了一些普惠性金融机构，一些正规金融机构也推出了一些普惠金融产品。学者们对这些普惠金融机构在缓解农村信贷供给方面的效果和原因进行了分析。研究表明，大部分普惠金融机构和产品并未达到预设的目的。

第一，普惠型农村金融机构存在脱农化现象。段洪阳等指出，村镇银行、小额信贷公司以及资金互助社这些新型农村金融机构作为普惠"三农"的涉农金融发展迅速，但在服务"三农"过程中却逐渐出现脱农化现象，其中涉农信贷模式不合理是重要原因。应该在精准信贷定位、强化信贷风险管理、优化贷后管理延伸贷后服务、打造"双专业"信贷队伍等方面进行内部信贷模式重塑，建立一套具有经营持续性、操作可复制性的涉农信贷模式。②

第二，合作金融功能弱化。李明贤等就响应国家农村普惠金融政策而建立的农村资金互助社进行研究发现，我国农村资金互助社发展受限，合作金融功能弱化，农村金融消费者权益受损，影响了普惠金融目标的实现。其原因主要在于资金互助组织发展蕴含着公平与效率的矛盾，具体表现为：一是成员的异质性导致的利益诉求差异增大，可能导致组织分裂以及牺牲一部分成员利益换取另一部分成员利益；二是资金互助社需要重视效率来提高组织竞争力，却可能带来对公平及普通成员的利益忽视。③

① 王慧玲、孔荣：《正规借贷促进农村居民家庭消费了吗？——基于 PSM 方法的实证分析》，载《中国农村经济》2019 年第 8 期。
② 段洪阳、王培霞、陈月：《乡村振兴背景下深化新型农村金融机构服务"三农"的信贷模式研究——基于村镇银行内部控制视角》，载《世界农业》2019 年第 1 期。
③ 李明贤、唐文婷：《农村资金互助社运营中的金融消费者权益保护分析》，载《农业经济问题》2019 年第 12 期。

第三，农村普惠金融在供给主体、需求主体和基础配套条件三个方面都存在着困境。罗剑朝等指出，从供给主体来看，农村金融服务供给量总体不足且服务功能单一，客户准入门槛过高；服务倾向于非农领域，存在严重的结构性排斥现象；西部地区金融机构普遍吸储大于放贷，出现逆向的资金流动。从需求主体来看，农村弱势群体作为普惠金融的主要目标，群体使用金融手段的意愿不强；金融服务需求日益趋向多样化、多元化、多层次，但农民对银行提供的相关服务接受和认知能力较差。从配套条件看，政府对农村普惠金融发展的关注不够，农村融资担保体系和金融保障制度不健全，金融基础设施建设也严重落后。[①]

2. 农村金融机构的改革与完善

第一，优化和完善信贷技术。在农村信贷市场中，"熟人"和"关系"是比较重要的资源，道德风险是信息不对称的主要形式，且相关交易成本高。周鸿卫等基于农村地区的实地调研数据研究发现，目前农村金融机构主要运用抵押贷款、信用评分和关系型贷款三类信贷技术来解决信息不对称和交易成本问题。但是，抵押并不能甄别贷款人但是能刺激借款人的还款意愿；关系型贷款是把"双刃剑"，信贷流程中的一些环节和资料并不能真正降低信息不对称，只是为了应对监管，反而增加了交易成本。农户小额信用贷款是信用评分技术与关系型贷款技术的结合，但未能有效处理信息不对称和交易成本之间的平衡。因此，农村金融机构信贷技术的有效性有待提高，信贷技术优化的主要方向有：一是充分发挥村级党政组织在农村信贷基础设施建设中的作用；二是适当放宽农村信用贷款的监管要求，继续完善农户信用评分技术，降低信息搜集成本；三是创新抵押担保方式；四是精简信贷流程与手续，实施有效的激励和监督。[②]

第二，将农信社改革纳入农村金融改革总体框架。张珩等运用2008～2015年陕西省107家农村信用社微观调查数据研究发现，农信社在发展过程中主要存在着管理体制不顺、经营管理能力低下、产品与服务创新能力不足、过于注重产权组织形式改革等问题，农村信用社改革与发展中的政府过度干预、竞争机制缺乏、监管体系与法律制度不健全、金融生态环境

---

① 罗剑朝、曹璨、罗博文：《西部地区农村普惠金融发展困境、障碍与建议》，载《农业经济问题》2019年第8期。

② 周鸿卫、田璐：《农村金融机构信贷技术的选择与优化——基于信息不对称与交易成本的视角》，载《农业经济问题》2019年第5期。

差等制度性困境是主要原因。深化农村信用社改革需要将农信社改革纳入农村金融改革的总体框架中，构建整体性的、协调性的总体改革框架。①

五、农村土地制度改革

94

（一）农村宅基地制度改革

在农村土地制度三项改革中，宅基地改革进展相对缓慢，随着改革试点的不断推进和修订后的土地管理法即将实施，学者们对农村宅基地改革从不同角度进行了研究。

1. 农村宅基地制度改革理论研究的新方向

徐忠国等采用结构化的文献调查和计量分析方法对 2005～2017 年以宅基地为关键字的相关文献研究认为，当前农村宅基地研究，已经形成了对制度演化和产权制度为主的综合研究和以宅基地取得、流转、抵押、退出和置换为主的专项研究体系化的成果，从经济学、法学等多学科视角，在理论性的逻辑建构和实证检验方面开展了丰富研究。然而，在研究中，围绕宅基地转让处分权和意愿影响因素等焦点问题，为实现宅基地有效配置，从产权制度、流转、退出、置换等领域进行的研究过于集中，还有许多具有潜在价值的研究有待进一步深化。一是宅基地取得的主体、客体、权利义务和程序的时间需求，宅基地抵押权实现的有效渠道和方式等；二是在宅基地"三权分置"研究基础上继续推进宅基地保障功能和财产功能协调的理论和实证研究。②

2. 农村宅基地制度改革的新方向

胡新艳等从农村宅基地制度演进的视角指出，新中国成立以来农村宅基地制度演进围绕着公平福利追求与经济效率的组合关系展开，并根据不

① 张珩、罗剑朝、郝一帆：《农村信用社发展制度性困境与深化改革的对策——以陕西省为例》，载《农业经济问题》2019 年第 5 期。
② 徐忠国、卓跃飞、吴次芳、李冠：《农村宅基地问题研究综述》，载《农业经济问题》2019 年第 4 期。

同阶段两者的地位和作用不同将其划分为新中国成立初期和农业合作社时期的宅基地私有产权阶段、人民公社化时期至 2006 年的宅基地"所有"与"使用"分离及其改革微调阶段，以及 2007 年以来宅基地使用权独立成"权"及其"三权分置"探索三个阶段，体现了宅基地制度改革使用权逐步物权化，以及从宅基地社会属性关注逐步转向对经济属性关注的演进特征。然而，农村宅基地制度在实践中引发了两大矛盾问题，即宅基地用地无序扩张与闲置并存，资源利用低效和耕地保护目标之间的矛盾、宅基地市场交易中存在的法定产权与事实产权之间的矛盾。针对农村宅基地制度改革中需要重点解决的赋权和盘活问题，基于权利分割及其土地权利体系构建是土地赋权的基础和前提条件，而产权盘活取决于产权实施的基础工具——市场交易和国家的适度管制理论，他们围绕产权、市场和管制三个基本制度要素，提出了"权能拓展、交易赋权与适度管制"的宅基地制度改革线索。①

3. 农村宅基地制度改革的立法意旨

向勇指出，我国宅基地法律制度演进的基本逻辑是，在不同历史时期、基于不同阶段的战略，宅基地法律中的利益结构呈现出不同的阶段性特征。以宅基地利益分配的政治安排为标准，我国宅基地法律制度演进可以划分为集体化、城市化和乡村振兴三个阶段。集体化下的宅基地立法意在完成农地的社会主义改造，保障农民安居和平均占有宅基地利益。城市化进程中，冻结宅基地财产属性、放活城市住宅商品流通的城乡二元住宅用地管理法，意在由地方政府支配土地增值，优先建设城市。乡村振兴阶段，宅基地财产功能被释放、宅基地增值收益归属于农户。宅基地三权分置的立法意旨是促进和保障农户获取宅基地的增值利益，其制度功能是实现宅基地使用权的市场化。②

4. 农村宅基地三权分置的实现形式

曾旭晖等通过系统分析江西省余江区和四川省泸县的全国宅基地制度改革试点经验，对传统农区农村宅基地三权分置的实现形式进行总结和评价认为，传统农区宅基地制度存在着一户多宅、大量闲置、村庄空间布局

---

① 胡新艳、罗明忠、张彤：《权能拓展、交易赋权与适度管制——中国农村宅基地制度的回顾与展望》，载《农业经济问题》2019 年第 2 期。
② 向勇：《宅基地三权分置的立法意旨》，载《农业经济问题》2019 年第 4 期。

散乱等制度困境，余江区与泸县在完善宅基地权益保障和取得方式、宅基地有偿使用制度、宅基地退出机制和安置方式，以及宅基地管理模式创新等方面进行了共性探索，为创新宅基地"三权分置"实现形式提供了切实有效的路径选择：一是强化村集体的功能和作用；二是认定成员资格，引入有偿取得机制；三是宅基地和农房使用权上探索使用权流转和指标交易不同方式。为深入推进宅基地试点改革、继续探索宅基地"三权分置"实现形式，应当明确村集体在宅基地监管中的主体性作用，以有偿使用为抓手优化宅基地资源配置，在宅基地退出补偿中引入收益分享机制，以宅基地"三权分置"为指导，合理利用结余宅基地和农房。[1]

5. 宅基地使用权流转中的农户羊群行为

杨卫忠指出，宅基地使用权流转是一种社会心理过程，必然受到外部驱动因素刺激，又受内部主观心理机制的影响，且群体心理在宅基地使用权流转中扮演了重要角色。通过理论假设模型构建和浙江省嘉兴市农户调查数据验证表明，流转不确定性和其他农户流转状况将导致农户忽视自身实际情况和模仿他人。"羊群行为"导致宅基地使用权流转出现明显的认知心理变化，并导致流转信念调整。"正确的"的"羊群行为"有助于提高流转后的感受，减少后悔行为。因此，完善信息沟通渠道、通过"示范效应"引导理性决策以及形成"正确的"舆论导向对完善农村宅基地使用权流转非常重要。[2]

（二）集体经营性建设用地入市改革

集体经营性建设用地入市改革是我国土地制度三项改革之一，2015年开始在全国范围开展农村集体经营性建设用地试点，至今已经初见成效，学者们逐步开始对各地的改革试点进行经验总结。

1. 土地增值收益分配

均衡国家与集体、农民的利益分配是我国集体经营性建设用地入市改

---

① 曾旭晖、郭晓鸣：《传统农区宅基地"三权分置"路径研究——基于江西省余江区和四川省泸县宅基地制度改革案例》，载《农业经济问题》2019年第6期。
② 杨卫忠：《农村城镇化背景下宅基地使用权流转中农户羊群行为与后续效应研究》，载《农业经济问题》2019年第5期。

革的重要目的之一。政府对集体建设用地入市形成的土地增值收益的分配比例称作调节金。当前入市收益在国家与集体、农民之间如何分配尚未形成一致方案，主要问题表现在调节金的设定基础、比例及调整因素不同。何芳等从理论分析和改革试点中选取的 9 个地区实践研究发现，试点改革中过于聚焦按照实际发生成本作为调节金收取基础，忽视了隐形开发成本等，用总收益作为调节金收取的基础，具有科学性和可行性。按照谁贡献谁受益的原则，基于土地一级开发的投资、建设、运营和出让全过程考虑，政府和集体、农民的受益均衡分享取决于入市地块所在区域一级土地开发出地率、土地征收成本与开发成本比值大小，单位征收成本与开发成本比值越大，出地率越高，政府分配的比例越低。调节金比例必须分用途设定，即商办与工业用地分设，商办和工业用途政府与集体、农民受益分享的取值区间分别为〔47%，63%〕和〔25%，33%〕。调节金除了分用途设定外，还应针对入市地块所在区域的设施完备度及集体对设施投入程度、土地级别和规划区内外因素设定调节金因素修正体系。[①]

2. 农村集体建设用地入市路径

唐健等重点考察内蒙古和林格尔、贵州湄潭、浙江德清和义乌、广东南海、四川泸县等地在集体建设用地入市试点改革过程中的创新性探索指出，适应自然和社会经济条件的地方治理结构创新是集体建设用地入市路径的总体概括，不同入市路径的选择不仅是在我国既定的土地利用和管理制度框架下兼顾效率与公平的选择，更是在统筹考虑区位、地块特征和农村内外部资源资产条件做出的相机抉择。试点地区在制度创新路径上表现出的规律性特征有：一是入市需要打破集体经营性建设用地、宅基地等不同类型农村建设用地界限，允许不同地类之间灵活转换；二是入市需要拓展或细化入市主客体，允许农户与社会资本共建共享，允许新设立的综合地类、农户自用以外的空闲宅基地等作为新的入市客体等；三是通过创设综合地类、实施异地调整特别是政府统筹入市以及推行"集地券"等方式，结合农村发展需要和村庄整体规划布局，促进集体建设用地的居住功能、工业功能、商业功能的优化匹配。[②]

---

① 何芳、龙国举、范华、周梦璐：《国家集体农民利益均衡分配：集体经营性建设用地入市调节金设定研究》，载《农业经济问题》2019 年第 6 期。

② 唐健、谭荣：《农村集体建设用地入市路径——基于几个试点地区的观察》，载《中国人民大学学报》2019 年第 1 期。

（三）农地确权的效果评价

中国改革开放 40 多年以来，农地经营制度变革一直围绕产权赋权展开[1]，并在实践中广泛开展农地确权。2013 年中央一号文件提出用 5 年时间基本完成农村土地承包经营权确权登记颁证工作，随着土地确权工作基本完成，学者们对农地确权的效果从多个维度进行了评价。

1. 对农地流转的影响

促进农地顺畅流转是农地确权改革的重要任务之一，冯华超等利用湖北、山东和广西三省 744 个农户的调查数据，通过构建农地确权—中介变量—农地转出的分析框架，实证分析农地确权对农地转出的影响发现，农地确权对农户转出行为有显著的正向影响，确权对农地转出的正向作用存在低估。确权的政策效应会受到确权之前地权状况的影响，对那些发生过农地调整、村委会作用较小的村庄，农地确权对农户转出行为的影响效应更大。农地确权通过劳动力流动、交易费用机制对农地转出具有正向作用，通过意愿交易价格机制对农地转出具有负向作用，其中交易费用的中介效应最大。[2]

2. 对农民工退出农村意愿的影响

杨照东等根据山西省农民工的调查数据，采用了 Ivprobit 模型实证分析发现，单一经济补偿政策下，农民工承包地和宅基地退出意愿都不强烈。在多种补偿条件下，确权显著促进了农民工的退出农村意愿。在多种补偿中，养老、住房或教育补偿决定了确权满意度，是农民工退出农村意愿的重要条件，而经济或就业补偿没有显著效果。除此以外，农民工个体、家庭特征，以及城市务工环境、身份认同等各种因素也在不同程度上对农民工退出农村产生影响。[3]

---

① 罗必良：《从产权界定到产权实施——中国农地经营制度变革的过去与未来》，载《农业经济问题》2019 年第 1 期。
② 冯华超、钟涨宝：《新一轮农地确权促进了农地转出吗?》，载《经济评论》2019 年第 2 期。
③ 杨照东、任义科、杜海峰：《确权、多种补偿与农民工退出农村意愿》，载《中国农村观察》2019 年第 2 期。

3. 对农户福利效应的影响

朱红根等在农地确权福利效应理论分析基础上，利用实地调查数据运用分位数回归模型实证研究表明，农地确权后农户福利水平出现一定程度的下降，但农户间福利水平差距缩小，确权颁证只能显著提升中高分位点上的农户福利变化的幅度。其中，农地确权政策宣传情况、农户参与意愿和农地确权整体满意度对农户福利变化有显著正向影响，而农户户主年龄和村庄地理位置显著地负向影响农户的福利变化。[①]

4. 对农户选择农业机械的影响

李宁等基于农地产权细分与生产环节分工的理论分析，借助中山大学公布的 2016 年中国劳动力动态调查的全国农村数据，采用 IV ordered Probit 等计量方法，从农业机械获取方式和农业机械化程度两个角度分析发现，目前新一轮的农地确权通过对农地经营权的进一步明晰与细分，降低了农户获取机械外包服务的交易成本，从而促进了农户对农业机械外包服务方式的选择，同时也因为外包服务降低了农机的使用门槛而进一步提升了农户进行农业生产时的总体农业机械化程度。由于农地经营的不可移动性和时间节律性，农地经营规模和种植专业化是农业机械外包等服务分离出来的内生要求，因而农地经营规模和统一种植规划也会促进农地确权对农业机械化的选择。[②]

六、农业现代化主体

近年来关于现代农业主体的探讨一直都在持续，在家庭农场、专业大户、农业合作社之外，2019 年学者们通过总结各地的实践经验进一步深化了现代农业主体研究，并重新审视了小农户在农业现代化过程中的地位和作用。

---

① 朱红根、解春艳、康兰媛：《新一轮农地确权：福利效应、差异测度与影响因素》，载《农业经济问题》2019 年第 10 期。

② 李宁、汪险生、王舒娟、李光泗：《自购还是外包：农地确权如何影响农户的农业机械化选择?》，载《中国农村经济》2019 年第 6 期。

（一）农业产业化联合体

在需求侧对农业生产供给提出提质增效的背景下，具有高度专业分工和稳定要素流动机制的农业产业化联合体应运而生。王志刚等认为，农业产业化联合体是当前我国农村一二三产业融合发展最前沿的组织创新形式，是农村纵向产业融合的高级形态，具有产业链多元交叉融合、高度专业分工与紧密形态下要素共享三大特征，其纵向一体化组织边界源于中间品市场的产品定价与交易成本，并通过内化纵向外部性与化解双边际效应获得产业及供应链整体效益提升，契约分工、收益链接与要素流动是促进其增效的主要运行机制。①

（二）实现小农户与现代农业发展有机衔接

党的十九大报告明确提出，要实现小农户与现代农业发展有机衔接。2019年2月，中共中央办公厅、国务院印发《关于促进小农户和现代农业发展有机衔接的意见》，引发了学者对该问题的广泛关注，他们从不同角度再次关注小农户问题，研究的主要内容主要包括两个方面：

1. 小农户中长期存在的合理性

张晓山指出，由人多地少的基本国情、农业的资源禀赋和城镇化进程所决定，在家庭承包经营基础上，多元并存的农业经营模式和农业经营主体将长期存在。当前和今后很长一个时期，传统小农户的家庭经营将是我国农业的主要经营方式。② 吴重庆等也指出，小农户的长期大量存在具有必然性与合理性。而且随着现代市场经济的发展，小农户作为专业的商品生产者，已经深深潜入高度社会化的现代农业产业分工体制之中。③

---

① 王志刚、于滨铜：《农业产业化联合体概念内涵、组织边界与增效机制：安徽案例举证》，载《中国农村经济》2019年第2期。
② 张晓山：《通过综合配套措施促进传统小农户向现代小农户转变》，载《农业工程技术》2019年第9期。
③ 吴重庆、张慧鹏：《小农与乡村振兴——现代农业产业分工体系中小农户的结构性困境与出路》，载《南京农业大学学报》（社会科学版）2019年第1期。

2. 实现小农户与现代农业发展有机衔接的路径选择

第一，提高小农户的组织化程度。吴重庆等指出，在高度社会化的农业产业分工体系中，各类资本主体占据优势地位，控制着农业产业链和价值链，小农户形式上是独立自主的，实际上是从属和依附于资本，有关农业产业政策也排挤小农户的生存空间。为此，要实现小农户与现代农业发展有机衔接，就需要重新认识小农户的功能，提高小农户的组织化程度。具体包括为小农户合作提供组织资源、激发小农户的主体性、为小农户提供公益性的生产服务等。[①] 陈航英认为，小农户与社会化大生产产生矛盾的根本原因在于小农户的去组织化，因而在构建新村庄集体组织、发展集体经济基础上实现小农户的内生性组织化，才能真正实现小农户与现代农业发展的有机衔接。[②]

第二，建立使农户收益和企业保持竞争力的激励相容的发展模式。实现小农户与现代农业发展有机衔接，本质是要破解分散的小规模经营与社会化大生产之间的矛盾。何宇鹏等指出，目前国内进行的大量探索实践的模式主要有：土地密集型种植业中以服务规模经营替代土地规模经营实现农业规模经营的土地托管模式、资本密集型畜牧业中通过 PPP 模式创新实现现代化规模养殖的"正大模式"和以淘宝为代表的在劳动密集型农业特色产业中通过互联网直接对接生产者和消费者的电商模式。这些探索仍在不断修正和发展的过程中，但这些探索也显示，连接就是赋能，小农户无论靠产品还是靠要素与现代产业、市场加强联系后，发展空间都增大了，因而建立一种使农户收益和使企业保持竞争力的激励相容的发展模式，走出中国农业现代化的新路径，是可以期盼的。[③]

第三，促进传统小农户向现代小农户转变。张晓山指出，要实现农业现代化，就需要通过综合配套措施促进传统小农户向现代小农户转变。一是培育从事内涵式规模经营的现代小农户；二是将传统小农户纳入生产性

---

① 吴重庆、张慧鹏：《小农与乡村振兴——现代农业产业分工体系中小农户的结构性困境与出路》，载《南京农业大学学报》（社会科学版）2019 年第 1 期。

② 陈航英：《小农户与现代农业发展有机衔接——基于组织化的小农户与具有社会基础的现代农业》，载《南京农业大学学报》（社会科学版）2019 年第 2 期。

③ 何宇鹏、武舜臣：《连接就是赋能：小农户与现代农业衔接的实践与思考》，载《中国农村经济》2019 年第 6 期。

社会化服务体系和现代农业经营体系之中。①

第四，保持小农户主体性的基础地位。刘闯等指出，已有研究在探讨实现小农户和现代农业发展有机衔接的路径时，往往认为小农户的现代化需要由其他主体或组织形式来对其能力进行带动、增强或赋予，但事实是当前很多小农户经营自身呈现出现代农业的特征，因此要实现小农户和现代农业发展的有机衔接，需要尊重事实，在不失去小农户主体性的情况下走农业现代化道路。②

102

① 张晓山：《通过综合配套措施促进传统小农户向现代小农户转变》，载《农业工程技术》2019 年第 9 期。

② 刘闯、仝志辉、陈传波：《小农户现代农业发展的萌发：农户间土地流转和三种农地经营方式并存的村庄考察——以安徽省 D 村为个案分析》，载《中国农村经济》2019 年第 9 期。

第五章 资本市场问题研究新进展

　　2018 年对于我国资本市场而言是起伏震荡的一年，股票价格下跌、股权质押风险暴露、债券市场分割问题显著、上市公司违规退市等问题都是资本市场发展过程中的痛点与难点，对此，直面痛点、解决难点是 2019 年资本市场深化改革的总基调，创新与开放是 2019 年资本市场发展的总趋势。科创板落地并试点注册制、创业板重组新规、再融资新规、沪伦通开通、QFII 和 RQFII 投资额度限制全面取消、MSCI 等国际主流指数对 A 股纳入权重的不断提升、资本市场"深改十二条"、《证券法》修订等一系列举措表明我国资本市场正不断朝规范化、市场化、法制化、全球化方向迈进，以更好地发挥服务实体经济的核心作用。强化资本市场功能发挥，需要提升资本市场竞争力，动力在市场，支撑在制度，根本在主体质量。从加强我国资本市场建设出发，学界针对 2019 年资本市场发展与改革的新举措进行了丰富的研究。

一、科创板

　　2019 年 7 月 22 日，科创板正式开市，实际运行以来实现快速扩容，据 Wind 统计，2019 年全年，超过 200 家公司申请科创板 IPO，其中成功上市的有 70 家，募集金额总额 824.27 亿元。科创板开板并试点注册制是 2019 年资本市场改革的一项重要举措，是金融供给侧改革的一项具体安排，它为科技创新型企业融资开辟了一条新的路径，在制度供给、模式供给以及结构供给等层面的诸多创新实践也为我国后续深化金融供给侧结构性改革提供了样本示范，其中注册制的实行以及与之相配套的相关制度安排成为学者们关注的重点。

（一）入口高效：注册制

股票发行的注册制是指股票拟发行人向证券监管机构申报公开发行股票的有关事项，依法真实、准确、完整、及时地将影响投资者决策的股票发行信息予以充分披露，并由证券监管机构采用形式审核方式对所披露信息进行审核的股票发行制度。注册制的本质是发行市场化，在注册制下，信息披露是核心，证券监管机构只进行形式审查，不进行实质判断，股票发行权交由市场，由市场进行股票发行资源的配置，在入口处即提高资本市场资源配置效率。自党的十八届三中全会提出"推进股票发行注册制改革"要求以来，经过近6年的发展，资本市场初步具备了实行注册制的条件，并于2019年6月开始在科创板试行注册制。注册制改革自提出以来便支持者众多，究其原因是核准制弊端凸显，不再契合我国当前资本市场发展现实。

1. 核准制弊端催生注册制

核准制是介于注册制与审批制中间的股票发行形式，它一方面取消了发行指标和额度管理，引入了证券机构来判断企业是否满足发行股票条件，另一方面仍由证券监管机构对股票发行的合规性与适销性条件进行实质性核查并做出最终决定。因此核准制下发行股票，企业需要充分公开自身真实情况，同时需要满足有关法律和证券监管机构规定的条件，包括但不限于在净利润、经营活动产生的现金流量等财务指标上达到一定标准；证券监管机构需要对企业申报文件的真实性、准确性、完整性和及时性进行审查，并对发行人的营业性质、财力状况、资本结构、发展前景、发行数量与价格等进行实质性核查，据此做出企业是否满足股票发行条件的价值判断以及是否核准企业申请的决定。我国实行核准制的初衷是在资本市场发展不成熟的条件下，通过政府对发行人的全面核查来维护投资者利益、公共利益和社会经济安全。但它同时意味着行政权力对股票发行的干预，这种制度的硬约束和刚性无法满足实体经济对高效资本市场的需求，也无法满足投资者对优质上市公司的需求，股票发行制度改革势在必行。

第一，股票发行的核准制极大地损害了资本市场配置资源的效率。基于会计财务报告的盈利标准始终是核准制下企业公开发行股票的核心硬性指标，这种对企业明确盈利模式与良好现金流的要求是对公共利益的保护，无可厚非，但随着信息革命的推进与一大批新型创新型企业的崛起，这种硬性指标的存在使得一些高科技产业由于不满足这些标准而只能选择境外上市，使我国资本市场流失了大量优质上市公司。与此同时，由于核准制下上市机会"千载难逢"，一些已获得股票发行资格的带有"壳资源"属性的不良企业选择坚决不退市，由此优质企业"进不来"，不良企业"不愿走"的事实最终导致资本市场无法真正发挥资源配置的功能。

105

第二，股票发行的核准制极易导致权力寻租，滋生腐败。核准制赋予了证券监管机构绝对的主导股票发行的权力，具有垄断管制的性质，容易导致寻租行为。企业为获得股票发行资格，在权衡寻租成本与上市利益之后极易产生寻租动机，寻租即产生腐败，也为不合格企业创造了上市机会。此外由于证券监管机构需对企业发行资格进行全面的实质性核查，耗费大量人力、物力的同时审核周期一般较长，极大地降低了发行效率，对股票供应数量的限制影响了股票市场供求关系，限制了股票市场定价功能。

第三，核准制下证券监管机构的大包大揽不仅弱化了市场的力量，也容易使投资者产生依赖心理，使他们难以对发行人的质量进行独立判断，而对上市公司的价值盲目认同。其结果是一方面投资者的投资心理与投资能力得不到锻炼，另一方面投资者对政府决策与政策的盲目信服与跟从成为股票市场的顽疾，真正优质企业的价值在股票市场中难以被挖掘，得不到体现。朱菲菲等研究了 A 股市场中的羊群行为，发现短期羊群行为后存在明显的股票价格反转趋势，不利于股票市场的价格发现功能。[①] 同时一旦发行人以欺骗手段获得核准或者审核机构价值判断有误，投资者的权益将受到严重损害。

综上，核准制下的股票发行权利由证券监管机构掌握，而非市场决定，严进宽出的特点导致资本市场参与主体质量不佳，资本市场功能得不到发挥，注册制改革是大势所趋，也是当前形势所需。

2. 我国注册制模式

2019 年 6 月 13 日，科创板正式开板并试行注册制，我国的注册制改革首次落到了实处，探明科创板注册制的模式以及发现其不足之处是我国

---

① 朱菲菲、李惠璇、徐建国、李宏泰：《短期羊群行为的影响因素与价格效应——基于高频数据的实证检验》，载《金融研究》2019 年第 7 期。

资本市场以增量改革带动存量改革，形成可复制、可推广经验的必要过程。我国科创板试行的注册制遵循了形式审核、完全法治、信息披露为核心、事后控制的一般特点，并在发行标准与发行流程层面有契合我国国情的具体规定。

在股票发行标准层面，科创板针对不同类型的企业（包括双层股权架构企业、普通同股同权企业、未在境外上市的红筹企业以及在境外上市的红筹企业）设置了不同上市标准，针对普通同股同权企业又设置了五套标准，这五套标准均以"预计市值"为核心，结合净利润、营业收入、经营活动产生的现金流及研发收入等财务指标，为目前在关键领域通过持续研发投入取得阶段性成果、具有良好发展前景、财务状况表现不一的多类型科创企业提供了公开发行股票渠道，弱化了对当前盈利能力的考量，降低了上市门槛。

在股票发行流程层面，科创板注册制下由发行人提交注册申请文件，上交所审核并出具审核意见，中国证监会履行注册程序，整个流程以信息披露为核心，强调事中事后监管，在简化上市流程的同时缩短了审核周期，提高了企业发行股票上市的效率。目前科创板审核周期约为 6~9 个月，证监会在上交所审核通过 20 日内即完成注册，相较之前主板市场平均 18~24 个月的发行周期企业上市效率大为提升，更好地满足了企业融资需求，降低了企业发行成本。

虽然目前我们已迈出注册制改革的第一步，但将科创板对标美国纳斯达克市场，我国注册制度仍有较多欠缺之处。在上市标准层面，同样是对应高科技和成长型企业，纳斯达克市场则包括"纳斯达克全球精选市场""纳斯达克全球市场""纳斯达克资本市场"三个层次，每个层次对企业的上市标准要求均明确且完善，而目前我国科创板仅一个层次，上市标准仍有待细化。市场的分层管理可以覆盖更多科技创新型企业的融资需求，有利于提高股票流动性，鄢伟波等以我国新三板市场实行的分层制度为例，检验了分层制度与新三板流动性的关系，得出通过盈利标准由基础层进入创新层的股票的流动性得到了显著提升，企业通过良性竞争实现在不同层次间的流动能显著提升其股票流动性。[1] 在上市流程层面，美国注册制可以分为预先登记、豁免登记、州立层面注册制三种，其中，豁免登

---

① 鄢伟波、王小华、温军：《分层制度提升新三板流动性了吗？——来自多维断点回归的经验证据》，载《金融研究》2019 年第 5 期。

记可分为发行豁免、双重豁免、永久豁免，州立层面注册制可分为通知注册、协调注册、资质注册，注册制体系复杂但完备，某些经营状况良好的企业可以采取更为简化的上市流程，规则弹性更大。在资料审核方面，鉴于美国法律制度完备，证券监管机构侧重于对企业信息披露的完整性进行核查，而我国针对事后监管的相关法律法规仍有待完善，证券监管机构在对企业提交材料进行完整性审查的同时需要确保其真实性，中介机构的职能还未落到实处。

3. 注册制未来发展方向

基于以上对我国注册制与美国注册制的比较，根据我国国情，未来我们还需要在以下几方面加强注册制制度建设。

第一，市场参与者需准确理解注册制，提高对我国注册制改革系统性、复杂性和艰巨性的认识。注册制是在审核与批准中遵循市场化对资源配置的经济性原则和一般要求的股票发行制度，强调让市场主体归位尽责，突出以信息披露为核心，以诚信为基础，并以严厉的法律惩戒作为保障措施。与此相对应，注册制改革是一项系统性工程，不可能一蹴而就，法律制度要完善，监管要到位，中介机构审核把关能力要提高，投资者适当性要管理，上市公司质量要提高，以上都是未来一段时间注册制改革推行过程中需切实解决的问题。

第二，在注册制改革的系统性工程中，中介机构在材料初审中的把关作用与监管机构在企业上市存续过程中的信息监管作用在注册制要求证券监管机构只进行形式审核的背景下显得尤为重要。李挺等研究了现行保荐制度下保荐人在公司 IPO 发审中的作用，研究结果显示，保荐人的项目经验有助于提高拟上市公司的 IPO 审核通过率，[①] 此研究充分肯定了保荐人在公司 IPO 过程中的作用，为中介机构可以在注册制中发挥更关键的作用提供了经验证据。陈运森等则以上交所和深交所信息披露直通车改革的推行为契机，以上市公司收到的交易所财报问询函为研究对象，研究了证券交易所一线监管的有效性，结果表明，公司收到问询函监管后盈余管理行为得到抑制，且收函总数越多，当年的盈余管理降低幅度越大，[②] 交易所

---

① 李挺、赵宇、位豪强、蓝博靖：《保荐人项目经验、IPO 审核与资源配置效率》，载《财经研究》2019 年第 11 期。

② 陈运森、邓祎璐、李哲：《证券交易所一线监管的有效性研究：基于财务报告问询函的证据》，载《管理世界》2019 年第 3 期。

的一线监管能显著抑制上市公司违规行为，促进资本市场健康发展，注册制下监管机构应加强以问询函为代表的一线监管并突出交易所作为一线监管主体的重要地位。

第三，严格且完备的法律法规体系是注册制改革配套措施中第一块要完成的拼图。注册制的成功实施依赖于企业披露信息的及时性、真实性与完整性，而企业信息披露的质量依赖于完备严格的信息披露制度与法治环境以及严厉的惩罚措施。赵刚等通过研究新审计准则实施前后证券分析师的盈余预测准确性证实了制度变迁确实能够提高企业信息披露质量、改善资本市场的信息环境。① 相比美国，我国证券投资领域的相关法律法规仍有待完善，企业违法违规行为行政处罚轻、刑事责任低，我国需要建立健全资本市场法律法规体系，对上市公司所披露信息的真实性从法律层面进行严格规范，加大对信息披露造假行为的惩罚力度，通过提高上市企业的违法违规成本来减少企业在申请公开发行股票上市过程中的违法行为，以实现进一步简化企业上市审批流程、缩短股票发行周期的目标。

第四，科创板作为我国多层次资本市场的重要组成部分，发挥着试验田的作用，其注册制的试点经验未来势必要推广到创业板乃至主板中，各板块之间的良性竞争与高效配合是改革的一大目标。短期内要做好各板块之间的整合工作，探索建立转板机制，根据企业生命周期，在上交所科创板、深交所创业板、新三板完全实现转板，推动资本市场各板块良性竞争，错位发展；长期中根据各板块企业特点制定不同的有针对性的注册制下的上市标准与上市流程，尽可能实现板块内的分层管理，从而真正实现注册制的扩围推广。

第五，制定严格退市标准，有序推进退市常态化。注册制的本质是发行市场化，入口处的宽松需要辅之以管理的严格与出口的畅通，宽进严管与退市制度的高度市场化相配合，才能真正促进资本市场资源的优化配置与高效流动。

（二）出口畅通：退市制度

发行制度的市场化需要退市制度的市场化相配合，科创板注册制的实

---

① 赵刚、江雨佳、马杨、吕雅铭：《新审计准则实施改善了资本市场信息环境吗？——基于分析师盈余预测准确性的研究》，载《财经研究》2019 年第 9 期。

行成为推动资本市场退市制度改革的契机。

1. 2019 年退市及退市制度概况

据 Wind 统计，2019 年我国 A 股市场共有 12 家上市公司退市，退市数量为近十年新高，其中被强制退市的有 10 家，包括财务问题 3 家（众和退、华泽退、退市海润）、面值退市 6 家（退市大控、印纪退、华信退、雏鹰退、神城 A 退、退市华业）以及重大违法 1 家（长生退）；主动退市的有 2 家（小天鹅 A、*ST 上普）。尽管如此，退市制度在 A 股的实施效果并不显著，2008 ~ 2018 年 10 年间 A 股上市公司退市共计 43 家，上交所退市 24 家，深交所退市 19 家，上市公司数量却由 1604 家上升至 3584 家，这种"只进不出"的事实导致了 A 股市场上"壳资源"被疯狂炒作的现象。

我国上市公司退市制度发轫于强制退市制度，经过多轮改革调整，已从单一退市标准发展到多元退市标准，从强制退市发展到强制退市与主动退市并存，初步形成相对完整的制度体系。[①] 但在实践过程中，主动退市制度并未明确退市标准、退市程序以及相应的投资者权益保护措施，整个主动退市制度设计过于粗糙，缺乏可操作性，强制退市仍是上市公司主要的退市方式；就强制退市来说，与境外成熟市场相比，我国在强制退市指标设置方面仍过于宽松，例如连续三年净利润为负、连续三年营业收入低于 1000 万元等的财务指标形同虚设，企业可通过对非经常性损益科目的操作使原本亏损的企业转为盈利从而避免退市，强制退市标准对企业构不成实际威胁；此外，由于各板块之间的衔接不到位，A 股上市公司退市后大多只能转入三板市场，而三板市场流动性欠缺，加之核准制下企业上市成本高、难度大，"保壳"是上市公司普遍采取的举措，地方政府和监管当局也倾向于不启动强制退市程序，上市公司退市常态化至今未能实现。

综上，过去一年我国在上市公司退市实践层面有所进步，但仍存在制度体系不健全、强制退市指标过于宽松、投资者合法权益保护不到位、退市转板设计不合理等问题，科创板在退市制度设计上则借鉴了成熟资本市场的宝贵经验，为退市制度的进一步改革提供了新思路。

2. 科创板为退市制度提供新思路

为适应实行注册制的需要，科创板在退市制度设计上借鉴了成熟资本

---

① 陈见丽：《基于注册制视角的上市公司退市制度改革研究》，载《学术交流》2019 年第 3 期。

市场的宝贵经验，在退市标准与退市流程层面进行了多元化设计，为股市配置资源理顺了通道，也为其他板块的退市制度提供了借鉴。

从退市标准来看，科创板终止上市的标准涵盖四个方面：第一，重大违法强制退市，科创公司构成欺诈发行、重大信息披露违法或存在其他危害国家公共安全行为的，直接强制退市，且因重大违法退市的上市公司不得再提出上市的申请；第二，交易类退市指标方面，科创板首次采用市值这一指标，结合股票价格、成交量及股东人数等多维度考核因素，充分体现了市场化原则，即上市公司是否应该退市由市场决定；第三，规范类退市，科创板增加了信息披露及规范运作等指标，科创公司在信息披露或规范运作方面存在重大缺陷，严重损害投资者合法权益、严重扰乱证券市场秩序的，其股票应当终止上市，这一规定与注册制以信息披露为核心的原则相吻合；第四，财务类退市指标方面，科创板采用上市公司净资产、营业收入及净利润的组合指标，着重考察企业的持续经营能力，避免上市公司通过财务舞弊避免退市的现象。[1]

从退市程序来看，科创板取消了暂停上市、恢复上市和重新上市的环节，若企业触及终止上市标准，股票直接终止上市，不再适用暂停上市、恢复上市和重新上市的程序，企业从被实施风险警示到最终退市的时间从4年缩短至2年，大大简化了退市流程，缩短了退市周期。

注册制下上市公司退市应成为常态化事件，它在优化股市资源配置、提升股市效率及维护市场公平正义等方面发挥着不可或缺的作用，科创板退市制度的推行对我国当前退市制度来说是一次大胆的创新与突破，与注册制相呼应，是我国资本市场增量改革的一大亮点，为退市制度的再设计提供了思路。未来我国的退市制度还需进一步明确不同类型企业退市标准的差异化安排、不同市场间的转板制度设计以及投资者合法权益的保护措施，为注册制的推行与资本市场的改革保驾护航。

二、债券违约风险

债券违约是债券的发行人违背事先约定，未按时偿还全部本息的行为，主要发生于信用债中。据 Wind 统计，2019 年全年，违约的信用债数

---

[1] 王雪峰：《科创板多元化退市制度探究》，载《证券日报》2019 年 9 月 21 日第 A03 版。

量为 179 只（2018 年 125 只），涉及规模达到 1444.08 亿元（2018 年 1209.61 亿元），发行人呈现出行业分散、民企占主导但逐渐向上市公司扩散、城投风险低、违约前评级较高的特征。自 2018 年下半年以来，我国债券市场违约事件开始大量出现，传统"低违约、高刚兑"的常态被打破，债券违约风险凸显，提高了企业信用风险与融资、再融资成本，损害了投资者利益，削弱了债券市场作为企业直接融资平台的功能。对此，学者们的研究主要集中在理清债券违约风险的前因后果以及有针对性地提出解决措施方面。

（一）债券违约风险的前因与后果

债券市场作为直接融资平台与多层次资本市场的重要组成部分，可以拓宽企业的融资渠道，降低企业融资成本，提高融资效率，因而大量企业选择通过发行债券进行融资，债券融资方式在我国直接融资中占绝大比重。但宏观面的不确定性、资金面趋紧下的紧融资约束以及企业经营状况不良的可能性等，成为引致企业债券违约的潜在因素，即企业债券违约多是外部环境和企业自身问题的共振反应，并在评级机构虚高的债券评级结果的催化下而随时有爆发的可能性。

首先，从外部环境来说，宏观经济运行态势与企业所处行业景气度成为影响企业债券违约风险的重要因素。2018 年以前，企业债券违约风险与其所处的行业息息相关，2014～2017 年债券违约企业主要集中在煤炭、制造业、化工业等周期性较强的行业，这些行业进入成熟期，产能过剩问题日益突出，企业发展举步维艰，防风险、去杠杆、供给侧结构性改革等政策的推进，使身处这些行业的企业"雪上加霜"，企业盈利能力进一步被削弱，其债券违约风险上升；但 2018 年以后，债券违约出现新特征，违约企业所处行业呈现分散化的特征，说明经济新常态、贸易摩擦、强监管下外部融资环境整体收紧等宏观面因素成为提升企业债券违约风险的"助推器"。陈佳音指出，宏观经济主要通过影响信用利差进而影响债券的投资价值[1]，经济增长可以带动实体企业投融资发展，降低企业信用风险，进而企业债券的违约风险也相应降低，但在当今经济增速换挡与产业结构调整的大背景下，经济下行压力加大，导致企业一方面流动性不足，另一

---

①　陈佳音：《上市企业债券违约的影响因素》，载《中国经贸导刊》2019 年第 8 期。

方面又面临紧融资约束，双压之下企业发展受挫，盈利持续下降，其债券违约风险相应加大。

其次，从企业内部来说，激进扩张的经营战略、实际控制权不清晰等内部治理结构问题、管理者利用关联交易虚增企业利润的财务造假行为、过度股权质押导致的流动性风险等公司治理问题是债券违约风险的主要来源，因为一味地盲目追求扩张，后续资金支持乏力、核心业务竞争力不足、公司治理能力低下，最终只能导致现金的快速消耗以及引发流动性不足问题。2019年的债券违约多发生于公司治理混乱、经营风格激进的弱资质民营企业中，证实了以上观点。

债券违约风险的存在意味着债券有违约的可能性，但债券出现实质性违约则意味着企业最终无能力或恶意躲避清偿债券，违约处置机制失效，债券违约成为既定事实。虽然债券违约将打破政府刚性兑付的怪圈，使投资者在购买债券时更多关注发债主体在财务以及非财务方面的竞争优势，降低其对政府隐性担保的依赖心理，使信用评级机构更加谨慎地进行信用评级，在信用报告中更多地包含专有信息以指代隐性担保信息，从而促进债券的市场化发展，形成市场化的债务风险化解方式。① 而一旦这种违约发展成为常态化事件，债权人利益一再受损，将引发投资者对企业的信任危机，企业的信用风险大幅增加，不利于企业日后再次进行债券融资，企业融资环境进一步恶化。在这种局面下，即使日后企业外部融资宽松，资金也难以再流向企业，极大制约了企业与实体经济的发展。同时，当前债券违约已经从民营企业扩展到国有企业，若不加以克制，一旦债券出现大规模、多行业违约现象，将对我国金融市场的发展带来极大冲击，投资环境的恶化必然会影响经济的稳定发展。

（二）降低债券违约风险的举措

基于上述债券违约风险的来源，学者们指出，健全事前信息披露制度与事后违约处置机制是降低企业债券违约风险的有力措施，尤其在诸多不确定因素存在的情况下，建立健全债券违约处置机制成为避免债券出现实质性违约、稳定债券市场的关键举措。

---

① 王叙果、沈红波、钟霖佳：《政府隐性担保、债券违约与国企信用债利差》，载《财贸经济》2019年第12期。

1. 健全事前信息披露制度

发债前多渠道对信息的充分披露（募集说明书、企业信用评级报告等）以减少投资者与企业之间的信息不对称，可以避免不合格企业成功发债，从而降低债券违约的可能性。承销商、信用评级机构、分析师、会计师事务所等机构作为债券市场中的信息中介，通过发布债券募集说明书、专业性评级意见及审计报告等将企业状况告知投资者，降低企业与投资者之间的信息不对称。

林晚发等指出，出于维护自己声誉的考量，承销商事前会努力收集信息以降低信息不对称，事后会努力监督发债企业并在债券极有可能出现违约时利用自己的社会网络帮助企业进行债务重组以避免出现实质性的违约，通过信息效益与担保效应在债券市场中发挥作用，随后通过实证检验承销商评级对债券信用利差（债券违约风险越大，信用利差越大）的影响发现，承销商评级越高，债券信用评级越高，债券信用利差越小，评级与声誉高的承销商更能识别企业的盈余管理水平、能够降低企业未来的违约风险以及在债务面临违约时进行较多的债务重组，以此降低投资者面临的违约风险。[1] 常莹莹等以环境信息可以传递出企业的特质风险、盈余持续性以及盈余质量等信息为依据，研究了环境信息透明度对企业信用评级的影响。结果显示，企业获得高信用评级的概率与其环境信息透明度显著正相关，高的环境信息透明度可以提高企业信用评级，降低其债券违约风险。[2]

鉴于信任是解决信息不对称问题的重要机制，杨国超等研究了这一非正式制度在债券中的市场价值，发现信任不仅有助于提高债券信用评级，还有助于降低债券信用利差，他们通过路径分析法发现信任不仅会直接影响债券评级和定价，还会通过提升公司财务报告质量间接地发挥作用。进一步地，信任对债券评级和定价的积极作用在国有企业、金融业更发达地区的企业以及发债次数更多的企业中更为显著，即投资者与发行人之间的重复博弈机会越多，信任的价值也越大。信任建设对于化解债券市场风险、提高金融体系稳定性尤其重要，地方政府在制定各种政策以推动降低

---

① 林晚发、刘颖斐、赵仲匡：《承销商评级与债券信用利差——来自〈证券公司分类监管规定〉的经验证据》，载《中国工业经济》2019 年第 1 期。

② 常莹莹、曾泉：《环境信息透明度与企业信用评级——基于债券评级市场的经验证据》，载《金融研究》2019 年第 5 期。

企业融资成本时，有必要对信任进行重点培育和建设，通过全面提升整个地区企业的可信度来降低企业融资成本。①

2. 健全事后违约处置机制

完善债券违约后的处置机制是避免发生实质性违约，降低企业信用风险，维护投资者权益的重要举措。

我国在债券违约后的处置方面市场化程度不高，发生债券违约的发债企业主要通过自筹资金偿付，债务重组、破产重组及担保人代偿相对较少。从债券违约后公司公告筹措资金来源来看，经营尚可的公司可以依赖日常经营慢慢偿还债务，对于经营困难，但还拥有部分优质资产的企业，往往通过出售资产或质押股权来筹资，而债务重组类企业一般通过整体出售资产或出让部分股权来引入战略投资者，进而获得资金。

尽管有如上债券违约后的处置措施，但由于相关法律法规不健全，发行人在债券违约后偿债态度普遍消极，投资者求偿之路漫漫，权益得不到保护。对此，为了加快完善债券违约处置机制，促进公司信用类债券市场健康发展，保护投资者合法权益，2019 年 12 月 27 日，中央银行、国家发展改革委员会和证监会联合起草发布了《关于公司信用类债券违约处置有关事宜的通知（征求意见稿）》。《通知》主要包含以下内容：（1）明确债券违约处置的基本原则；（2）充分发挥受托管理人和债券持有人会议制度在债券违约处置中的核心作用；（3）强化发行人契约精神，严格履行各项合同义务；（4）依法保障债券持有人合法权益，加大投资者保护力度；（5）建立健全多元化的债券违约处置机制，提高处置效率；（6）严格中介机构履职，强化中介机构问责；（7）加强监管协调，加大债券市场统一执法力度，加大对恶意逃废债行为惩戒力度。上述内容表明，债券违约后，在协调统一的监管下，发行人、债券持有人、中介机构等应秉承着底线思维、市场化、法制化、各方尽职尽责、平等自愿等基本原则，切实履行自己的责任与义务，积极参与债券违约处置，积极进行或协助进行债务清偿，通过债券交易、置换、展期等多元化处置机制切实保护投资者权益，避免违约风险扩大化。

---

① 杨国超、盘宇章：《信任被定价了吗？——来自债券市场的证据》，载《金融研究》2019 年第 1 期。

三、资本市场对外开放

2019 年以来，我国资本市场在对内深化改革的同时，也加快了对外开放的步伐，多项举措不断落地：沪伦通启动，中日 ETF 互通，QFII、RQFII 制度规则不断优化，明晟指数、富时罗素指数等国际主流指数的 A 股纳入权重不断提高，中国资本市场对外开放驶入"快车道"，对外开放水平不断提高。对此，学界基于过去几年沪港通与深港通的发展事实，对我国加快资本市场对外开放新布局、新进程进行了阐述，并对资本市场的未来开放目标与开放路径进行了探讨。

（一）资本市场对外开放现状

回顾我国资本市场的开放历程，以陆港通的开放为节点，资本市场的对外开放可分为单向开放与双向开放两个阶段。其中，单向开放阶段的主要措施是建立合格境外机构投资者制度与人民币合格境外机构投资者制度，前者于 2002 年 12 月 1 日正式实施，后者于 2011 年底正式实施，二者都是在资本项未实现完全可兑换的条件下，为境外投资者提供的一种投资境内证券市场的可行方式。两种制度设立以来经过多次改革，不断为跨境投融资提供便利。2019 年 9 月 10 日，经国务院批准，国家外汇管理局决定取消 QFII 与 RQFII 额度限制，同时 RQFII 试点国家和地区限制也一并取消，截至 2019 年 11 月 29 日，我国 QFII 投资额度达到了 1113.76 亿美元，RQFII 投资额度达到 6933.02 亿美元。[①] 此外，在资本市场单项开放进程中，合格境内机构投资者制度也同时推出，使国内资本在可控的范围内能够配置境外资产，增加了投资标的的可选择性。

2014 年 11 月 17 日沪港通正式启动，标志着我国资本市场进入双向开放阶段，随后 2016 年的深港通与 2019 年的沪伦通继承了双向开放的思想，相继实现了深圳交易所市场与香港交易所市场以及上海交易所市场与伦敦交易所市场的互联互通。其中，沪港通实施初期年交易总额限制为

---

① 资料来源：国家外汇管理局。

5500 亿元，深港通之后，这一交易总额限制被取消，且自 2018 年 5 月 1 日起，沪股通与深股通每日额度由 130 亿元调整为 520 亿元，港股通每日额度由 105 亿元调整为 420 亿元，截至 2019 年 11 月，沪股通与深股通的日交易金额均保持在 200 亿元左右。①

2018 年 6 月，明晟公司宣布 A 股正式纳入 MSCI 新兴市场指数，是我国资本市场开放的又一标志性事件，表明 A 股制度建设逐步得到国际主流投资者的认可，A 股成为全球机构投资者必须研究的市场。2019 年 MSCI 指数不断增加 A 股纳入权重，富时罗素与标普、道琼斯也将 A 股纳入其指标体系，标志着中国资本市场正逐步融入国际资本市场。

虽然 2019 年我国资本市场不断提高对外开放广度与深度，但当前几项重大措施（QFII、RQFII、沪港通、深港通、沪伦通等）都是过渡性的制度安排，加上中国资本市场存在深刻的制度缺陷，全球资金对 A 股的配置比例仍然偏低，截至 2019 年 9 月，境外资本投资于 A 股的比例仅占 3% 左右，与中国经济体量、增速和发展潜力并不匹配，我国资本市场对外开放仍处于一个较低水平，继续扩大资本市场对外开放水平仍是未来一段时间我国资本市场发展的重中之重。

（二）资本市场扩大对外开放的意义

我国资本市场扩大对外开放的直观结果是外资机构的布局以及外国资本的流入，这一方面扩大了中国资本市场规模，另一方面也是更重要的是倒逼资本市场各参与主体加强自身能力建设，包括投资者结构的改善、上市公司法人治理结构与经营效率的改善以及各金融机构服务水平的提高，从而增强市场深度，提升市场有效性，促进我国资本市场进一步规范化、法律化、市场化和国际化，逐步融入国际资本市场体系，成为国际资本市场的有机组成部分。

1. 有利于扩大资本市场规模

资本市场的生命力在于服务实体经济发展，而一个切实履行服务实体经济、防范金融风险职能的资本市场需要有大量中长期资金以及高效的配置资金资源的能力，虽然当前我国资本市场规模居世界第二，但在银行系

---

① 资料来源：上海证券交易所、深圳证券交易所。

统这一庞大的间接融资体系的对比下，我国资本市场规模仍偏小，同时散户居多与投机主义、羊群行为盛行的现实也导致资本市场中长期资金匮乏，引导中长期资金入市成为资本市场健康发展并发挥功能的基础。机构投资者是西方成熟资本市场的主要参与者，其知识结构、投资偏好与投资能力是我国散户投资者所欠缺的，随着我国资本市场的持续扩大开放，越来越多的境外机构投资者能够有充足的途径进入我国市场，为我国资本市场注入大量中长期资金，同时改善我国投资者结构。尤其自 2018 年在MSCI 等国际主流指数将 A 股纳入并不断提高权重之后，A 股成为全球机构投资者必须研究的市场，从长期来看，海外投资者对 A 股的认知度、覆盖度和参与度会不断提升，会有更多海外资金主动配置 A 股，资本市场规模有望扩大，市场机构化趋势有望加速。

2. 有利于提高市场参与主体质量

资本市场规模能持续有效扩大的前提是其质量的提升，这有赖于资本市场的主要参与主体——上市公司、投资者和各金融中介机构的质量。资本市场对外开放能够倒逼市场参与主体加强自身能力建设，包括投资者结构的改善、上市公司法人治理结构与经营效率的改善以及各金融机构服务水平的提高。

上市公司是国民经济的晴雨表、资本市场发展的基石以及广大投资者投资收益的来源，其发展状况与发展质量直接决定了资本市场的质量。当前我国上市公司存在大量影响公司质量的"合规不合理"现象，包括财务质量不高，创新能力不强，与中小股东关系疏离，不积极实施现金分红和开展投资者保护行动，履行社会责任意愿不强等。资本市场对外开放可以作为一种外部治理手段，通过让拥有更丰富投资经验、更高价值识别能力、更多信息优势、更强信息解读能力、更倾向于价值投资的境外投资者参与到我国资本市场中，来监督上市公司，提高上市公司治理水平与经营效率。连立帅等利用 2014 年沪港通交易制度实施这一资本市场开放事件，考察了资本市场开放对企业投资的影响，研究发现，沪港通交易制度会提高企业投资—股价敏感性。这是因为，沪港通交易制度实施后，香港投资者进入与 A 股企业信息披露质量的变化会提高股价信息含量、减少股票错误定价，并影响企业的融资成本，即通过股价信息反馈效应和股价融资效应作用于企业投资—股价敏感性。这一结果表明，沪港通交易制度会增加股价对企业投资的引导作用，这一效应主要存在于国际化企业、信息透明

117

度低、代理成本较高的企业与国有企业中。① 陈运森等以 2014 年 11 月沪港通政策的实施为准自然实验，采用双重差分模型，考察了股票市场开放对企业投资效率的影响。研究发现，股票市场开放显著提高了上市公司的投资效率，且这一提升作用主要体现在信息环境差、治理水平低的企业之中。进一步研究还发现，信息环境的改善是股票市场开放影响公司投资效率的重要路径，并最终会提升企业的经营业绩。② 邹洋等则以我国开启沪港通交易试点为背景，实证检验了资本市场开放是否能抑制上市公司违规问题，研究结果表明，沪港通的开通有助于减少上市公司违规行为，其作用途径是通过改善公司的信息环境或优化公司的治理结构，从而提高公司的违规成本，减少公司的违规行为。③ 以上研究均表明，资本市场的开放主要通过影响上市公司的信息披露行为而影响上市公司的治理水平与营运能力。

投资者是资本市场上提供资金一方，其知识结构、投资偏好与投资能力决定了市场上资金的来源与去向。与成熟的资本市场不同，我国资本市场上的投资者以散户为主，其投机行为与羊群行为一直是被诟病的原因。随着我国资本市场对外开放的扩大，尤其在 MSCI 等国际主流指数将 A 股纳入权重之后，境外机构投资者会更多地主动或被动地参与到我国市场中，用他们的投资经验、价值识别能力、信息优势与价值投资倾向带动境内投资者改变其投资理念，同时改善市场投资者结构，加速市场机构化趋势。

金融机构是资本市场上另一重要参与主体，其服务水平也是影响我国资本市场质量的一个重要因素。吴晓求在第二十四届中国资本市场论坛主题报告中指出，中国的金融开放正在走一条相对特殊的道路，其主要特点之一是将引进外资金融机构放在首要位置，引进外资金融机构支持国内金融机构改组改造，弥补原有金融服务的一些短板，通过发挥外资金融机构的示范作用和鲶鱼效应，倒逼本土金融机构改革。④ 资本市场的持续扩大

① 连立帅、朱松、陈超：《资本市场开放与股价对企业投资的引导作用：基于沪港通交易制度的经验证据》，载《中国工业经济》2019 年第 3 期。
② 陈运森、黄健峤：《股票市场开放与企业投资效率——基于沪港通的准自然实验》，载《金融研究》2019 年第 8 期。
③ 邹洋、张瑞君、孟庆斌、侯德帅：《资本市场开放能抑制上市公司违规吗？——来自"沪港通"的经验证据》，载《中国软科学》2019 年第 8 期。
④ 吴晓求等：《中国金融开放：模式、基础条件和市场效应评估》，第二十四届中国资本市场论坛主题研究报告。

开放以及对这一道路的坚持将有助于提升我国金融中介机构的服务水平。

3. 有利于提高市场有效性

麦尔基尔和法玛（Malkiel and Fama）将有效市场定义为价格能够完全反映给定信息集的市场，由此可以窥见信息效率对资本市场效率的重要意义。在资本市场对外开放的情况下，国内市场与国际市场实现了互联互通，境外投资者可以自由配置境内资产，首先来自境外的各种信息能随着其对股票的交易快速地反映到股价中；其次境外投资者能督促上市公司主动提高信息披露质量，由此提高了境内股价信息含量与市场定价效率，提高了市场有效性。

（三）　资本市场对外开放的目标与路径选择

长远来看，我国资本市场开放的目标是通过若干年的发展与开放成为全球非常重要的一个资产配置中心或财富管理中心，成为人民币国际化的重要推动者，成为人民币计价资产全球配置和交易中心。[①] 当然这一目标不是一蹴而就的；在路径选择上，我国一直采取的是渐进式与试错式道路，当前的对外开放目标主要集中在将我国资本市场做大做强方面，即通过国际资本的自由流动，提高我国资本市场的自由度与透明度，倒逼我国资本市场完善制度建设。

针对目前我国资本市场上存在的市场规模不足、投资者结构不够完善、相关机制不够健全等问题，学者提出我国下一步的对外开放举措应主要包含两个层次：一是进一步降低外资进入门槛，拓宽外资进入渠道，以沪港通、深港通、沪伦通等制度为起点与依托，进一步形成以点带面的渐进开放局面，让外资"能来"；二是加快解决我国资本市场的一些制度缺陷，加强法律和上市公司制度建设，严厉惩处内幕交易、证券欺诈、操纵市场等行为，构建更国际化、市场化的评级和定价机制，肃清市场环境，让外资"想来"。此外，平衡好对外开放与防范风险的关系也是资本市场对外开放过程中需重点关注的问题。

---

① 吴晓求等：《中国金融开放：模式、基础条件和市场效应评估》，第二十四届中国资本市场论坛主题研究报告。

第六章　收入分配与收入差距 问题研究新进展

2019 年学者们继续对我国收入分配与收入差距问题进行了深入研究，取得了新的进展，主要集中在国民收入分配格局、居民收入、收入差距、收入流动性和减贫五个方面。

一、国民收入分配格局

（一）劳动收入份额 "U" 型变化的解释

蓝家俊等利用城乡劳动力市场分割解释了中国劳动收入份额的 "U" 型变化趋势。中国的劳动力市场存在城镇正规部门、城镇非正规部门和农村生产部门之间的分割。由于城镇正规部门就业门槛较高，转移出来的农业劳动力大部分进入了城镇非正规部门，即个体私营部门。在刘易斯转折点到来之前，农业生产部门为个体私营部门提供剩余劳动力。由于个体私营部门支付的工资仅为生存工资，低于劳动边际生产水平，个体私营部门的扩张将降低劳动收入份额，在刘易斯转折点到来之后，个体私营部门的工资将等于农业生产部门的劳动边际生产水平并不断上升，劳动收入份额随之提升。城乡劳动力市场分割是导致中国劳动收入份额呈先下降后上升的 "U" 型变化趋势的原因。①

---

① 蓝家俊、方颖、马天平：《就业结构、刘易斯转折点与劳动收入份额：理论与经验研究》，载《世界经济》2019 年第 6 期。

（二）劳动收入份额变动的影响因素

除继续讨论劳动力议价能力[①]、制造业服务化[②]等劳动收入份额的影响因素外，2019 年学者从新的角度拓展了劳动收入份额的影响因素研究。从这些因素来看，大部分都可能带来劳动收入份额的下降，提高劳动收入份额的困难依然较大。

1. 股份分置改革

施新政等研究指出，股权分置改革有利于纠正要素市场扭曲，提高资本市场配置效率，从而对劳动收入份额的影响存在两种机制：一方面，股权分置改革后，公司内部控制机制和外部控制权市场趋于完善，管理者经营压力增大，为了提高公司绩效，将利用高薪激励员工和吸引高素质人才，使劳动收入份额提高；另一方面，股权分置改革后，资本流通性增强，强化了企业利润最大化目标，工资侵蚀利润的现象减少，劳动收入份额下降。基于沪深两市 A 股上市公司 1998～2016 年数据的实证结果表明，增强资本流通性的负向影响超过了激励员工、吸引高素质人才的正向影响，股权分置改革显著降低了上市公司的劳动收入份额。[③]

2. 产业空间集聚

王家庭等研究发现，制造业产业集聚降低了劳动收入份额，其中运输成本下降和行业生产率差距扩大是导致这一现象的主要原因。一方面，运输成本的下降有利于产业集聚到生产率更高的区域，低效率企业比重不断下降，高效率企业比重不断提高。由于高效率企业边际劳动投入更低，劳动收入份额随之下降；另一方面，在运输成本不断下降的背景下，行业间生产率差距越大，越会激励企业向高效率区域集聚，进一步导致劳动收入份额下降。[④]

[①] 柏培文、杨志才：《劳动力议价能力与劳动收入占比——兼析金融危机后的影响》，载《管理世界》2019 年第 5 期。

[②] 陈丽娴、沈鸿：《制造业产出服务化对企业劳动收入份额的影响：理论基础与微观证据》，载《经济评论》2019 年第 3 期。

[③] 施新政、高文静、陆瑶、李蒙蒙：《资本市场配置效率与劳动收入份额——来自股权分置改革的证据》，载《经济研究》2019 年第 6 期。

[④] 王家庭、曹清峰、宋顺锋：《运输成本、生产率差异与我国制造业劳动收入份额》，载《经济学（季刊）》2019 年第 2 期。

3. 全球价值链嵌入

袁媛等从企业的技术偏向、资本深化和垄断加成三个方面分析全球价值链嵌入对劳动收入份额的影响发现：第一，嵌入全球价值链促使企业技术进步偏向资本，引起劳动收入份额下降；第二，企业嵌入全球价值链降低了资本与劳动力价格的比例，劳动力相对价格上涨，有利于劳动收入份额提升；第三，嵌入全球价值链提高了企业垄断加成能力，即导致企业谈判能力提升，劳动力谈判能力相对下降，劳动收入份额下降。实证结果显示，企业嵌入全球价值链显著降低了劳动收入份额，这一影响对劳动力密集型企业最高，对资本密集型企业次之，对技术密集型企业最低。[①]

4. 国有企业改制

林令涛等认为，国有企业改制提高了企业劳动生产率与工资水平，两者提升幅度的相对大小决定了劳动收入份额的变化。在企业改制初期，企业劳动生产率和工资水平均明显提升，但企业劳动生产率的提升幅度高于工资水平的提升幅度，造成劳动收入份额的下降。之后，工资提升幅度逐渐超过劳动生产率的提升幅度，劳动收入份额随之提升。最终，国有企业改制对工资水平和劳动生产率的提升幅度非常接近，劳动收入份额在改制企业和非改制企业之间不存在差异。[②]

5. 最低工资制度

姜伟认为，最低工资对民营企业劳动收入份额的影响依赖于提高工资水平的收入效应和促进资本替代劳动的替代效应。整体而言，最低工资制度提高了民营企业的劳动收入份额。分行业而言，最低工资制度对劳动密集型、资本密集型民营企业带来显著的收入效应，尽管存在资本替代劳动现象，最低工资制度提高了两类民营企业的劳动收入份额。对技术密集型民营企业而言，最低工资制度并未带来显著的收入效应，但会促使企业以资本替代劳动，导致劳动收入份额下降。[③]

---

① 袁媛、綦建红：《嵌入全球价值链对企业劳动收入份额的影响研究——基于前向生产链长度的测算》，载《产业经济研究》2019年第5期。

② 林令涛、刘海洋、逯宇铎：《国有企业改制与劳动收入份额变动之谜——基于企业效率和工资水平不平衡增长的视角》，载《财经研究》2019年第8期。

③ 姜伟：《最低工资制度能提高民营企业劳动收入占比吗》，载《经济理论与经济管理》2019年第11期。

6. 人工智能发展

郭凯明将人工智能定义为一种具有基础设施属性的新型通用技术，认为人工智能对劳动或资本都可能产生替代性。人工智能发展对劳动收入份额的影响取决于产业本身是资本密集型还是劳动密集型，即不论制造业还是服务业，如果人工智能发展有利于资本密集型产业扩张，劳动收入份额将会下降；如果人工智能发展有利于劳动密集型产业扩张，劳动收入份额将会上升。[①]

7. 要素市场扭曲

袁鹏等认为，由于资本市场的利率管制压低了资本价格，而劳动力市场本身存在的大量低技能劳动力导致劳动边际产出较低，造成资本实际价格低于资本边际产出，而劳动实际价格高于劳动边际产出的要素市场扭曲现象，激励企业以资本替代劳动，导致资本深化，劳动收入份额随之下降。[②]

8. 企业金融化

安磊等通过考察企业金融化对企业内收入分配的影响发现，企业金融化提高了金融投资，在提高资本要素收入的同时，对高管、普通员工平均薪酬水平无显著影响，但由于金融投资替代了实业投资，"挤出"普通实业劳动力就业，导致资本要素相对收入份额和高管相对收入份额上升。相较于国有企业，企业金融化对资本要素和高管收入份额的提升作用在非国有企业更强。[③]

二、居民收入

（一）居民收入的影响因素

2019 年学者们从以下新的视角对居民收入的影响因素进行了更为广泛

① 郭凯明：《人工智能发展、产业结构转型升级与劳动收入份额变动》，载《管理世界》2019 年第 7 期。
② 袁鹏、朱进金：《要素市场扭曲、技术进步偏向与劳动份额变化》，载《经济评论》2019 年第 2 期。
③ 安磊、沈悦、徐妍：《金融化、产权与企业内收入分配》，载《经济评论》2019 年第 5 期。

的讨论，扩展了对居民收入的理论研究。

1. 税收优惠

陈悦等通过考察劳动力能否享受企业税收优惠的福利发现：第一，普通员工确实享受到了税收优惠的福利，但只有国有企业普通员工的薪酬会随着税收优惠的增加而提高，民营企业享受的税收优惠对职工薪酬无显著影响；第二，对于关系型税收优惠而言，国有企业的关系型税收优惠对员工薪酬影响不显著，而民营企业中的关系型税收优惠反而会降低普通职工薪酬。这是因为，在民营企业中，关系型税收优惠主要源自管理层的个人政治关联，这将提高管理层与普通员工谈判的话语权，使得税收优惠较少地流向了普通员工。①

2. 城市空间结构

刘修岩通过考察城市规模、城市密度与城市形态等空间结构因素对劳动者工资收入的影响，发现在城市规模方面，规模较大的城市劳动者会获得实际工资溢价；在城市密度方面，人口稠密的城市空间结构将缩小企业间物理距离，促进集聚效应发挥作用，提升劳动者实际工资；在城市形态方面，绵长的市内距离、较差的城市通达性、不规则的城市空间形状等劣质城市形态会削弱企业间的集聚外部性，不利于技术溢出和生产率提高，也增加了交通运输费用和经济活动的交易成本，阻碍经济要素高效流动，导致劳动者收入显著下降。②

孟美侠等认为不同规模城市之间劳动力工资溢价受集聚经济效应、劳动力群聚效应和城市禀赋效应的影响。城市特别是大城市具有更高的生产率，产生集聚经济效应。大城市本身良好的生活设施等条件更容易吸引高技能劳动力，产生劳动力群聚效应。大城市本身地理位置、气候等自然条件优越，产生城市禀赋效应。城市工资溢价主要存在于 500 万以上人口的特大城市和 300 万～500 万人口的 I 型大城市。其中特大城市的绝对工资水平比 I 型大城市高出 25%，I 型大城市的绝对工资水平则要比 100 万～300 万人口的 II 型大城市高出 20.7%。进一步分析发现，集聚经济效应在

---

① 陈玥、孟庆玉、袁淳：《员工能受益于企业税收优惠吗？——基于产权性质的税收优惠来源的分析》，载《财经研究》2019 年第 9 期。

② 刘修岩、秦蒙、李松林：《城市空间结构与劳动者工资收入》，载《世界经济》2019 年第 4 期。

特大城市和 I 型大城市中都显著存在，分别可以带来 6.4% 和 15.4% 的溢价；劳动力群聚效应和城市禀赋效应对特大城市与 I 型大城市之间的溢价具有较强的解释力。[1]

3. 城乡分割

吕炜等通过考察农民工能否通过延长迁移时间、积累与迁移地相适应的非农工作经验两种途径实现与城镇职工的工资同化，发现农民工无法实现与城镇职工的工资同化，迁移之初农民工比城镇职工的小时工资低大约 30.53%，持续迁移最多可以消除大约 9.4% 的工资差距。具体而言，由于农民工主要分布于低收入职业，延长迁移时间和积累非农工作经验的同化效应虽能在一定程度上缩小工资差距，但无法促进农民工向高收入职业流动，也无法缩小由户籍歧视导致的职业内工资差距和由人力资本不足导致的职业间工资差距。[2]

4. 对外贸易

谢申祥等认为，在开放经济环境中，稳定的贸易政策通过增加进出口影响劳动者的收入水平。一方面，出口增加将扩大国内需求，使得劳动力市场上劳动力需求增加，可供劳动者选择的工作机会增多，劳动者的工资议价能力将上升，有利于提高劳动者工资水平。另一方面，进口增加将挤占国内企业的市场份额，进而降低对劳动力的需求，劳动者的工资议价能力将下降。基于中国工业企业数据库与关税等数据的实证分析发现，加入 WTO 提升了我国的贸易政策稳定性，相对进口而言，出口的大幅增加提高了劳动者的工资议价能力，有利于提升劳动者工资水平。[3]

孙敬水等从企业出口行为、出口规模、出口密集度和出口补贴等角度探讨企业出口对工资溢价的影响，研究发现：第一，出口企业工资水平高于非出口企业；第二，企业出口规模越大，工资水平越高；第三，出口密集度对工资水平的影响呈现先增加后减少的倒 "U" 型趋势。这是由于我国出口密集度较高的企业大部分为出口加工企业，本身优势来自较低的劳动

---

① 孟美侠、李培鑫、艾春荣、何青：《城市工资溢价：群聚、禀赋和集聚经济效应——基于近邻匹配法的估计》，载《经济学（季刊）》2019 年第 1 期。

② 吕炜、杨沫、朱东明：《农民工能实现与城镇职工的工资同化吗?》，载《财经研究》2019 年第 2 期。

③ 谢申祥、陆毅、蔡熙乾：《开放经济体系中劳动者的工资议价能力》，载《中国社会科学》2019 年第 5 期。

力成本，因此出口密集度最高的企业工资水平反而较低；第四，出口补贴有助于降低出口商品价格，增加出口竞争力，并通过改善研发条件，提高企业生产效应，对工资水平带来显著的正向影响。[①]

（二）提高居民收入的政策建议

126

1. 提高劳动者非认知能力

王春超等将非认知能力分为严谨性、顺同性、外向性、开放性和情绪稳定性五大维度，通过探讨非认知能力对劳动者工资性收入的影响后发现，非认知能力对劳动者工资性收入存在显著的正向影响。提高劳动力非认知能力有助于强化个体的社会资本，使劳动者有更大概率从事白领工作，也可以提高劳动者教育的边际效应，进而提高劳动者工资性收入。非认知能力对劳动者工资性收入的影响随着收入分位数水平的提高逐渐下降。相对男性劳动者而言，女性劳动者非认知能力对个体工资性收入的影响更高。[②]

2. 促进农业综合开发投资

赵勇智等研究发现，农业综合开发投资通过土地治理项目和产业化经营项目，能够显著提高农民收入，而且会持续带动农民增收。其中，土地治理项目通过建设高标准农田、改造中低产田等方式，可以提高农业生产能力，促进粮食增产，进而实现农民经营性收入的增长。产业化经营项目一方面能够扶持农业龙头企业、农民专业合作社和新型经营主体，为农民提供更多的就业岗位，拓宽农民增收渠道，实现非农就业收入的增长；另一方面通过建设生产示范基地、加工物流项目和生产性服务项目，提高农业生产效率，释放农村劳动力，促进农民向二三产业转移，从而提高农民的工资性收入。[③]

① 孙敬水、丁宁：《企业异质性、出口对工资溢价的影响——基于中国工业企业微观数据的经验证据》，载《经济理论与经济管理》2019年第5期。
② 王春超、张承莎：《非认知能力与工资性收入》，载《世界经济》2019年第3期。
③ 赵勇智、罗尔呷、李建平：《农业综合开发投资对农民收入的影响分析——基于中国省级面板数据》，载《中国农村经济》2019年第5期。

三、收入差距

（一）居民收入差距变动趋势判断

1. 我国收入不平等可能性边界不断提高

收入不平等可能性边界是指所能实现的最大可行的不平等程度。通过考察我国收入不平等可能性边界的变化趋势，张磊等研究发现：一方面，改革开放以来，我国生产力迅速发展，社会总体变得更加富有，收入不平等可能性边界持续扩张，最大可行基尼系数由 1978 年的 0.2281 上升至 2017 年的 0.8446，为实际不平等扩大提供了条件；另一方面，随着最大可行不平等程度迅速提高，以及我国收入分配政策取得成效，最大可行不平等转化为实际不平等的比例从 1978 年的 123% 下降至 2017 年的 55%，我国收入不平等程度仍较为严重。[①]

2. 我国机会不平等程度存在下降趋势

李莹等考察我国机会不平等程度的变化趋势、产生源泉和作用渠道发现：第一，我国收入分配中机会不平等程度较高，但逐年下降。其中，农村机会不平等程度高于城镇，女性机会不平等程度高于男性，"80 后"群体低于"50 后"至"70 后"群体。第二，年龄、性别、户籍等个体特征因素是机会不平等的主要生成源泉。其中，年龄导致的机会不平等程度逐年增加，性别变量在"80 后"群体机会不平等生成中的作用远小于"50 后"至"70 后"群体，户籍的作用逐年下降。第三，教育和就业是影响机会不平等的重要间接渠道。其中，教育的渠道作用逐渐降低，表明尽管个体特征等因素会导致教育机会不平等，但这一渠道逐渐减弱。就业的渠道作用较小，且基本保持不变。[②]

---

① 张磊、韩雷、刘长庚：《中国收入不平等可能性边界及不平等提取率：1978~2017 年》，载《数量经济技术经济研究》2019 年第 11 期。

② 李莹、吕光明：《中国机会不平等的生成源泉与作用渠道研究》，载《中国工业经济》2019 年第 9 期。

（二）收入差距的影响因素

1. 市场竞争

王若兰等以外资管制政策调整为例，考察市场竞争对企业间工资不平等的影响。研究发现，2002 年的外资管制政策调整通过鼓励外资进入，强化了市场竞争，导致企业盈利能力出现分化：一部分企业由于市场盈利能力提升，本身工资水平随之提高；另一部分企业的市场盈利能力下降，工资水平下降。最终，市场竞争扩大了企业间的工资不平等。[①]

2. 杠杆率

刘晓光等认为，由于初始收入较高的家庭更容易获得信贷，可通过加杠杆进行金融投资或创业，从而获取更高的收入增长，导致杠杆率显著提高了高收入群体的收入份额，降低了其他各收入水平群体的收入份额，产生对收入分配的极化效应。基于世界银行 1981～2015 年跨国面板数据和中国家庭追踪调查（CFPS）数据的实证结果显示，杠杆率提高了富裕阶层收入份额，降低了中低收入群体的收入份额，最终加剧了收入不平等。[②]

3. 财政体制

2019 年学者针对我国财政分配体系、2019 年个税改革与垂直财政不对称等因素对收入差距的影响进行了研究，具体表现在：

第一，我国财政分配体系对收入差距整体上呈现微弱的正向调节效应，各种财政再分配工具的综合作用使得全国基尼系数下降了 4.06%。其中，基本社会保险、公共服务、转移支付和直接税的边际贡献分别是2.48%、2.34%、1.75%、1.19%，而间接税的边际贡献则为 -1.57%，起到逆向调节作用。[③] 原因在于城市居民直接税负担更重而农村居民间接税负担较重，城市居民从间接税比重提高的过程中收益更大，城乡收入差

---

① 王若兰、刘灿雷：《市场竞争、利润分项与企业间工资不平等——来自外资管制政策调整的证据》，载《中国工业经济》2019 年第 11 期。
② 刘晓光、刘元春、申广军：《杠杆率的收入分配效应》，载《中国工业经济》2019 年第2 期。
③ 卢洪友、杜亦譞：《中国财政再分配与减贫效应的数量测度》，载《经济研究》2019 年第 2 期。

距扩大。①

第二，2019 年个税改革方案有利于缩小收入差距，但专项附加扣除制度削弱了个税的收入再分配效应。一方面，2019 年个税改革具有明显的"取长补短"的特性。年收入处于 4 万～6 万元的家庭是个税改革的最大受益群体，其获得的减税额占全部减税额的 35% 左右。年收入高于 100 万元的家庭的税负有所增加，特别是年收入高于 500 万元的家庭的增税额占全部增税额的 35% 左右，即收入高于 500 万元的家庭税收增加额与收入介于 4 万～6 万元的家庭减税额相同，有利于缩小收入差距。② 另一方面，专项附加扣除制度削弱了个税的收入再分配效应。刘蓉等研究发现，对于年劳动收入高于 6 万元的群体，收入越高，享受全额扣除的可能性越大；年劳动收入低于 6 万元的个体则只能享受基本费用扣除带来的减税效应，无法享受专项附加扣除带来的税负减少。相比未实行专项附加扣除制度的情况，实行专项附加扣除制度后，家庭劳动收入与人均劳动收入的 MT 指数（税前基尼系数－税后基尼系数）分别下降 0.0013 和 0.0011，表明专项附加扣除制度削弱了个税的收入再分配效应。③

第三，垂直财政不对称导致财政再分配力度下降。分税制改革后，地方政府的财政收入分权和财政支出分权之间的不对称性提高。地方政府被分配了超过自身收入的支出义务，产生垂直财政不对称现象。垂直财政不对称程度越高，地方政府财政压力越大，将导致收入再分配力度下降，居民收入不平等程度扩大。④

4. 要素错配

柏培文等通过度量 1995～2014 年中国各省份农业与非农业部门之间的要素错配程度，分析要素错配对收入差距的影响，研究发现：第一，我国各省份均有较为严重的要素错配，起初东部地区的要素错配程度最低，但 2008 年金融危机后，由于东部地区农业部门劳动力稀缺、非农业部门

---

① 骆永民、樊丽明：《宏观税负约束下的间接税比重与城乡收入差距》，载《经济研究》2019 年第 11 期。

② 胡华：《平均税率与个人所得税的收入调节功能比较研究》，载《数量经济技术经济研究》2019 年第 6 期。

③ 刘蓉、寇璇：《个人所得税专项附加扣除对劳动收入的再分配效应测算》，载《财贸经济》2019 年第 5 期。

④ 韩一多、付文林：《垂直财政不对称与收入不平等——基于转移支付依赖的门槛效应分析》，载《财贸经济》2019 年第 6 期。

129

劳动力过剩、劳动与资本不匹配程度加剧、资本投资不平衡以及企业经营环境恶化，导致东部地区要素错配程度上升速度最快，2014 年超过中西部地区。第二，要素错配对我国收入差距具有较强的解释力。2014 年劳动力、资本错配可以解释全国省份间、产业间、农业内部、非农业内部收入差距的 12.6%、51.9%、36.9%、11.2%。①

5. 高铁开通

余泳泽等研究发现，高铁开通使得城乡收入差距的增速放缓，表明高铁开通对缩小城乡收入差距产生了积极作用。相较于农村低技能劳动力而言，城市高技能劳动力对高铁的需求更高。高铁开通将提升高技能劳动力流动效率，加快高技能劳动力向流入地集聚，间接导致流入地农村低技能劳动力供给相对短缺，使得农村低技能劳动力工资增加，城乡收入差距增速随之放缓。高铁开通对城乡收入差距的影响具有时滞效应：初期由于连接的地级市较少，促进劳动力流动的作用不强，高铁开通对城乡收入差距的影响并不显著；随着高铁的通达度增加，连接地级市数量逐渐增多，高铁开通减缓城乡收入差距增速的作用逐渐增强。②

6. 城乡基本公共服务和基础设施

不同类型的城乡公共服务对城乡收入差距具有异质性影响：第一，城乡基础教育差距和城乡基本医疗卫生差距引起城乡居民人力资本形成和积累差距，导致城乡居民收入差距扩大；第二，城乡社会保障支出差距扩大了城乡居民转移性收入差距；③ 第三，城乡公路体系网络化带来的交易效率提升，将提高城乡平均劳动生产率，提升部门劳动力需求，扩大产品市场范围，有利于将农村纳入城乡分工结构体系内，形成城乡一体化结构体系，促进城乡区域整体经济发展，最终实现城乡共同富裕。④

① 柏培文、杨志才：《中国二元经济的要素错配与收入分配格局》，载《经济学（季刊）》2019 年第 1 期。
② 余泳泽、潘妍：《高铁开通缩小了城乡收入差距吗？——基于异质性劳动力转移视角的解释》，载《中国农村经济》2019 年第 1 期。
③ 李丹、裴育：《城乡公共服务差距对城乡收入差距的影响研究》，载《财经研究》2019 年第 4 期。
④ 江鑫、黄乾：《城乡公路体系网络化与共同富裕：基于超边际分工理论分析》，载《南开经济研究》2019 年第 6 期。

7. 交易成本

关会娟等认为，交易成本是导致区域收入差距扩大的主要诱因。由于区域间存在交易成本，厂商将在非生产地区制定更高的产品销售价格，从而将交易成本转嫁给消费者。然而，人力资本较高的区域是消费品主要生产和输出地区，人力资本较低的区域是消费品主要输入地区，导致交易成本主要转嫁给人力资本较低的区域，本地生活成本提高，实际收入下降，区域间收入差距扩大。[①]

8. 城市化过程中的城市蔓延与地理集聚

除继续讨论城镇化[②]对收入分配的影响外，2019年学者深入讨论了城市化过程中城市蔓延与地理集聚对收入差距的影响。城市蔓延和地理集聚是城市化过程中相反的两种机制。城市蔓延表现为城市中心地区的人口和经济活动向城市外围扩散，导致城市的空间结构向外蔓延。地理集聚表现为产业分布和经济活动向城市集聚。一方面，城市蔓延对收入差距的影响呈现为先升后降的倒"U"型趋势。城市蔓延初期，"郊区城市化"吸引了乡村地区的资金和劳动力等要素投入城市建设，乡村自身产业发展受到要素流失的约束，城乡收入差距随之扩大。随着城市蔓延程度的持续加深，城市外围次级经济中心逐渐形成，城乡一体化水平逐步提升。城市的知识技术带动乡村劳动生产率提高，为乡村剩余劳动力提供了就业机会和收入增长空间，城乡收入差距随之降低。另一方面，地理集聚带动城乡要素迁移流动，有助于增加乡村劳动力的就业机会和就业质量，有利于缩小城乡收入差距。[③]

9. 制度扭曲

孙华臣等认为，城乡收入差距变化由要素生产力效应、制度扭曲效应和转移再分配效应决定。城乡之间部门和产业分工不同使得物质资本、人力资本等要素出现差别，引发城乡收入差距，产生要素生产力效应。城乡

---

① 关会娟、李昕、谭莹：《教育投入、交易成本与区域收入差距》，载《财经研究》2019年第7期。

② 姚玉祥、吴普云：《中国城镇化的收入分配效应——理论与经验证据》，载《经济学家》2019年第9期。

③ 陈旭：《城市蔓延、地理集聚与城乡收入差距》，载《产业经济研究》2019年第3期。

之间教育医疗、财税金融等制度供给不均衡、安排不合理以及由此产生的资源配置扭曲问题导致城乡收入差距扩大，产生制度扭曲效应。通过数值模拟结果显示，转移再分配效应对城乡收入差距的贡献逐渐下降。制度扭曲效应逐渐取代要素生产力效应，成为我国城乡收入差距的主要影响因素，贡献度高达67.8%。①

10. 出口规模扩张

刘灿雷等以中国加入世界贸易组织带来的出口规模扩张为研究对象，考察出口规模扩张对中国企业间工资差距的影响和机制。研究发现，中国大规模的出口扩张显著提高了部分企业经营绩效，产生企业经营绩效差异，导致企业间工资差距扩大。②

（三）缩小收入差距的政策建议

1. 发展数字普惠金融

张勋等研究发现，数字普惠金融的发展有利于实现包容性增长。由于数字普惠金融促进了农村地区居民的创业行为，带来创业机会的均等化，从而显著提高了农村家庭收入，尤其是农村低收入群体的收入。具体而言，数字普惠金融发展指数每提升1个标准差，农村家庭创业的概率将会提高4.9~6.3个百分点，农村家庭收入将提升17.0~21.9个百分点。进一步研究发现，数字普惠金融有助于促进农村低物质资本和低社会资本家庭的创业行为，从而促进了中国的包容性增长。③

2. 提高互联网普及程度

提高互联网普及程度有利于缩小城乡居民消费差距和城乡收入差距。程名望等考察互联网普及对城乡收入差距和城乡消费差距的影响发现，一方面，互联网普及提高了农村居民消费的可能性和便利性，从而显著缩小

---

① 孙华臣、焦勇：《制度扭曲与中国城乡收入差距：一个综合分解框架》，载《财贸经济》2019年第3期。
② 刘灿雷、王永进：《出口扩张与企业间工资差距：影响与机制》，载《世界经济》2019年第12期。
③ 张勋、万广华、张佳佳、何宗樾：《数字经济、普惠金融与包容性增长》，载《经济研究》2019年第8期。

了城乡居民生存型消费、享受型消费和发展型消费差距，城乡居民消费差距随之缩小；① 另一方面，互联网普及对城乡收入差距的影响呈现先提高后降低的倒"U"型趋势。互联网普及对城乡收入差距的影响在 2009 年左右越过拐点。现阶段互联网使用可有效促进中低收入水平的农村居民增收，是互联网普及缩小城乡收入差距的主要原因。②

133

3. 增加教育投入

第一，教育投入对我国行业收入差距的影响呈倒"U"型变化，长期内将缩小行业收入差距。由于技术进步存在技能偏向型特点，在教育投入初期，高技能劳动力相对稀缺，教育投入有利于发展技能偏向型技术进步，高技能劳动力生产率随之提高，导致工资差距不断扩大。随着教育投入增加，教育的正外部性有利于降低受教育成本，提升高技能劳动力供给，教育投入对高技能劳动力生产率的拉动效应趋缓，行业收入差距随之缩小。③ 第二，教育投入通过降低区域间交易成本，有利于缩小区域收入差距。教育投入通过促进技术创新和发展，一方面可以改善交通基础设施条件和物流运输服务，降低交通运输等显性交易成本；另一方面可以促进网络购物、移动支付等新业态、新模式的发展，推动区域市场一体化，降低地区封锁和垄断等体制方面的隐性交易成本。交易成本的下降有利于缩小区域收入差距。④

四、收入流动性

（一）代际流动性判断

王伟同等研究发现，我国中低阶层普遍呈现向上跃迁的代际流动特征，中高阶层普遍面临较大的向下代际流动压力，中产阶层绝对代际流动

① 程名望、张家平：《新时代背景下互联网发展与城乡居民消费差距》，载《数量经济技术经济研究》2019 年第 7 期。
② 程名望、张家平：《互联网普及与城乡收入差距：理论与实证》，载《中国农村经济》2019 年第 2 期。
③ 李昕、关会娟、谭莹：《技能偏向型技术进步、各级教育投入与行业收入差距》，载《南开经济研究》2019 年第 6 期。
④ 关会娟、李昕、谭莹：《教育投入、交易成本与区域收入差距》，载《财经研究》2019 年第 7 期。

水平呈现较为稳定态势。分地区而言，我国中低阶层向上跃迁的特征整体呈现"西高东低"和"南高北低"的状态。"西高东低"的原因在于西部地区经济发展较为滞后，劳动力向中东部地区流动比例较高，本地中低阶层相对需求提高，获得了较高的跃升空间。"南高北低"的原因在于北方地区更看重安土重迁，经济社会结构较南方地区稳定，中低阶层向上跃迁的机会较少。[1]

134

（二）收入流动性的影响因素

1. 婚姻市场正向匹配程度

许志等实证检验了婚姻市场正向匹配程度（父母人力资本匹配度）对代际收入弹性的影响。研究发现，由于子女教育回报率的提高以及父母对子女人力资本积累的投资边际收益增加，婚姻市场正向匹配程度将显著提高代际收入弹性。正向匹配程度每增加 0.1，代际收入弹性相应提高 0.012，子女向上流动的概率上升 0.036。[2]

2. 创业

刘琳等研究发现，创业促进了代际收入流动。创业对不同阶层代际流动的影响受信贷约束、受教育程度、父代创业经验和市场竞争程度的制约。最低收入家庭的子女创业容易受到信贷约束而遭受创业失败，难以实现代际收入向上流动；较低收入家庭的子女可通过创业摆脱低教育水平约束，实现收入向上流动；中等收入家庭的子女创业可以充分发挥高教育水平的人才优势，实现代际收入向上流动；较高收入家庭的子女创业更可能受益于父代的创业经验而取得成功，收入向上流动的概率提高；最高收入家庭的子女创业更可能因为市场竞争激烈而导致子代收入流动到中等及以下等级。[3]

① 王伟同、谢佳松、张玲：《中国区域与阶层代际流动水平测度及其影响因素研究》，载《数量经济技术经济研究》2019 年第 1 期。
② 许志、刘文翰、徐舒：《婚姻市场正向匹配如何影响代际流动》，载《经济科学》2019 年第 5 期。
③ 刘琳、赵建海、钟海：《创业视角下代际收入流动研究——阶层差异及影响因素》，载《南开经济研究》2019 年第 5 期。

五、脱贫攻坚

（一）脱贫攻坚面临的新问题

1. 贫困治理中存在多重摩擦现象

陈秋红等研究发现，由于县级政府、乡镇政府、村干部、村民在利益主张、目标追求、行动逻辑方面存在差异，导致贫困治理的基层实践过程中存在多重利益摩擦现象，影响贫困治理政策的效率和成效。多重利益摩擦具体体现为四个方面：一是县、乡政府之间表现出财权管理者与事权承担者间的摩擦；二是县、村之间表现出资源分配者与资源竞取者的摩擦；三是政府与村民之间有着政策制定者与政策接受者的摩擦；四是在政府与农民之间的村干部面临着同时作为政府代理人与村庄当家人的摩擦。[①]

2. 多维脱贫效果面临返贫风险

蒋南平等通过分析我国农村人口多维贫困的变化发现，2010～2014年多维贫困发生率整体处于下降状态，由2010年的19.38%下降到2012年的17.48%，到2014年下降至14.78%。尽管脱贫使2012年和2014年多维贫困指数下降了62.5%和63.8%，但返贫使得多维贫困指数上升57.6%和48.7%。贫困治理效果受到返贫的侵蚀，农村人口面临的多维返贫风险不容忽视。[②]

3. 儿童多维贫困问题严重

宋扬等基于CHARLS生命历程数据的研究发现，儿童的多维贫困程度比成人严重，有74%的儿童在收入、教育、健康、住房、支出方面面临至少一个维度上的贫困。由于儿童参加医疗保险的比例相对较低，且义务教

---

①　陈秋红、粟后发：《贫困治理中主要利益相关者的多重摩擦和调适——基于广西G村的案例分析》，载《中国农村经济》2019年第5期。

②　蒋南平、郑万年：《中国农村人口贫困变动研究——基于多维脱贫指数测速》，载《经济理论与经济管理》2019年第2期。

育阶段家庭教育资源稀缺，使得儿童健康和教育维度贫困率都在20%左右。[①] 儿童时期多维贫困对成年后健康状况、教育水平和就业收入都有显著的负向影响，其中对农业户口的人群负面影响更大。出生时具有农村户口意味着较差的公共服务环境，在此环境下经历儿童时期的多维贫困将强化后续健康、教育和收入等方面的贫困状况。[②]

4. 移民扶贫存在多重问题

改革开放之后以扶贫为目的的移民群体是我国移民扶贫的主体对象。檀学文研究发现，我国移民扶贫面临多重问题，包括移民面临生计保障和稳定脱贫困难、移民未获得足够的资源及生态补偿、移民搬迁任务导致政府面临债务偿付压力、迁入区资源承载力和就业机会不足以及移民存在社会适应和社会融入困难等问题。[③]

（二）扶贫政策效果评估

除继续对比财政扶贫与金融扶贫的减贫效果[④]外，2019年学者从新的角度评估不同扶贫政策的减贫效果，取得了新进展。

1. 不同金融扶贫政策效果存在差异

第一，普惠金融整体减贫效果不显著，减贫效果依作用机制的不同而存在差异。由于资源倾向性配置的效率损失、农贷的"精英俘获"以及金融知识的匮乏，导致金融资源无法流向农户，农户无法利用金融功能实现脱贫，普惠金融的整体减贫效果不显著。[⑤] 普惠金融与包容性金融的减贫机制包括：一是通过提高金融产品和服务的可获得性直接改善农村劳动年龄人口的多维贫困状况，但这一改善效应集中于贫困强度较轻的农村劳动年龄人口，对贫困强度较重的农村劳动年龄人口没有显著影响；二是通过

① 宋扬、王暖盈：《生命周期视角下收入主导型多维贫困的识别与成因分析》，载《经济理论与经济管理》2019年第3期。
② 宋扬、刘建宏：《儿童时期多维贫困的长期影响——基于CHARLS生命历程数据的实证分析》，载《中国人民大学学报》2019年第3期。
③ 檀学文：《中国移民扶贫70年变迁研究》，载《中国农村经济》2019年第8期。
④ 吴本健、葛宇航、马九杰：《精准扶贫时期财政扶贫与金融扶贫的绩效比较——基于扶贫对象贫困程度差异和多维贫困的视角》，载《中国农村经济》2019年第7期。
⑤ 李建军、韩珣：《普惠金融、收入分配和贫困减缓——推进效率和公平的政策框架选择》，载《金融研究》2019年第3期。

提高贫困劳动年龄人口的个人收入水平，间接改善他们在教育和就业维度的贫困状况，对健康和保险维度的贫困状况无显著影响;① 三是通过技术进步和效率提升作用推动全要素生产率增长，产生显著的减贫作用。相比东部地区，这一机制对中西部地区的减贫效应更大。②

第二，农业供应链金融减贫效果显著。申云等研究发现，农户获得农民合作社供应链金融信贷的概率每提高 1%，农户多维贫困综合指数下降的概率提高 8%。进一步考察不同主体领办农民合作社供应链金融信贷的减贫效应发现，种养大户、企业和村干部领办农民合作社供应链金融信贷对贫困农户的减贫效应最为明显，而营销大户领办农民合作社供应链金融信贷的减贫效应不显著。随着农民非农收入占比的提高，种养大户和村干部领办农民合作社供应链金融信贷的减贫效应呈现逐渐递减的趋势，而企业领办农民合作社供应链金融信贷的减贫效应不断提高。③

第三，农村正规信贷资源减贫效果较弱。王汉杰等研究发现，由于连片特困地区外部经济发展落后、贫困农户"造血"能力不足，制约了农贷资源的减贫效果。连片特困地区政府主导的农村正规信贷资源注入及其所带动的农村非正规信贷无法有效减缓贫困，并因存在"精英俘获"现象扩大了农户内部的收入差距。④

2. 财政扶贫政策减贫效果显著

第一，我国财政再分配工具具有显著的减贫效应。卢洪友等研究发现，财政再分配使得全国的贫困广度、贫困深度和贫困强度均下降了 20%以上。具体而言，按照 2011 年国家贫困标准，财政再分配以前，2012 年全国范围内有 10.42% 的人口处于贫困状态，平均每个贫困人口的收入与贫困线的差距为每天 0.7 美元，占贫困线的 37%；财政再分配以后，处于贫困状态的人口比重下降至 8.1%，收入距贫困线的距离减少至每天 0.6 美元。不同财政再分配工具的减贫效应不同，转移支付、公共服务和基本

① 杨艳琳、付晨玉：《中国农村普惠金融发展对农村劳动年龄人口多维贫困的改善效应分析》，载《中国农村经济》2019 年第 3 期。

② 任碧云、王雨秋：《包容性金融发展与农村居民贫困减缓——基于全要素生产率视角的分析》，载《经济理论与经济管理》2019 年第 10 期。

③ 申云、李庆海、杨晶：《农业供应链金融信贷的减贫效应研究——基于不同主体领办合作社的实证比较》。载《经济评论》2019 年第 4 期。

④ 王汉杰、温涛、韩佳丽：《贫困地区政府主导的农贷资源注入能够有效减贫吗？——基于连片特困地区微观农户调查》，载《经济科学》2019 年第 1 期。

137

社会保险有利于减贫，但间接税不利于减贫。①

第二，民生性财政支出减贫效果显著。李晓嘉等研究发现，民生性财政支出对家庭的多维贫困具有显著的减贫效应。相比城镇家庭，民生性财政支出对农村家庭的减贫效应更显著。不同类型的民生性财政支出减贫效果存在差异：教育和医疗投资性民生支出的减贫效果比社保转移性支出更显著；投资性民生支出对于相对贫困家庭的减贫效果更显著；转移性民生支出对于绝对贫困家庭的减贫效果更显著。②

3. 保险扶贫政策的减贫效果存在异质性

第一，保险扶贫对不同类型贫困户的影响不同。景鹏等认为，保险对家庭贫困脆弱性的影响由保险的损失补偿效应和资产侵蚀效应共同决定。损失补偿效应是购买保费后，保险对保障范围内的家庭受损资产给予补偿，有利于降低贫困脆弱性。资产侵蚀效应是家庭购买保险降低了自身资产积累规模，导致贫困脆弱性提高。对于贫困家庭，由于保费通常由政府全额补贴，因此资产侵蚀效应较弱，保险能显著降低其贫困脆弱性；对于资产相对较少的"边缘脱贫家庭"，支付全额保费降低了自身资产规模，贫困脆弱性随之提高；对于资产相对较多的"稳定脱贫家庭"，即使支付全额保费，对自身资产规模的影响也较小，保险依然可以降低其贫困脆弱性。③

第二，医疗保险减贫效果显著，但对不同健康程度的贫困户存在异质性。刘子宁等研究发现，贫困户参与医疗保险具有显著的减贫效果。对于健康状况差的群体，医疗保险可提供较高的损失补偿，有效降低其贫困脆弱性。对于健康状况好的群体，发生疾病的频率和患病后的医疗费用都比较低，保险的损失补偿效应较小，反而可能降低自身资产水平，加剧自身贫困状况。④

4. 教育扶贫政策减贫效果不显著

汪德华等通过研究中国 1995～1997 年实施的国家贫困地区义务教育

---

① 卢洪友、杜亦譞：《中国财政再分配与减贫效应的数量测度》，载《经济研究》2019 年第 2 期。

② 李晓嘉、蒋承、胡涟漪：《民生性财政支出对我国家庭多维贫困的影响研究》，载《数量经济技术经济研究》2019 年第 11 期。

③ 景鹏、郑伟、贾若、刘子宁：《保险机制能否助推脱贫并守住脱贫成果？——基于资本积累模型的分析》，载《经济科学》2019 年第 2 期。

④ 刘子宁、郑伟、贾若、景鹏：《医疗保险、健康异质性与精准扶贫——基于贫困脆弱性的分析》，载《金融研究》2019 年第 5 期。

工程（义教工程）对受益儿童成年后的受教育年限和收入水平的影响，发现受益儿童成年后的受教育年限提高了 0.7 年左右，但收入水平无显著变化。进一步研究发现，义教工程虽然提高了受益儿童成年后外出务工的收入水平，但未提升外出务工的概率，且由于本地非农产业发展滞后，成年后留在本地的受益儿童从事非农职业的概率下降，导致义教工程的增收效应不显著。[1]

5. "巢状市场小农扶贫"方式的效果显著

叶敬忠等认为，河北省太行山区村庄开展 8 年的"巢状市场小农扶贫"方式，以贫困小农户的生计资源为出发点，以健康农产品和地方特色食品的小农式生产为产业，对接城市普通消费者对健康食物的需求，以生产者与消费者在有限而相对闭合的范围内直接联系的"巢状市场"为交易组织形式，成功将生计资源和社会资本转化为贫困人口的收入。消费者对健康食物需求的长期性也为该方式提供了发展空间和长期保障。因此，"巢状市场小农扶贫"方式实现了精准、稳定和可持续的脱贫结果。[2]

6. 国贫县扶贫开发政策减贫效果存在长短期差异

周玉龙等通过考察国贫县扶贫开发政策对农民收入的影响发现，短期内国贫县扶贫开发政策显著提高了贫困县农民人均收入、GDP 总量和人均 GDP 水平。长期内，由于国贫县政府倾向于将扶贫开发资源投入到以第二产业为代表的资本密集型产业，对能够有效提高贫困人口报酬的劳动密集型产业造成挤出，不利于农民增收。国贫县扶贫开发政策显著提高了 GDP 总量和人均 GDP 水平，但对农民的增收效果较弱。[3]

7. 退耕还林工程减贫效果显著，但瞄准率偏低

杨均华等分析退耕还林工程的精准扶贫效果发现，退耕还林工程通过促进农户向非农部门转移等机制显著降低了农户贫困发生率，脱贫效果明显。但退耕还林工程的贫困瞄准效率较低，瞄准率为 44%，有效覆盖率仅

---

① 汪德华、邹杰、毛中根：《"扶教育之贫"的增智和增收效应——对 20 世纪 90 年代"国家贫困地区义务教育工程"的评估》，载《经济研究》2019 年第 9 期。

② 叶敬忠、贺聪志：《基于小农户生产的扶贫实践与理论探索——以"巢状市场小农扶贫试验"为例》，载《中国社会科学》2019 年第 2 期。

③ 周玉龙、孙久文：《瞄准国贫县的扶贫开发政策成效评估——基于 1990 ~ 2010 年县域数据的经验研究》，载《南开经济研究》2019 年第 5 期。

为8%。分区域而言，退耕还林工程的脱贫效果由小到大依次为西部地区、长江流域、黄河流域和东部地区。中部地区的脱贫效果不显著，原因在于研究数据中该地区样本主要来自江西省罗霄山地区，农业产出较好，但缺乏良好的非农就业环境，退耕补偿无法完全弥补退耕的机会成本。[①]

140

（三）新中国成立70年扶贫历程总结与未来展望

2019年是新中国成立70周年，学者们在总结新中国成立70年扶贫历程的基础上，对未来的扶贫重点和扶贫政策进行了展望。

1. 新中国成立70年扶贫阶段划分

李小云等认为，新中国成立70年来中国减贫实践经历了三个阶段：第一阶段为新中国成立初期开始的以社会主义建设为机制的广义式减贫，这一阶段的社会主义实践为改革开放后的经济增长和反贫困创造了有利的初始条件；第二阶段为改革开放后开始的发展性扶贫，农业发展、工业化和城市化以及政府主导的开发式扶贫构成中国发展性减贫实践的核心；第三阶段为2013年以来的精准扶贫，在强调社会公平与经济发展并重的情况下，实现了保障与开发的有机结合。[②]

2. 2020年后的扶贫重点与扶贫政策

第一，贫困群体发生变化。陈志钢等认为，随着城镇化和老龄化进程的推进，妇女、儿童、老人、农民工群体、城镇低保人群、未来由于贫困线调整形成的新贫困人口是2020年以后扶贫的重点对象群体。[③]

第二，相对贫困问题需要重点关注。孙久文等发现，我国集中连片特困地区贫困发生率下降速度较快，各片区农村人均收入增速均超过全国平均水平，公共基础设施和公共服务基本需求得到满足。2020年以后，集中连片贫困地区将基本消失，但需要关注片区人均GDP及可支配收入与全

---

① 杨均华、刘璨、李桦：《退耕还林工程精准扶贫效果的测度与分析》，载《数量经济技术经济研究》2019年第12期。

② 李小云、于乐荣、唐丽霞：《新中国成立后70年的反贫困历程及减贫机制》，载《中国农村经济》2019年第10期。

③ 陈志钢、毕洁颖、吴国宝、何晓军、王子妹一：《中国扶贫现状与演进以及2020年后的扶贫愿景和战略重点》，载《中国农村经济》2019年第1期。

国平均水平的绝对差距，即需要瞄准连片特困地区脱贫后的相对贫困问题。[1]

第三，调整贫困标准和减贫动力。一是针对不同群体、不同区域的相对贫困问题，多层次构建多维贫困指标体系。孙久文等提出，中国在 2020 年之后设定相对贫困线应采取两区域、两阶段方法——非沿海地区实施绝对贫困线相对化、沿海地区实施基于居民可支配收入的相对贫困线。贫困线每 5 年上调一次。在 2035 年进入城镇化后期以后，可建立城乡一体、收入为主的贫困标准。[2] 二是通过逐步提高社会保障水平和基本公共服务水平，以推进城乡基本公共服务均等化为新的减贫动力，[3] 到 2035 年形成城乡融合的贫困治理体系。[4]

---

①　孙久文、张静、李承璋、卢怡贤：《我国集中连片特困地区的战略判断与发展建议》，载《管理世界》2019 年第 10 期。
②　孙久文、夏添：《中国扶贫战略与2020 年后相对贫困线划定——基于理论、政策和数据的分析》，载《中国农村经济》2019 年第 10 期。
③　黄征学、高国力、滕飞、潘彪、宋建军、李爱民：《中国长期减贫，路在何方？——2020 年脱贫攻坚完成后的减贫战略前瞻》，载《中国农村经济》2019 年第 9 期。
④　陈志钢、毕洁颖、吴国宝、何晓军、王子妹一：《中国扶贫现状与演进以及 2020 年后的扶贫愿景和战略重点》，载《中国农村经济》2019 年第 1 期。

第七章 产业结构与产业政策研究新进展

　　新中国成立70年来，产业结构经历了广泛而深刻的变革。制造业走过了粗放型、内向型发展的计划经济时期，实现了轻重工业结构的调整和市场化的转变，服务业和服务经济研究实现了从基本边缘化到如今空前繁荣的转变，而今迈入寻求高质量发展的换挡期。当今中国战略性新兴产业在广阔的生存发展空间里方兴未艾，经济地理格局开始由"从分散到集聚"范式向"从集聚到分散"范式转变。以高铁为代表的基础设施建设和以信息技术为代表的技术进步部分破除了要素流动的空间壁垒，借由劳动者偏好、有效劳动供给、交易成本等机制影响了产业集聚与产业升级。

　　2019年学界对产业结构和产业政策的研究变化主要体现在：第一，对产业结构优化机制的研究主要聚焦于要素驱动机制和生产率驱动机制。偏向性技术进步在中国工业全要素生产率和技术进步中地位日趋提升。第二，对产业结构优化路径的研究在持续关注生产性服务业发展和全球价值链的基础上新增了产业链现代化视角。第三，对产业转型升级障碍的研究依旧聚焦资源错配与全球价值链低端分工，但也增加了房价等新要素。第四，对产业政策绩效的研究热度依然，主要关注区域导向性政策、财税政策和产业规制政策的绩效。

一、新中国成立70年产业结构变化

（一）三次产业结构变化

1. 制造业发展变化

中国工业1949年至今走过了70年发展历程，经历了国企主导、重工业超前发展的粗放型内向型计划经济时期和多种所有制并存、轻重工业平衡发展的外向型改革开放时期。计划经济时期建立了较为完整的工业体系，为后一时期的发展打下了一定基础。改革开放以来中国工业增长率提高且波动减小，主要因为管理体制改革、市场对外开放、政府角色转变与劳动力积极性提升。进一步可将中国工业发展细化为五个阶段：理顺经济关系恢复工业生产的蓄力期（1949~1977年）；轻重工业结构调整的探索期（1978~1991年）；市场化转变的加速发展期（1992~2001年）；结构调整转向技术的高速发展期（2002~2011年）；寻求高质量发展的换挡期（2012年至今）。[1]

中国工业发展的经验可由政府与市场结合型发展模式、大国外向型发展模式、大国工业规模经济效应、后发优势与"社会能力"概括。同时需要认识到现阶段中国工业大而不强，存在粗放型发展、国有私营二元结构和核心竞争力缺乏等多方面的问题。[2]

根据新中国成立70年不同时期工业发展质量内涵与外延的变化进行分析总结发现，发展质量是一个动态的概念，在计划经济时期，工业品短缺问题突出，工业发展质量的重点是健全工业生产体系，解决"有没有"的问题。改革开放后，随着短缺的结束和市场竞争加剧，工业发展质量的重点由"有没有"转向"好不好"。工业产品的品牌、质量对工业企业的效益产生了直接的影响，加入WTO进一步促进了工业发展质量的提升。党的十八大以来，绿色发展理念和生态文明建设对工业发展质量的内涵与外延产生了深刻影响。工业发展质量的内涵与实质是对经济发展的贡献和作用。随着经济发展水平的提高，对工业发展质量的要求越来越高，工业发展质量的内涵与水平也随之不断丰富和提高，最终达到高质量发展阶段。对中国加入WTO以来的工业发展质量进行系统性评价和分析结果表明，中国工业发展质量总体呈波动性上升趋势，但各省份工业发展质量出现分化。[3]

宋锦等通过检验2002~2013年中国各行业人均固定资产投资变化与劳动力匹配的特征差异发现，中国制造业就业规模不断下降，生产的资本密集度不断提高，但是从劳动力技能结构来看制造业生产没有向技术密集

① 陶长琪、陈伟、郭毅：《新中国成立70年中国工业化进程与经济发展》，载《数量经济技术经济研究》2019年第8期。
② 关权：《中国工业发展70年》，载《经济理论与经济管理》2019年第9期。
③ 史丹、李鹏：《中国工业70年发展质量演进及其现状评价》，载《中国工业经济》2019年第9期。

型转变。2002～2007 年服务业创造就业主要得益于市场规模扩大，2013 年就业规模逐渐趋于稳定，扩张的情况只存在于批发零售和住宿餐饮业，其他行业不明显。服务业必须进行产业升级才能有效吸纳制造业分流的就业。人均资本投入加深会提高劳动生产率，但是摩擦性失业、劳动力从二产向三产转移、资本对高技能劳动力的替代都是导致平均劳动生产率下降的潜在因素。推动产业升级是提高劳动生产率并且保障就业岗位的唯一途径。[①]

2. 服务业发展变化

新中国成立 70 年来，国民经济经历了从以农业工业为主向以服务业为主的产业结构转变过程。服务业对经济增长、就业以及贸易进出口和吸引外资均产生了重要的历史贡献。中国服务业发展大致可分为六个阶段：几近附庸"工农业部门"的严重抑制阶段（1949～1978 年）；实用主义驱动的探索恢复阶段（1978～1985 年）；市场化、产业化的启动发展阶段（1985～1992 年）；内生发展诉求叠加开放红利的快速发展阶段（1992～2001 年）；市场开放、技术和服务创新的赶超发展阶段（2001～2012 年）；开放力度扩大开放质量提升的超越发展阶段（2012 年至今）。[②] 中国服务业发展至今已成为国民经济的第一大产业，但在规模总量和行业内部结构上依然落后于发达国家，在党的十九大明确提出发展更高层次的开放性经济背景下，服务业升级转型是实现高质量增长的必然选择。

对服务经济的研究，70 年来经历了从基本边缘化到如今空前繁荣的转变，总体可分为边缘化碎片化研究（1949～1978 年）、逐渐起步定性分析（1978～1992 年）、转向实证视野拓展（1992～2012 年）和理论深化（2012 年至今）四个阶段。服务经济研究主题不断切换，其中最为重要、最有影响的有：生产劳动与非生产劳动的争论、服务产品理论、服务业统计与核算、服务业增长、服务业生产率、服务业劳动就业、服务业数字化、网络化和智能化、服务全球化等。对服务经济理论的认知阶段基本可分为：第一阶段对西方服务经济理论的基本否定和批判（1949～1985 年）；第二阶段零星引进国外服务经济理论（1986～2010 年），主要有

---

① 宋锦、李曦晨：《行业投资、劳动力技能偏好与产业转型升级》，载《世界经济》2019 年第 5 期。

② 朱平芳、王永水、李世奇、谢婼青：《新中国成立 70 年服务业发展与改革的历史进程、经验启示》，载《数量经济技术经济研究》2019 年第 8 期。

《服务经济学》《服务业的增长：原因与影响》《后工业社会来临》《服务经济学》；第三阶段系统引进借鉴西方服务经济理论（2011 年至今），主要包括服务经济理论与服务业统计问题研究、服务行业研究和服务全球化问题研究三类译著。①

3. 产业结构核算

中国工业企业数据库的数据来自 1953 年起国家统计局每年组织全国所有规模以上工业企业填报的"工业统计报表"，其制度运行了 65 周年，近年的制度变迁尤为频繁。为更好地推广与使用该数据，更好地理解当前中国工业统计的先进性，陈林对中国工业统计报表制度的理论体系、制度变迁、制度现状进行研究发现，工业统计报表制度的理论基础是来自苏联的、基于全面调查的工业统计学，主要服务于新中国成立初期的经济计划制度，与当时的基本经济制度建设息息相关；改革开放后，经历多次变迁的现行工业统计报表制度主要由"工业企业一套表"及"联网直报"构成；近年相对频繁的制度变迁会导致样本范围及统计口径的波动，并产生部分系统性误差和数据问题，值得学术界与实务界关注。②

一般意义上的产业结构核算均从生产侧进行核算，本质是考察供给结构。需求弹性变化作为产业结构演化的主要动因本质是需求角度考察。有研究按照需求侧核算方法反映的美国三次产业结构在 40 余年间几乎无变化，说明需求收入弹性不是美国产业结构变化的最重要原因，外贸因素则很大程度上解释了美国产业结构的变化。目前中国产业转移条件的不成熟、"双顺差"格局与农业和服务业发展程度均限制了对美产业升级方式的学习。优化调整中国产业结构需要激发创新动能、促进两化深度融合，完善产业生态体系建设，打造世界级先进制造业集群。③

4. 产业结构的未来变化

从目前至 2035 年再到 2050 年，影响中国产业结构变动的重大因素主要是推动高质量发展的政策导向、新技术革命和工业革命，以及新一轮深

①　夏杰长：《新中国服务经济研究 70 年：演进、借鉴与创新发展》，载《财贸经济》2019 年第 10 期。

②　陈林：《中国工业统计的理论体系与制度变迁——兼议中国工业企业数据的部分系统性误差》，载《经济科学》2019 年第 4 期。

③　李钢、王茜：《美国需求端产业结构的变化及对中国的启示》，载《经济理论与经济管理》2019 年第 3 期。

145

化改革开放。中国产业结构调整升级的阶段性趋势是：2016～2020年是承上启下的初步推进期，2020～2035年是多种因素作用下的快速变动期，2035年之后将进入有规律演变的相对稳定期。"十四五"时期要重点关注和解决的主要结构问题是：工业产能过剩问题、新兴产业发展问题、制造业的地位和作用问题、服务业结构的优化问题。"十四五"时期要总结吸收"十三五"时期的有益经验，推进产业结构政策的调整转变，完善政策实施的条件和机制。政策举措的基本取向是：一是坚持以供给侧结构性改革为引领，以深化改革促进产业政策的合理设计和有效实施；二是坚持处理好政府与市场的关系，使产业结构政策建立在使市场在资源配置中起决定性作用和更好发挥政府作用的体制机制上；三是坚持把结构调整与产业升级结合起来，推动制造业向中高端发展、高质量发展并增强对结构优化的带动效应。[①]

（二）产业空间结构变化

现阶段我国制造业布局已形成东南半壁呈"马太效应"的空间极化模式，"胡焕庸线"两侧制造业布局产业梯度明显。地区间产业专业化水平逐渐提升，不同产业在空间上开始分离，但仍然存在较为明显的产业结构趋同现象。[②] 基于2008～2013年中国工业企业数据库微观制造业企业数据测算，从30个省份制造业平均集聚程度走势来看，2008～2013年中国制造业整体空间集聚程度呈现逐年下降特征，空间扩散态势明显，但具有省际异质性特征。30个省份中有19个省份在2010年后制造业整体集聚程度呈现下降特征。[③]

战略性新兴产业空间分布不平衡，地区差距不断扩大。从主营业务收入与利润总额考察，中国战略性新兴产业空间集聚特征不断弱化，表现为高—高型集聚和低—低型集聚。呈现出集聚与扩散并存的态势。区位特征上，呈偏东北—偏西南走向，分布重心出现南移趋势。[④]

---

① 郭克莎：《中国产业结构调整升级趋势与"十四五"时期政策思路》，载《中国工业经济》2019年第7期。

② 孔令池：《中国制造业布局特征及空间重塑》，载《经济学家》2019年第4期。

③ 朱文涛：《高铁服务供给对省域制造业空间集聚的影响研究》，载《产业经济研究》2019年第3期。

④ 刘华军、王耀辉、雷名雨：《中国战略性新兴产业的空间集聚及其演变》，载《数量经济技术经济研究》2019年第7期。

147

中国高速铁路快速发展一定程度上破除了生产要素流动的空间壁垒，促进了管理、技术、知识等高端生产要素在更广范围内的配置。研究表明，高铁的开通能够缩短通行时间，扩大潜在高端市场需求，改善区域要素丰裕程度，加强高端服务业与其他产业间的合作，降低区际交易成本，从而影响高端服务业空间集聚。总体上看，高铁开通对多样化集聚促进作用显著，对专业化集聚则无显著影响。分区域看，多样化集聚得到促进主要表现在东部地区，中西部截至观察期结束仍不显著。① 就生产性服务业而言，高铁开通对生产性服务业专业化集聚负外部性得到强化，对其多样化集聚正外部性有所增强。② 就制造业而言，高铁服务供给的增加对制造业空间集聚起到显著的抑制作用，促进了制造业的空间分散，其中对技术密集型制造业行业空间集聚的负向影响，大于劳动密集型和资本密集型制造业行业。③

当前我国地区间房价水平存在较大差异，实证研究发现，房价可通过影响地区劳动力成本间接作用于制造业区位布局，且这种作用存在门槛效应。当房价低于门槛值时，劳动力成本对制造业布局无显著影响，无论地区劳动力是否存在差异，制造业更倾向于向制造业专业化程度高、地区经济实力强、交通基础设施好的地区聚集；当房价高于门槛值时，劳动力成本上升对本地制造业发展有显著的抑制作用。即当房价高于门槛值时，房价进一步上涨会间接引致制造业向房价较低区域转移。对不同技术水平制造业的进一步分析发现，现阶段房价经由劳动力成本对制造业的挤出作用只体现在中、低技术制造业，对高技术制造业的挤出效应暂未显现。这为我国部分制造业产业内迁和转移的成因提供了较好解释，也为各地构建房价调控和制造业发展政策提供了重要启示。④

（三）产业分工变化

产业分工的变化主要来源于比较优势的动态演化，进而表现为一国出

① 宣烨、陆静、余泳泽：《高铁开通对高端服务业空间集聚的影响》，载《财贸经济》2019年第9期。
② 乔彬、张蕊、雷春：《高铁效应、生产性服务业集聚与制造业升级》，载《经济评论》2019年第6期。
③ 朱文涛：《高铁服务供给对省域制造业空间集聚的影响研究》，载《产业经济研究》2019年第3期。
④ 冯萍、刘建江、罗双成：《房价、劳动力成本与制造业区位布局：理论与证据》，载《产业经济研究》2019年第2期。

口产品结构变化和产业转型升级。1995～2016年，中国产品空间出口产品中具有显性比较优势的产品逐渐增加，出口产品逐渐接近全球产品空间网络中心位置。结构上看各行业出口具有显性比较优势的产品数目此消彼长，沿复杂度更高的路径演进。分时段看，中国2001年入世后出口产品复杂度上升显著，且2008年全球金融危机后进一步提升，这意味着产品复杂度高的产业的全球竞争力提升，距离前沿较近的制造业产品优先实现了产业升级。[1]

在"逆全球化"趋势下，中国日渐增强的国内价值链分工体系不仅构筑起本土强大生产能力，也使全球价值链分工体系重构中的中国"话语权"日渐增强。研究发现，企业所在城市等级越高、建立国内价值链分工联系的空间尺度越大，其拓展国际价值链分工联系的可能性和程度也越高。国家尺度价值链分工联系构成企业拓展国际价值链分工最重要的"依托"，城市空间尺度则存在较强"替代"效应。就服务业来说，由于起点低和体制束缚等原因，服务企业国内价值链分工联系的增强更利于全球价值链拓展。就制造业来说，"自增强"效应决定了制造业企业国内价值链分工存在对其上、下游全球价值链分工联系拓展的"替代"影响。[2]

二、产业结构优化机制

（一）要素驱动机制

产业结构变化是经济发展的典型特征之一，历来受到学界广泛关注。现有研究成果大体上从需求侧驱动机制和供给侧驱动机制对产业结构变化的动力机制进行考察。2019年研究对从"收入效应"展开的需求侧驱动机制关注较少，主要考察了技术进步和资本深化从供给端驱动的产业结构转换。

---

① 刘守英、杨继东：《中国产业升级的演进与政策选择——基于产品空间的视角》，载《管理世界》2019年第6期。

② 陈健、康曼琳、陈苔菁：《国内价值链的构建如何影响企业国际价值链拓展？——来自微观数据的经验实证》，载《产业经济研究》2019年第1期。

149

1. 技术因素

整体上中国工业行业技术进步以中性技术进步为主，历年指数变化显示全要素生产率与技术进步的增长整体上呈下降趋势，偏向性技术进步在中国工业全要素生产率和技术进步中地位日趋提升，技术变化偏离度则显示中国工业技术进步具有弱技术偏向性的特征。进一步研究显示，中国工业技术进步整体偏向密集使用资本和能源，且具有明显的阶段性特征，自"九五"至"十一五"时期发生了资本—能源—资本的倾向偏转。贸易开放水平的提高、研发强度的加大、企业规模的扩大、能源消费结构的优化、国有经济比重的加大均能有效地促进中国工业的偏向性技术进步，而环境规制强度的增强则会对偏向性技术进步产生一定的阻碍作用。[1]

2. 资本因素

大规模工业资本投资是工业转型升级的客观支撑，中国工业的资本深化现在仍然维持在较高水平，且过快的资本深化速度使得其对产能利用率产生的负向直接影响显著大于正向间接影响。中国制造业资本要素和劳动要素呈现替代关系，技术进步总体偏向资本，要素结构偏向资本。[2] 研究发现资本密集型行业一般具有较高的资本深化程度，而劳动密集型行业的资本深化则对 TFP 增长的促进作用更强。相较于重复性投资，存在投资品质量提升或技术改进的体现型技术进步对 TFP 增长贡献更多。市场诱发的"适宜技术"选择的资本深化会促进 TFP 增长，反之政府推动的资本深化由于寻租和信息不对称等因素会降低资本深化的促进作用。进一步研究表明，所有制形式是制约资本深化对 TFP 促进作用的重要因素，较高的国有总产值增长率弱化了其正向作用。人均资本的积累并不必然导向经济的粗放增长，根据行业特性的资本深化速度与资本投资结构选择匹配以公平的制度环境和适配的人力资本，即能在资本深化过程中实现增速与质量同步增长，走上创新驱动发展道路。[3]

① 杨翔、李小平、钟春平：《中国工业偏向性技术进步的演变趋势及影响因素研究》，载《数量经济技术经济研究》2019 年第 4 期。
② 陈汝影、余东华：《资本深化、技术进步偏向与中国制造业产能利用率》，载《经济评论》2019 年第 3 期。
③ 孙早、刘李华：《资本深化与行业全要素生产率增长——来自中国工业 1990～2013 年的经验证据》，载《经济评论》2019 年第 4 期。

3. 资本劳动相对价格

基于我国资本和劳动相对价格下降的客观事实，在理论上分析企业的资本—劳动替代弹性和有偏技术进步对资本和劳动相对收入份额的作用机制，即在一定资本—劳动替代弹性条件下，要素相对价格的变化将通过在现有技术水平下改变企业资本和劳动投入比的直接方式和有偏技术进步的间接方式影响资本劳动投入比，进而改变两者的相对收入份额。研究发现，不同所有制企业的替代弹性和有偏技术进步方向存在较大差异。国有企业、私营企业及外资企业的资本和劳动间均是替代关系，国有企业的技术进步是资本偏向型，私营企业和外资企业是劳动偏向型。不同所有制企业均存在资本和劳动价格的负向扭曲，而且资本的扭曲程度大于劳动。该结果表明我国资本市场的扭曲程度远大于劳动力市场。资本和劳动相对价格下降引起资本对劳动的替代是引起资本相对收入份额提高的主要因素。随着我国经济的持续增长，资本和劳动的相对价格下降的趋势还将继续。[①]

4. 人力资本

中国政府实施高等教育改革以来中国人力资本急剧增加。既往的研究表明，人力资本扩张能显著促进经济增长和提升全要素生产率，会通过多种途径影响企业成本加成率。实证研究表明，样本期内人力资本扩张解释了企业成本加成率提升的14.8%。人力资本扩张经由边际成本降低和产品价格提升两个渠道促升企业成本加成定价能力。异质性分析表明，人力资本与企业成本加成率的关系与学科相关，其中自然科学与工程领域提升作用最为显著；人力资本扩张显著提升东中部企业竞争力，但对西部企业作用不显著。我国政府应当突出创新型人才培养目标，进一步提高人力资本质量。[②]

当下"人口红利"的消失以及国际贸易环境的恶化正从内外两个方面倒逼中国制造业转型升级。利用2005 2015年省级行业层面的数据实证研究表明，劳动力技能提升即高技能劳动力占比的增加显著促进了中国制造业转型升级。但是，从"中国制造"向"中国创造"的转变还需要长

---

① 陈晓玲、吴贾、连玉君：《资本—劳动替代弹性、有偏技术进步与中国工业企业要素相对收入份额》，载《经济科学》2019年第4期。

② 曹亚军、毛其淋：《人力资本如何影响了中国制造业企业成本加成率？——来自中国"大学扩招"的证据》，载《财经研究》2019年第12期。

时间的技术积累和人才储备，目前高技能劳动力供给的增加对制造业创新能力的影响还十分有限。相比于低端制造业，劳动力技能提升促进了高端制造业劳动生产率及利润率的提高，进而促使要素向高端制造业领域配置。进一步地研究发现，劳动力技能提升对制造业整体创新能力并没有显著影响。这表明，当下劳动力素质提升对制造业发展的促进作用更多表现为结构升级而非创新升级。[1]

5. 管理

一般来说，管理对产品质量具有显著的促进效应。实证分析发现，管理提升 1 个标准差，产品质量将上升 0. 150 ~ 0. 250 个标准差。管理有助于拉动质量投入和强化内部质量控制，但主要通过拉动质量投入促进产品质量提升。当前阶段我国企业的管理还存在显著的对产品质量的质量技术增进效应。同时，这种促进作用在质量活动更易受人的作用影响的资本密集度偏低的企业中更大，在资本密集度偏高的企业中则相对较弱。在中等规模的企业中最大，在偏小或偏大规模的企业中则相对较弱。总的来说，企业在考核监控上的管理对产品质量的影响最为显著，其次是绩效激励，最后是目标规划。[2]

（二） 生产率驱动机制

制造业的高质量发展与中国现代化经济体系建设息息相关。考虑到区域与行业具有异质性的情况下，从整体上看，支撑中国制造业保持稳定增长的动能正逐步由资本驱动转向技术驱动；中国制造业劳动生产率增长呈现"低水平双驱动—资本驱动—高水平双驱动—技术驱动"的动能转换过程。区域层面看，制造业劳动生产率增长存在明显的区域差异，呈现"东部稳定、中西部快速发展"的趋势，同时，东部地区的技术驱动优势一直领先于中西部地区，引领着中国制造业增长动能转换。行业层面看，不同类型的制造业行业劳动生产率、增长动能和动能转换路径也存在显著差异；现阶段，中国制造业行业增长的技术驱动特征逐渐显现，制造业行业

---

① 李磊、刘常青、徐长生：《劳动力技能提升对中国制造业升级的影响：结构升级还是创新升级?》，载《经济科学》2019 年第 4 期。
② 程虹、陈太义： 《管理如何提升产品质量? ——来自中国企业—劳动力匹配调查（CEES） 的经验证据》，载《产业经济研究》2019 年第 3 期。

整体呈现出技术驱动。基于以上结论以及经济发展事实，技术与创新已成为实现制造业高质量发展的核心驱动力，需要在区域或行业异质性基础上，通过对生产要素的再配置促进制造业生产率增长，实现制造业整体生产效率的提升和高质量发展。①

1. 负债率与生产率

高负债率、高杠杆率是全球各国经济可持续发展的重大问题，中国快速增长的高负债率、高杠杆率吸引了广泛关注，其中以企业部门负债率增长最为突出，同时不同产业部门的负债率变化趋势出现了显著分化。中国工业部门中负债率对生产率的正"U"型作用效应得到了验证。研究发现，这种正"U"型效应内在表现为"利息成本负担渠道"抑制效应和"固定资产投资渠道"促进效应的权衡。在中国工业部门负债率相对较低的行业中"利息成本负担渠道"的负面效应相对占优，负债率对生产率总体呈现抑制效应。反之在负债率相对较高的行业，"固定资产投资渠道"正面效应相对占优，负债率对生产率总体呈现促进效应。其政策含义是，国有企业混合所有制改革和中国金融体制改革是长期消除工业部门高负债率负面影响的根本措施。②

2. 企业家精神与生产率

企业家的"创造性毁灭"促进了要素再配置和配置效率。研究发现，在过去十多年的时间里，企业家精神显著促进制造业出口技术复杂度的提高，进而促进了制造业出口升级。相对于东部地区，企业家精神对中西部地区制造业出口升级的促进作用更为突出。金融危机强化了企业家精神对制造出口升级的促进作用。从作用机制看，企业家精神通过降低要素市场扭曲、提高要素配置效率进而促进制造业出口升级。相对于企业家创新精神而言，企业家创业精神所带来的要素配置效率的中介效应更大。为提升制造业出口竞争力、实现制造业出口升级，中国应该重视企业家精神的培养，推进市场化改革。③

---

① 王家庭、李艳旭、马洪福、曹清峰：《中国制造业劳动生产率增长动能转换：资本驱动还是技术驱动》，载《中国工业经济》2019年第5期。
② 张杰：《负债率如何影响生产率——基于中国工业部门U型关系的一个解释》，载《财贸经济》2019年第3期。
③ 程锐、马莉莉、张燕、唐滴晨：《企业家精神、要素配置效率与制造业出口升级》，载《产业经济研究》2019年第6期。

3. 外部冲击与生产率

外部冲击可能对部分企业产生"倒逼"作用，促进企业技术转型升级，提高企业绩效。面对金融危机冲击，高出口国内附加值的制造业行业被倒逼提升出口产品质量。外部冲击主要通过行业 TFP 和成本加成率影响产品质量，而高出口国内附加值企业具备更好的危机抵御能力，能够通过创新突破贸易保护主义引发的技术性贸易壁垒，在市场淘汰机制下留存并实现定价能力的增强，继而进一步支撑创新。不仅如此，创新投入的延迟效应使得冲击对制造业产品质量提升的倒逼在危机后呈现出年度效应的"U"型特征。无论从应对外部不利因素，还是制造业高质量发展出发，都对制造业转型升级、创新驱动战略和知识产权保护提出了长期的要求。①

（三）　政策驱动机制

随着基础设施的基本完善和人口红利优势的逐步消失，提高中国制造业企业的自主创新能力和实现转型升级迫在眉睫。中国政府于 2015 年正式提出《中国制造 2025》的行动纲领，明确了未来制造业企业转型升级的重点方向。研究发现，《中国制造 2025》能够显著提升制造业企业的转型升级，且这种效应在高新技术类企业更为显著，对主动转型企业的促进效果比被动转型的企业更好，有效促进了制造业企业的研发投入力度和政府的资源支持（如更多的政府补贴和税收优惠），且对主动转型企业的补贴力度和税收优惠程度更强。经验证据表明，在当前我国经济发展速度放缓和传统制造业陷入经营困境的背景下，政府实施的创新支持政策总体上初见成效，且在具体的资源支持上考虑到了效率优先原则，使稀缺的政府资源配置到最能有效发挥作用的企业。②

---

① 贺梅、王燕梅：《危机冲击能否倒逼中国制造业产品质量提升——基于行业出口国内增加值率差异的分析》，载《经济评论》2019 年第 2 期。
② 逯东、池毅：《〈中国制造 2025〉与企业转型升级研究》，载《产业经济研究》2019 年第 5 期。

三、产业结构优化路径

（一）生产性服务业发展促进产业结构调整

现代服务业与先进制造业的深度融合是中国跨越"中等收入陷阱"的关键，生产性服务业兼具高技术水平与高要素集聚力，能有效改善资源配置效率，促进产业优化升级。中国生产性服务业比重持续增长，直接推动经济增长的同时，亦经由产业关联效应、技术创新效应、分工深化效应等提升整体经济发展质量。

研究表明，中国生产性服务业新动能培育总体态势不明朗，TFP变动主要受TC（技术进步率）和SEC（技术效率变动）影响，SEC（规模效率变动）影响不大。动能分解显示中国生产性服务业增长动能结构以创新驱动主导，资本驱动其次，劳动力驱动最末。考察产业基础及动能结构地区差异，创新驱动的主要动能为东部地区生产性服务业增长，其他地区则存在受外部冲击向不合理动能结构转变的可能。[①]

具体而言，农业生产性服务业是推动乡村振兴的战略性产业。21世纪以来农业生产性服务业快速发展，实现了丰富的模式创新、业态创新。基于服务外包相对成本较低的经济逻辑、供需缺口诱导市场化服务主体形成的历史逻辑和小农户消费服务必然性的现实逻辑，中国农业生产性服务业形成了既有家庭农场、专业大户等兼业提供农业生产性服务，也有农业服务主体流转土地从事规模化种养的现状。展望未来，以小农户为主将贯穿整个中国农业现代化过程，需要以农业生产性服务业探索多种适度规模经营形式。[②]

（一）产业链现代化

2019年8月，中央财经委员会第五次会议指出了中国要充分发挥集中

[①] 杨晨、原小能：《中国生产性服务业增长的动力源泉——基于动能解构视角的研究》，载《财贸经济》2019年第5期。

[②] 芦千文：《中国农业生产性服务业：70年发展回顾、演变逻辑与未来展望》，载《经济学家》2019年第11期。

力量办大事的制度优势和超大规模的市场优势，打好产业基础高级化、产业链现代化的攻坚战。产业链现代化①是经济发展和转型升级的必然结果，也是大国经济参与国际分工和产业竞争的内生选择，是建立现代产业体系的基本要求，对我国经济高质量发展和突破"中等收入陷阱"具有重要战略意义。

155

产业链现代化的标准主要包括：技术创新世界先进，且核心技术自主可控，即产业安全性与自主性的提升和新竞争优势的构建；高效反应的市场信号韧性和高度协同深度分工的产业融合创新能力；支柱产业的价值链治理能力和附加值获取能力及本国企业的 GVC"链主"市场控制整合能力；产业经济、科技创新、现代金融和人力资源间的协调协作也即产业链、技术链、资金链、人才链有机链接的现代产业体系要素协同。

我国既往"压缩式"快速工业化建立了体系完整、规模庞大的产业体系，但尚未形成适应高质量发展要求的现代化产业链。实现产业链现代化，需要实现产业关联、产业组织和产业结构的突破：在产业链上培育更多"隐形冠军"，在基础产业上摆脱对外依赖，培育"专精特精"中小企业，掌握核心技术、关键部件和特殊材料的发展主动权；在 GVC 上培育更多"链主"，依据产业性质依托市场规模优势强化产业控制能力，培育构建 GVC 主导地位；促进产业链创新链双向融合推动要素协同发展。

（三）　全球价值链攀升

全球价值链的发展表现为生产分工分散化快速发展，资本通过股权投资、子公司设立等途径在全球范围内构建产业链布局，形成了层次分明的价值链分工体系，构建了多节点的创新网络。中国制造业过去快速而全面的融入全球价值链分工体系是依托比较优势摘取全球产业技术"低垂的果实"的过程，而融入世界创新网络则需要实现从数量向质量的转变，通过累积效应和扩散效应增强中国制造业在世界创新网络中的控制力和影响力。②

1. 制造业服务化

制造业服务化水平是制造业全球价值链分工地位的重要影响因素，学

---

① 刘志彪：《产业链现代化的产业经济学分析》，载《经济学家》2019 年第 12 期。
② 陈婷玉：《中国制造业在世界创新网络中的多维定位与融入路径研究》，载《数量经济技术经济研究》2019 年第 11 期。

界较为一致地认为，越高的制造业服务化水平越有利于价值链分工地位的提升。一项研究使用 WIOD 数据从服务投入角度测算了国内外服务投入实现的"服务化"水平，发现不同服务投入来源实现的制造业服务化对制造业攀升全球价值链的影响迥异，因而制造业服务化发展对制造业攀升全球价值链分工地位的整体影响可能具有不确定性。具体来说，如果不区分服务投入的国内外来源结构，而只考虑整体层面的制造业服务化，制造业服务化对价值链分工地位的实际影响是不确定的。如果区分服务投入的国内外来源结构，那么基于国内服务投入增加而实现的制造业服务化程度提升对制造业攀升全球价值链具有显著的正向影响，但基于国外服务投入增加而实现的制造业服务化程度提升则会产生显著的负向作用。由此可见，凭借制造业服务化实现制造业的价值链攀升，不能只看"服务化"提升的整体结果，而要对服务投入的国内外来源差异加以区分。因此，在服务"全球化"和"碎片化"发展的背景下，推动制造业服务化程度的提升，必须更加注重本国服务业尤其是高级生产性服务业的发展，从而夯实制造业攀升全球价值链的国内产业基础和可靠的产业支撑。[1]

2. 本土企业培育

在全球价值链分工背景下，中国真实贸易利得被传统贸易总量指标夸大。中国企业同时处于全球价值链层级型生产体系和国内产业本地化集群生产环境中，产业集聚显著提高了中国企业的 DVAR（出口国内附加值率）。研究发现，产业集聚借由包含劳动力蓄水池、中间投入共享、知识技术溢出三个方面的马歇尔外部性和集群商业信用引发的融资外部性通过提高企业成本加成和降低国内中间品相对价格来提升企业出口 DVAR。产业集聚对企业出口 DVAR 的促进效应以引发企业由低出口 DVAR 的加工贸易方式向高出口 DVAR 的一般贸易方式转变的结构效应为具体实现路径，而并未以缩减企业进出口规模、牺牲全球化为代价。中国突破"俘获型"GVC 困局，应当从根本上改变 GVC 低端嵌入策略，转向本土企业培育，实现创新驱动发展。[2]

---

① 戴翔、李洲、张雨：《服务投入来源差异、制造业服务化与价值链攀升》，载《财经研究》2019 年第 5 期。
② 邵朝对、苏丹妮：《产业集聚与企业出口国内附加值：GVC 升级的本地化路径》，载《管理世界》2019 年第 8 期。

3. 环境规制

环境规制通过影响企业出口产品质量以及产品质量对企业全球价值链升级产生影响。研究表明：第一，环境规制显著促进了企业出口产品质量的提升，并且随着产品质量的提升，环境规制对企业在全球价值链上的嵌入程度和分工地位的促进作用更显著。第二，环境规制对企业出口产品质量及全球价值链嵌入程度和分工地位的影响，因贸易方式、要素密集度、污染程度不同存在差异。第三，通过引入生存模型发现环境规制对企业参与全球价值链的持续时间具有负向影响作用，但随着产品质量的提升，环境规制有利于延长企业参与全球价值链的持续时间。①

（四）以信息技术应用推动产业升级

信息网络技术能够通过影响劳动者择业偏好、增加有效劳动供给、提高人力资本积累推动制造业转型升级。在考虑到劳动者择业偏好的非线性特征和有效劳动供给弹性的基础上，在信息网络技术扩散背景下，劳动者择业偏好的非线性会影响劳动密集型和技术资本密集型制造业的人力资本外部性，劳动密集型、技术与资本密集型制造业的人力资本外部性分别为正值和负值；劳动密集型制造业有效劳动供给弹性小于技术资本密集型制造业有效劳动供给弹性。当信息网络技术提高人力资本积累时，高技能劳动者会不断从劳动密集型制造业和第一产业流向技术与资本密集型制造业，最终导致技术与资本密集型制造业的产出增速高于劳动密集型制造业的产出增速，最终推动制造业转型升级。由此可见，在信息网络技术作用下形成的人才红利足以弥补人口红利消失对制造业转型升级带来的不利影响。加快信息网络技术扩散，提升劳动力供给的有效性，增加人力资本积累，能够形成有效推动制造业转型升级的动力机制。②

信息技术的发展有效促进了企业知识创新与获取，便利了上下游信息协调，显著促进了城市整体和制造业整体生产率提升。研究显示，互联网服务对制造业整体生产率的影响大于其对城市整体生产率的影响；互联网

---

① 王杰、段瑞珍、孙学敏：《环境规制、产品质量与中国企业的全球价值链升级》，载《产业经济研究》2019 年第 2 期。
② 余东华、李捷：《人力资本积累、有效劳动供给与制造业转型升级——基于信息网络技术扩散的视角》，载《经济科学》2019 年第 2 期。

发展显著提高了制造业企业生产率。当互联网服务发展到专业化生产阶段时，制造业中的生产者通过直接在市场上购买互联网服务来避免自己从事互联网交易环节的生产，从而提高在制造业生产方面的专业化水平进而提高制造业生产率。同时，互联网服务的发展通过提高交易效率来提高制造业分工水平，以此促进制造业生产率的提高。城市互联网发展指数每提高1%，制造业企业的生产率会提高0.3%。[①]

互联网对促进制造业劳动生产率提升有显著正向作用，且金融危机后互联网的驱动作用比金融危机前更强。其原因是，互联网会通过降低生产成本和提高创新能力促进劳动生产率水平提高，创新能力与劳动生产率之间呈"U"型关系。互联网水平对制造业劳动生产率的影响存在双重门槛效应。互联网水平在跨越第一门槛值之前，互联网对劳动生产率存在正向作用但不显著；当跨越第一门槛值之后，作用提升且显著性增强；在跨越第二门槛值后，作用会有一定程度的下降。[②]

四、产业转型升级障碍

（一）资源错配

资源错配必然带来效率损失，作为转型国家，中国存在严重的资源错配问题。区分所有制分析，各所有制内部都存在不同程度的资源配置扭曲，其中以地方国有企业资源错配程度最深，依次为央企、民企和外企。地区层面来看，东部地区实际 TFP 和有效 TFP 均明显高于其他地区，而东中部上市公司资源错配程度相对低于西部和东北地区。分行业来看，能源密集型行业资源错配程度较小，伴随供给侧结构性改革，资源加工制造业和机械电子类制造业资源配置情况有所改善。资源在不同行业间的流动比在不同地区和不同所有制间的流动更为困难。若中国工业资本和劳动重新配置以达到美国制造业同等水平，总体 TFP 具有增加 0.35 ~

---

① 黄群慧、余泳泽、张松林：《互联网发展与制造业生产率提升：内在机制与中国经验》，载《中国工业经济》2019 年第 8 期。
② 卢福财、徐远彬：《互联网对制造业劳动生产率的影响研究》，载《产业经济研究》2019年第 4 期。

0.9 倍的改善空间。[①]

在制造业中，我国大多数行业资本配置不足、劳动配置过度，但制造业整体的资源错配程度在下降。[②] 资源配置效率的影响存在较大的行业异质性，造纸印刷、化学医药、金属制造、机械设备等行业配置效率改善平均贡献的生产率增长超过 3 个百分点，而食品饮料、非金属、运输设备、电气电子等行业资源配置反而拖累了生产率的增长。[③] 中国制造业整体资源配置效率的改进能够缩小实际产出与有效产出之间的缺口，进一步提高资源配置效率是释放中国经济增长潜力、实现中国经济持续快速增长的重要途径。[④] 中国制造业资源配置效率改善空间巨大，存在 160% 的宏观生产率释放潜力。反事实分析表明，与地区（省）际扭曲相关的资源误置约占 40%，消除市场分割等地区（省）际扭曲，在全国统一市场配置资源，能够提高约 70% 的总产出。深化改革以减少市场扭曲是中国经济实现从数量型向质量型、集约化增长转变的应有之义。[⑤]

中国部分服务业也存在较大扭曲。研究发现，中国金融业的低效与分割形成了过高的金融定价，显著挤压了制造业的产出水平，清除其扭曲不仅能够促进制造业份额增长，同时能提高金融业和其他服务业的绝对产出。[⑥]

土地要素作为稀缺的生产要素之一，其合理配置对于产业结构升级至关重要。但工业用地和商服用地的出让方式及定价方式的差异，造成土地要素错配现象逐渐凸显，严重阻碍了产业结构的优化升级。在控制了基础设施、地区人口、地方政府行为等变量后，土地要素错配显著阻碍了产业结构的优化调整，不利于产业结构的内部合理化和升级。土地要素错配抑制了技术创新，同时还严重阻碍财政科技投入，直接挫伤了产业结构优化的根本推动力。稳健性检验结果显示，土地要素错配对产业结构升级所产

① 王文、牛泽东：《资源错配对中国工业全要素生产率的多维影响研究》，载《数量经济技术经济研究》2019 年第 3 期。

② 王明涛、谢建国：《寻租、市场分割与企业超额回报——基于中国制造业企业的经验研究》，载《经济科学》2019 年第 3 期。

③ 尹恒、杨龙见：《投入产出异质性与中国制造业企业生产率估计：1998～2013》，载《中国工业经济》2019 年第 4 期。

④ 文东伟、《资源错配、全要素生产率与中国制造业的增长潜力》，载《经济学季刊》2019 年第 1 期。

⑤ 尹恒、李世刚：《资源配置效率改善的空间有多大？——基于中国制造业的结构估计》，载《管理世界》2019 年第 12 期。

⑥ 傅春杨、陆江源：《服务业的扭曲是否挤压了制造业？》，载《南开经济研究》2019 年第 3 期。

生的阻碍作用在不同等级的城市之间是稳健的，不随城市的等级差异而改变。①

　　近年来，中国严峻的僵尸企业问题一直是各方关注的焦点。本应退出市场的低效率僵尸企业在外部力量的支持下继续经营，高效率的非僵尸企业则被迫退出或被阻止进入市场，从而破坏了优胜劣汰的市场选择机制。僵尸企业造成的市场拥挤会恶化产业总体的盈利水平，导致企业创新激励下降，阻碍产业前沿技术进步和产业内技术扩散，从而抑制了产业动态发展过程中企业成长机制的发挥。中国作为一个正处于产业转型升级关键窗口期的追赶型发展中国家，对僵尸企业应该有更低的容忍度，坚决、果断处置僵尸企业是一个必要的政策选择。②

（二）全球价值链中的低端分工

　　中国经济融入全球价值链的深度和广度不断增加，制造业出口规模不断扩大，出口产品质量亦不断提高。但横向比较中国出口产品质量偏低，外资依赖程度较高，资本和技术密集型产品质量有待进一步提高。③ 出口企业进口原材料、加工再出口的常见模式包含了大量他国（或地区）的转移价值，现阶段中国价值链地位仍被"低端锁定"。为改善中国制造业企业价值链地位，需要实现技术密集度和 TFP 的提升。④

　　受制于市场分割下的高内贸成本，国内价值链整合主要来自低端行业带动。有限的竞争实力使得东部沿海、南部沿海更多地依靠成本优势利用加工贸易对接全球价值链，在出口激励扭曲下，国内价值链整合主要依靠初级产品进行强化。在市场分割依然存在的背景下，推动中国制造业出口持续发展不能单独依靠沿海带动内陆、初级产品替代高端要素，深化沿海内陆互动、推动高端要素参与，才能实质上推动中国制造业出口价值攀升。⑤

　　① 横敏：《土地要素错配阻碍了中国产业结构升级吗？——基于中国250个地级市的经验证据》，载《产业经济研究》2019年第2期。
　　② 肖兴志、黄振国：《僵尸企业如何阻碍产业发展：基于异质性视角的机理分析》，载《世界经济》2019年第2期。
　　③ 谢申祥、冯玉静：《21世纪中国制造业出口产品的规模、结构及质量》，载《数量经济技术经济研究》2019年第11期。
　　④ 肖宇、夏杰长、倪红福：《中国制造业全球价值链攀升路径》，载《数量经济技术经济研究》2019年第11期。
　　⑤ 袁凯华、彭水军、陈泓文：《国内价值链推动中国制造业出口价值攀升的事实与解释》，载《经济学家》2019年第9期。

（三）房价过快上升

城市房价上涨显著抑制了城市产业结构的升级。刘程等利用2005～2013年我国284个城市的非平衡面板数据进行实证研究发现，房价上涨导致了产业间资本投资和劳动力资源的错配，降低了地区劳动生产效率；房价上涨也会挤占该地区内企业的研发投入，进而不利于地区产业结构优化升级。考虑房价上涨对不同地区产业结构升级的异质性效应发现，房价上涨对地区产业结构升级的负面影响主要存在于东部和中部地区，其中东部地区所在城市房价上涨对当地产业结构升级的负面影响更为严重。在经济新常态下，如果放任房地产业对制造业的挤压，将进一步加剧资源扭曲程度，严重损害地区经济生产效率和抑制企业创新能力的提高，从而不利于我国地区产业结构转型升级，制约经济高质量发展。[①]

五、产业政策效果

（一）产业政策效果的影响因素

1. 政府角色

国内学术界对是否需要产业政策的持续争论集中体现为"产业政策有效性之争"。争论的根本在于市场经济条件下的政府角色，产业政策的有效性依赖以下条件：存在政企目标不一致时政府对产出价值足够高的评价、包含政府专用性人力资本投资的产业政策、国家产权明晰化的微观基础、政府不滥用谈判力。[②]

2. 产业政策与市场结构关系

唐荣等考察产业政策与市场结构的互补性与兼容性对企业价值链定位

---

① 刘程、王仁曾：《房价上涨会抑制地区产业结构升级吗?》，载《产业经济研究》2019年第2期。

② 杨瑞龙、侯方宇：《产业政策的有效性边界——基于不完全契约的视角》，载《管理世界》2019年第10期。

升级的影响发现，在行业层面，政策力量与市场力量的协同更能有效地推动企业价值链定位升级，产业政策应重视市场竞争，选择市场竞争度高的行业作为目标产业能显著推动企业价值链定位升级。在行业内部，产业政策应强调提升市场竞争度，一方面坚持普惠性原则，针对整个行业而不是单个企业或部分企业的产业政策，能有效兼容市场选择机制和激发企业价值链升级；另一方面重视"年轻企业"的发展，针对市场竞争程度高、创新动力强的"年轻企业"实施的产业政策，对企业价值链升级的激发效应更大。产业政策与市场竞争的互补性对非国有企业价值链定位升级的推动作用更有效。[1]

3. 政策工具选择

政府补贴、税收减免与低利率贷款对受扶持企业以及整个行业的影响，在何种情形下更有效？研究发现，除税收减免外，政府补贴与低利率贷款总体上均降低了受扶持企业的全要素生产率与成本加成率。产业政策作用于创新企业的效果优于非创新企业，激励企业创新是产业政策有效性的重要微观渠道。从行业层面看，产业政策对同行业内企业的差异化程度越低、越有利于市场竞争，政策效果越好。体现普惠性与促进市场竞争的产业政策能够激励企业创新，改善企业间的资源配置效率，发挥企业进入与退出市场对加总生产率的促进作用。中国未来应减少选择性产业政策，转向更具普惠性与兼容市场竞争的政策，发挥政府与市场功能的互补性，优化产业政策设计与管理。[2]

4. 中央和地方关系

产业政策实施效果与具体的制度环境密切相关，席建成等指出，经济相对分权对产业政策实施效果有负面影响，政治相对集权则会弱化经济分权的负面效应。他们实证研究发现，中央政府与地方政府之间的财政分权程度每提高 1 个单位，政府补贴对企业 TFP 的促进作用下降 11.1% ~ 31.2%，税收减免对企业 TFP 的促进作用下降 8.7% ~ 29.3%。而中央政府对地方政府的考核内容由"偏增长"向"重升级"的转变能够降低财

---

① 唐荣、顾乃华、谭周令：《产业政策、市场结构与企业价值链定位》，载《产业经济研究》2019 年第 1 期。
② 戴小勇、成力为：《产业政策如何更有效：中国制造业生产率与加成率的证据》，载《世界经济》2019 年第 3 期。

政分权对产业政策实施效果的负面影响，使得财政分权程度对政府补贴实施效果的负面影响降低 2.4%，对税收减免实施效果的负面作用下降 7.7%。新时代推动经济高质量发展，需要在经济分权基础上确保一定程度的政治集权，同时优化中央对地方产业升级的考核要求。①

各级政府作为当地产业发展的制度环境提供者，其偏好与行为影响了产业集聚过程。研究显示，中国式财政分权制度带来的"竞优"效应对中国产业集聚经济的发展有显著的促进作用，并且效果会受到产业结构的影响，即越高的生产性服务业与制造业间的关联度意味着财政分权制度对生产性服务业越显著的促进作用，其对制造业集聚的促进作用也随着制造业行业间关联的越高而越显著。同时分权制度对制造业与生产性服务业协同集聚的作用随制造业集聚水平的相对高低表现出先阻碍，后促进的倒"U"型特征，而制造业与生产性服务业间产业关联度的提升则会缓解阻碍或强化促进效果。②

（二）产业政策绩效评估

1. 区域导向性政策效果评价

21 世纪初我国为扩大出口实施了出口加工区（EPZs）政策，研究表明，EPZs 的"主导产业"政策对我国出口企业 GVC 升级存在负向影响，国有资本份额较大的企业和重工业企业中产业政策对 GVC 升级的负向影响更为明显，在比较优势较强或错配程度较低的行业负向效应不明显。这意味着产业政策发挥作用依赖于对比较优势的遵循和以不造成资源错配为前提。③

2010 年，国务院出台《关于中西部地区承接产业转移的指导意见》，随后国家设立了多个国家级承接产业转移示范区，工信部也分年度发布《产业转移指导目录》导引沿海地区产业向中西部转移。贺胜兵等构建 DID 模型分析示范区建立对地区 TFP 的政策处理效应，研究结果显示，观

---

① 席建成、韩雍：《中国式分权与产业政策实施效果：理论及经验证据》，载《财经研究》2019 年第 10 期。

② 阎川、雷婕：《财政分权对产业集聚影响的实证分析》，载《经济评论》2019 年第 3 期。

③ 张鹏杨、徐佳君、刘会政：《产业政策促进全球价值链升级的有效性研究——基于出口加工区的准自然实验》，载《金融研究》2019 年第 5 期。

测区间内效应为负，固定资产投资率显著增加是示范区设立后地区 TFP 下降主因。为实现高质量发展，中西部地区承接产业转移应综合平衡短期与长期发展，致力降低制度性交易成本，依托地区优势强化产业竞争力。①

以开发区为代表的区域导向性政策对整体产业空间集聚也没有起到应有的作用。研究发现，开发区的优惠政策使得企业在中心区域与外围区域间转移，降低了产业整体空间的集聚程度，即开发区政策的实施显著抑制了产业空间集聚，导致开发区目标行业在整体空间上呈现分散化；开发区政策对产业空间集聚的抑制作用主要在资本密集型行业和技术密集型行业中体现；地方保护主义倾向越强，地方政府竞争越激烈，开发区政策对产业空间集聚的抑制作用越明显，而对外贸易水平的提高会弱化开发区政策对产业空间集聚的抑制作用；开发区优惠政策降低企业开办成本从而导致外围地区企业数量增加是产业空间集聚程度下降的主要原因。②

2. 财税政策效果评价

中国入世以来政府补贴覆盖面与资金投入倍增，在引导产业发展和企业竞争力升级中发挥了重要作用。研究发现，政府补贴有效提高了企业出口 DVAR（出口国内附加值），其中创新激励效应作用明显，一般贸易企业受政府补贴影响最显著，民营企业出口 DVAR 补贴提振效应显著，国有企业与外资企业则不显著，资源再配置效应在补贴政策下显著。政府应充分认识产业扶持政策对企业全球价值链攀升的重要作用，结合经济绩效综合考虑补贴政策合理性。③

3. 产业规制政策效果评价

当前中国经济进入新常态，生态环境问题已成为经济高质量增长的制约，经济发展模式绿色化转变是新时代的必然选择。中国绿色产业政策经历了重发展轻环保阶段（1978～1999 年）、绿色产业政策萌芽阶段（2000～2011 年）、绿色产业政策初步发展阶段（2012 年至今）三个阶段。在现阶段的绿色产业政策实践中，较多运用了命令—控制型政策工具、市场化政

---

① 贺胜兵、刘友金、段昌梅：《承接产业转移示范区具有更高的全要素生产率吗》，载《财经研究》2019 年第 3 期。
② 孟美侠、曹希广、张学良：《开发区政策影响中国产业空间集聚吗——基于跨越行政边界的集聚视角》，载《中国工业经济》2019 年第 11 期。
③ 许家云、徐莹莹：《政府补贴是否影响了企业全球价值链升级？——基于出口国内附加值的视角》，载《财经研究》2019 年第 9 期。

策工具和自愿协商型政策工具三大类政策工具。① 以 2006 年以后中国环保部密集出台的清洁生产行业标准作为研究案例，胡浩然等研究发现，平均来看，清洁生产环境规制降低了产品质量，但是政策的时间边际效应在逐年增大，长期内对产品质量的影响逐步由负转正。成本和价格是其中重要的影响因素，清洁生产环境规制由于挤出效应增大了企业的运营成本，进而降低了生产率、产品价格以及产品质量。清洁生产环境规制可以影响企业动态变化，进而影响资源的配置状况，长期来看，清洁生产环境规制对促进产品质量升级具有正向影响。②

邓慧慧等基于 2006～2016 年 30 个省份 PM2.5 浓度数据考察雾霾治理对工业绿色转型的影响发现，雾霾治理能够显著推动当地工业绿色转型。工业产业结构改善和生产效率提升是雾霾治理推动工业绿色转型的重要途径。地区间的模仿竞争总体上会严重削弱雾霾治理激励工业绿色转型的效果，且地方政府在执行雾霾治理政策时呈现出东部地区"模仿抑制"、中西部地区"模仿无效"的异质性策略互动特征。各地政府的雾霾治理政策存在资源错配，这种错配抑制了雾霾治理对工业绿色转型发展的正向效应。除此之外，市场分割所导致的资源错配也是影响雾霾治理正向效应发挥的重要原因，而政府科学合理的政绩考核有助于强化雾霾治理的正向效果，但需要更加重视创新性指标，激励地方政府依靠科技创新来治理环境的积极性，推动工业绿色转型和经济高质量发展。③

---

① 李晓萍、张亿军、江飞涛：《绿色产业政策：理论演进与中国实践》，载《财经研究》2019 年第 8 期。
② 胡浩然：《清洁生产环境规制能提升产品质量吗?》，载《经济科学》2019 年第 3 期。
③ 邓慧慧、杨露鑫：《雾霾治理、地方竞争与工业绿色转型》，载《中国工业经济》2019 年第 10 期。

第八章　对外贸易与贸易政策
问题研究新进展

2019 年，我国对外开放的力度不断加大，对外贸易发展更趋多元化，国际市场的"朋友圈"也越来越大。尽管全球经济增长乏力、外部需求疲弱、贸易保护主义蔓延，我国对外贸易发展面临不少风险和挑战，但随着稳外贸措施落地发力，对外贸易结构不断优化、新旧动能转换加快，"一带一路"倡议拉近了我国中西部与"一带一路"沿线国家的距离，给传统产业注入新的活力。贸易创新能力不断增强，科技创新、制度创新、模式和业态创新不断强化，新业态、新模式成为对外贸易增长新动能。对外贸易对产业升级引领促进作用更加突出，越来越多的企业加大研发投入，持续创新，自主开拓多元化市场能力明显增强，国际竞争力持续提升。

一、对外贸易的影响因素

学者们关于国际贸易影响因素的研究不断深入，在将注意力配置[①]、方言多样性[②]等行为学和社会学因素纳入研究框架的同时，更多地在经济因素方面区分出口、进口和服务贸易进行了广泛拓展。

（一）出口的影响因素

1. 对外直接投资（OFDI）技术寻求动机

李洪亚把浙江 OFDI 企业与东道国数据相结合进行实证研究发现，

---

① 施炳展、金祥义：《注意力配置、互联网搜索与国际贸易》，载《经济研究》2019 年第11 期。
② 冯伟、李嘉佳：《方言多样性作用于对外贸易的特征和机制分析：基于中国省级层面的研究》，载《南开经济研究》2019 年第 3 期。

OFDI 技术寻求动机对跨国企业出口强度具有显著的正向效应。究其影响途径，企业生产率与盈利能力均显著正向影响跨国企业出口强度，然而，OFDI 技术寻求动机对企业生产率产生正向效应的同时，OFDI 面临竞争性的加强也会降低企业利润率。相对于发展中国家或欠发达国家，OFDI 技术寻求动机对跨国企业出口强度的正向影响在发达国家相对较小。OFDI 技术寻求动机对不同类型跨国企业出口强度的影响呈现异质性特征。[①]

2. 企业自生贸易网络

已有文献关于网络对国际贸易影响的研究，多集中于对外部网络的讨论，吴群锋等将企业自生贸易网络引入标准引力模型框架中研究网络对于企业出口行为的影响，研究发现，企业当期的出口网络会影响下期的出口行为，并以此构建企业自生贸易网络搜寻强度指标，在标准引力模型框架中讨论企业自生贸易网络以及相应的虚拟地理距离对出口动态的影响。实证研究发现，引入自生贸易网络及相应"虚拟距离"后，引力模型能对企业出口行为有更好的解释力。网络搜寻强度提高一个标准差，会使得出口关系的出口概率上升 3.1%、存活概率上升 3.0%、出口额上升 36.5%。贸易网络的出口促进效应，会依对应"虚拟距离"衰减，且企业自生网络对应的"虚拟距离"比物理距离有更强的解释力。[②]

3. 高铁开通

中国高铁对经济社会发展产生日益显著的影响。唐宜红等使用 2000 ~ 2011 年中国高铁、海关、工业企业和城市等数据，将开通高铁视作一项准自然实验，基于贸易成本变动视角，考察中国高铁对企业出口的影响及其作用机制发现，开通高铁城市的企业出口提高了 12.7%，开通高铁通过降低固定贸易成本促进了企业出口。异质性分析发现，开通高铁显著提高了企业出口的扩展边际，对资本或技术密集型行业、时间敏感性产品、东部地区城市和高铁直达港口的城市出口促进作用更大，对企业出口的有效影响范围约是高铁站到其所在城市中心 30 公里的道路距离。[③]

---

① 李洪亚：《OFDI 技术寻求动机与出口强度——浙江跨国企业的证据》，载《产业经济研究》2019 年第 3 期。
② 吴群锋、杨汝岱：《网络与贸易：一个扩展引力模型研究框架》，载《经济研究》2019 年第 2 期。
③ 唐宜红、俞峰、林发勤、张梦婷：《中国高铁、贸易成本与企业出口研究》，载《经济研究》2019 年第 7 期。

4. 城市人口结构

铁瑛等基于2000年、2005年和2010年三次全国人口普查数据研究发现，以劳动人口比或抚养比为表征的城市人口结构变动会显著影响出口，城市劳动人口比的提升或城市抚养比的下降会显著促进出口。城市人口结构变动对出口的影响会伴随用工成本的上升而逐渐弱化，即存在人口结构变动影响出口的"成本效应"。城市人口结构变动对出口的影响会伴随人力资本水平的提升而逐渐弱化，即存在人口结构变动影响出口的"人力资本效应"。城市人口结构变动对出口的影响主要源于对劳动力投入的依赖性。该研究结论意味着，促进人力资本提升，加快实现"人口红利"向"人才红利"的转变，是应对人口老龄化背景下中国出口转型升级的重要思路。[①]

5. 踏脚石策略

鲁晓东等利用2000~2012年中国企业对50个主要贸易伙伴的出口数据以及企业个体特征变量，使用带有随机效应的Probit估计和广义最小二乘估计，研究踏脚石策略对企业市场进入、出口增长以及市场退出决策的影响发现：（1）企业会从现有的出口市场中学习，并将它们作为进入新市场的踏脚石；对特定市场而言，新出口企业在第三年的出口增长快于同期在位出口企业，同时，前者退出市场的可能性也更高；（2）目的国较高的经济发展水平、较近的地理位置以及较低的进口关税，不仅能够吸引更多的企业进入该市场，而且能够促进已进入企业的出口增长，同时降低企业退出该市场的可能性；（3）外部踏脚石效应对企业的市场进入具有微弱的促进作用，仅市场踏脚石能够促进企业在特定市场的出口增长。[②]

6. 进口国制度质量和知识产权保护水平

张晓冬等在异质性企业贸易理论的基础上，构建了包含进口国制度质量和知识产权保护水平的企业出口贸易模型，并选取中国2005~2015年的创意产品出口数据，利用系统GMM和分位数回归对理论模型进行实证检验表明，进口国制度质量和知识产权保护水平的提高直接促进了中国创意产品的

---

① 铁瑛、张明志、陈榕景：《人口结构转型、人口红利演进与出口增长——来自中国城市层面的经验证据》，载《经济研究》2019年第5期。
② 鲁晓东、易敏：《踏脚石策略与中国企业出口增长》，载《财贸经济》2019年第7期。

出口，且制度质量提升能够通过知识产权保护对创意产品出口产生间接影响。但是，由于企业对进口国宏观环境的变化具有不同的预期，创意产品出口对贸易大国制度质量的变化更加敏感。同时，由于进口国企业的模仿能力存在差异，知识产权保护对创意产品出口的促进作用在贸易大国更为显著。[①]

7. 产业集聚和产业关联

白东北等运用面板固定效应模型、工具变量方法以及 Heckman 选择模型实证研究表明，产业集聚促进企业出口的集约边际和扩展边际。产业集聚通过教育发展和金融发展对企业出口的二元边际产生积极的正向影响。产业集聚通过制度质量对企业出口的二元边际有重要影响。其中，金融制度通过融资成本影响企业出口决策，教育制度通过企业的创新活动影响企业出口二元边际，因此，产业集聚通过金融制度与教育制度促进企业出口二元边际的微观渠道是企业融资成本与企业创新活动。[②]

贺灿飞等使用中国产品出口数据，从需求侧探讨相关多样化的出口产品结构如何影响城市——产业出口韧性。研究发现，相关多样化水平高的产业具有更多的本地关联产业，且与关联产业具有更高的关联度，这种结构特征可能使其受到更多直接和间接外部需求冲击。相关多样化确实与城市——产业的短期出口韧性负相关，且这一结果能够通过多种稳健性检验。相关多样化的作用强度由于不同产品、地区、出口目的国对本地出口信息溢出的依赖程度不同而存在一定差异。相关多样化还可能通过抑制出口产品质量提升而不利于短期出口韧性。[③] 孙浦阳等研究却发现，出口加工区和保税区内较强的产业关联效应，显著提升了上游的综合外商投资开放政策对下游企业出口生存的促进作用。上游制造业和服务业的外商投资开放政策对下游企业出口生存的影响存在差异。技术溢出和劳动力竞争是产业关联效应发挥作用的两个渠道，其相对强弱决定着上游外商投资开放政策对下游企业出口生存作用方向。[④]

---

① 张晓冬、李斌、卢娟：《进口国制度质量、知识产权保护与中国创意产品出口》，载《产业经济研究》2019 年第 4 期。

② 白东北、王珏、唐青青：《产业集聚与中国企业出口决策——基于制度质量的视角》，载《产业经济研究》2019 年第 2 期。

③ 贺灿飞、陈韬：《外部需求冲击、相关多样化与出口韧性》，载《中国工业经济》2019 年第 7 期。

④ 孙浦阳、张甦：《外商投资开放政策、出口加工区与企业出口生存——基于产业关联视角的探究》，载《经济学（季刊）》2019 年第 2 期。

8. 地方税收竞争和政府治理

彭馨使用 1998~2006 年中国工业企业数据、中国地市县财政统计数据及县域统计年鉴，采用 Probit 模型和 Tobit 模型考察税收竞争和政府治理对我国企业出口概率和规模的影响发现，税收竞争显著促进了企业出口。政府治理促进了企业出口，而税基流动性条件抑制了企业出口；政府治理及税基流动性条件对税收竞争影响企业出口的调节作用不确定。加权全要素生产率增长，尤其是进入企业的全要素生产率增长，是税收竞争促进企业出口的可能渠道。①

9. WTO 争端解决机制

李思奇等利用 1999~2013 年裁决的 WTO 争端案件数据，考察了 WTO 争端裁决是否对起诉方具有出口促进效应。实证结果表明：（1）WTO 争端解决机制通过司法仲裁确实能够对起诉方产生积极的出口促进效应，但该种效应具有滞后性。由于争端案件异质性和涉案国别（区域）特征，争端裁决的贸易效应体现了非均衡性。（2）从争端案件异质性来看，如果争端涉案产品为农产品或者起诉方胜诉程度更高，则 WTO 争端裁决对起诉方的出口促进效应更强。但如果案件涉及的争议措施为反倾销或反补贴措施，案件一旦因为被诉方执行裁决不力而进入授权报复程序，则会减损争端裁决对起诉方的出口促进效应。（3）从涉案国别（区域）特征来看，起诉方的贸易报复能力越强，WTO 争端裁决对起诉方的出口促进效应越显著。这从经济效率层面验证了 WTO 争端解决机制的制度有效性，肯定了争端解决机制在促进贸易自由化方面的显著贡献，凸显了维护争端解决机制的权威性和有效性的紧迫现实意义。②

（二）进口的影响因素

1. 知识产权保护

理论上，进口地区知识产权保护加强会促进新产品的进口，但对进口

---

① 彭馨：《税收竞争、地区生产率增长与异质性企业出口》，载《经济科学》2019 年第 4 期。
② 李思奇、刘斌、武赞杰：《WTO 争端解决机制是否真的能够促进出口？——基于 WTO 争端裁决案件的实证研究》，载《财经研究》2019 年第 6 期。

产品质量的影响方向不确定，新产品的质量可能会高于或低于知识产权保护之前的进口产品质量。魏浩等基于中国企业微观数据的分析结果表明，中国进口地区加强知识产权保护会扩展外国企业出口产品的种类范围，进口地区会进口新的产品品种，但新品种的质量水平低于持续进口产品，从而拉低了进口产品质量的平均水平。进口地区知识产权保护加强，仅对中等技术产品的进口产品质量影响显著，对高、低技术产品的进口产品质量影响都不显著。此外，进口地区加强知识产权保护，显著促进了中等技术产品中的中等质量品种进口规模。[①]

2. 融资约束

魏浩等采用贸易四元边际的分析框架，实证分析了融资约束对企业进口行为的影响，并对比了非金融危机、金融危机背景下融资约束对企业进口行为影响的差异性发现：（1）融资约束对企业进口决策存在显著的抑制作用，融资约束会显著抑制企业的进口行为，包括进口规模、进口来源国数量、进口产品种类。（2）相对于外资企业，内资企业的进口行为更容易受融资约束的影响；相对于一般贸易，企业的加工贸易进口更容易受融资约束的影响；相对于只进口的企业，同时具有进口和出口行为的企业更容易受到融资约束的影响。另外，不同行业的企业、不同地区的企业受融资约束的影响也具有较大的差异。（3）不同的外部金融环境导致融资约束对企业进口行为的影响存在显著差异。金融危机导致企业的进口行为对融资约束表现出更强的敏感性，高融资约束企业与低融资约束企业在进口四元边际上的差距被进一步拉大。[②]

3. 生产性服务资源环节偏好

陈晓华等在修正相关模型的基础上，识别了34国异质性生产性服务资源融入制造业的环节偏好，从多维度揭示了生产性服务资源环节偏好对制造型和生产服务型中间品进口占比的作用机制。研究发现：（1）生产性服务资源环节偏好对中间品进口占比的作用轨迹呈现"U"型关系，过于偏好上游或下游不利于降低一国中间品进口占比，偏好中游环节能有效缓

---

① 魏浩、李晓庆：《知识产权保护与中国企业进口产品质量》，载《世界经济》2019年第6期。
② 魏浩、白明浩、郭也：《融资约束与中国企业的进口行为》，载《金融研究》2019年第2期。

172

解一国中间品进口依赖，在考虑贸易地理优势、经济增长动静态影响和金融危机冲击的情况下，"U"型关系依然稳健成立。（2）发展中国家生产性服务资源融入制造业环节多偏向上游和下游，而发达国家多位于中游区域，这使得多数发达国家生产性服务资源较好地发挥了促进本国中间品发展壮大的功能，发展中国家生产性服务资源则以偏离最优值较远的形式支持中间品发展，中国生产性服务资源环节偏好是所有样本国中最高的，中国优化生产性服务资源环节偏好的压力远大于其他发展中国家。（3）高等教育可以降低中间品进口依赖，税负增加、经济配置效率提升和贸易便利化会加剧中间品进口依赖。[①]

4. 互联网深化

谭用等构建理论模型阐明互联网会影响贸易的可变成本，影响进口价格及其离散度，最终影响企业的进口绩效，从理论上验证了互联网效应的区域外溢效应。他们基于中国微观贸易数据，采用计量回归与数值模拟相结合的方法实证研究发现，互联网深化通过价格和离散度两个渠道影响进口福利。互联网深化对其他地区福利的促进作用小于本地区，这是互联网深化外溢效应的边际递减特性造成的。[②]

5. 进出口国自然和人为因素

司增绰等基于 CEPII BACI 数据库，利用时变随机前沿引力模型与一步法估计的贸易非效率模型实证分析 2008～2016 年中国进口的贸易效率与贸易潜力发现，从自然因素影响的角度来看，中国人均 GDP、出口国人均 GDP、出口国人口规模对中国进口具有显著促进作用，而中国人口总数、人口加权距离、语言障碍对中国进口具有显著抑制作用。从人为因素影响的角度来看，出口国加权平均关税税率、贸易自由度差异、政府开支差异对进口贸易非效率具有显著促进作用，而进口贸易非效率受货币自由度差异的抑制作用则较明显。[③]

---

① 陈晓华、刘慧、蒋丽：《生产性服务资源环节偏好与中间品进口——来自34国1997～2011年投入产出数据的经验证据》，载《财贸经济》2019年第3期。

② 谭用、孙浦阳、胡雪波、张为付：《互联网、信息外溢与进口绩效：理论分析与经验研究》，载《世界经济》2019年第12期。

③ 司增绰、周坤、邵军：《中国进口贸易战略性升格：现实效率与理论潜力》，载《经济学家》2019年第11期。

（三）　服务贸易的影响因素

1. 政府规模和法治水平

李世杰等构建政府规模和法治水平影响服务贸易发展的一般性分析框架，结合 G20 国家的面板数据，研究发现，政府规模在促进服务贸易发展上存在明显双路径传递效应，即政府规模通过两种不同渠道影响服务贸易发展。法治水平显著抑制服务贸易发展，其可能原因是法治水平作为经济发展的制度要素，也存在边际收益递减规律。部分 G20 国家臃肿的法治体系与其服务贸易创新发展的需求不相适应。[①]

2. 区域服务贸易协定

林僖等采用钱尼（Chaney，2008）二元边际引力模型分析框架和泊松拟极大似然估计技术，对区域服务贸易协定的差异化服务出口二元边际促进效应进行实证检验发现，区域服务贸易协定对服务出口二元边际均有显著的促进作用，但是对集约边际的影响程度略大于广延边际。动态性分析表明，协定在执行后的 8 年间对集约边际有显著正面影响，但是仅执行当期对广延边际有显著促进效应。协定对服务出口二元边际的影响存在明显的国别差异和行业差异。[②]

二、对外贸易转型升级

（一）　出口质量的影响因素

出口产品质量是影响企业国际贸易竞争优势的核心因素，学者们从不同角度深入研究了出口质量的影响因素及其作用机制。

---

① 李世杰、余海民、蔡祖国：《政府规模和法治水平有助于提升服务贸易发展水平吗——来自 G20 国家面板数据分析》，载《经济理论与经济管理》2019 年第 3 期。
② 林僖、鲍晓华：《区域服务贸易协定与服务出口二元边际——基于国际经验的实证分析》，载《经济学（季刊）》2019 年第 4 期。

1. 技术创新

学者们从不同视角，对不同条件下技术创新对出口质量的影响进行了研究。祝树金等基于制造业服务化视角，采用中国工业企业数据库、中国海关贸易数据库和 WIOD 数据库的匹配数据，实证考察制造业服务化对于企业出口产品质量的影响发现，制造业服务化对企业出口产品质量具有显著的正"U"型影响效应，技术创新发挥了重要的中介渠道作用，但该影响效应因企业贸易方式、所有制类型、要素密集度和融资约束程度的不同而具有异质性。①

张永旺等将环境规制纳入技术创新与出口质量分析框架，探讨在环境规制约束下，技术开发、技术改造对出口质量的影响发现，总体制造业的环境规制对技术创新有显著的激励作用，且技术开发相比技术改造对出口质量的影响更大。细分行业层面检验表明，环境规制约束下，技术水平高、污染程度低的行业，则技术开发作用较大，环境规制与出口质量呈现倒"U"型关系。相反，技术水平低、污染程度高的行业，则技术改造作用较大，环境规制与出口质量呈现"U"型关系。环境规制与创新投入通过技能溢价、资源再配置的作用渠道对行业出口质量施加积极影响。为了实现出口的高质量发展，应结合低技术、重污染行业成本承担能力，适当提高环境规制与技术改造的力度，而高技术、轻污染行业则在增加技术开发投入的同时，需要加大环境规制的监督力度，避免出现机会主义行为。②

林令涛等在异质企业贸易理论模型中引入企业和进口中间品的技术，构建企业依据技术水平进口中间品的生产决策模型，证明了进口中间品与企业的技术匹配程度是影响进口中间品提升企业出口能力的重要因素。他们利用 2000~2009 年中国工业企业和海关进出口贸易的匹配数据进行研究发现，进口中间品能够提升企业出口能力，并且与进口中间品技术匹配程度越高的企业，通过进口中间品对企业出口能力的提升作用也越高。然而，由于中国企业因所处发展阶段受到自身技术的限制，整体上，进口中、低技术中间品对企业出口能力的提升作用更高，而高技术中间品对企业出口能力的提升较低。因此，中国企业进口不应当盲目追求高技术，而

① 祝树金、谢煜、段凡：《制造业服务化、技术创新与企业出口产品质量》，载《经济评论》2019 年第 6 期。
② 张永旺、宋林：《环境规制与创新的出口质量效应——技术开发与技术改造谁扮演了更重要的角色》，载《经济科学》2019 年第 2 期。

应当注重技术匹配程度。[1]

2. 人力资本提升

　　加工贸易转型升级是中国转变发展方式和改革开放战略的重要内容。毛其淋以"大学扩招"政策的实施作为准自然实验，采用倍差法系统地评估了人力资本对中国加工贸易企业升级的影响及其作用机制。研究发现，人力资本扩张显著提高了加工贸易企业的出口技术复杂度，有利于促进加工贸易企业升级。人力资本扩张不仅促使了加工贸易企业加大研发投入和在职培训的力度，而且还促进了加工贸易企业进口使用更多种类和更高质量的中间投入品，同时还激励了加工贸易企业增加固定资产投资，这些因素共同推动了加工贸易企业升级。异质性分析发现，人力资本扩张对融资约束程度低、管理效率高、资本密集型以及外资型加工贸易企业升级的促进效应更大。同时，人力资本扩张促进了加工贸易企业组织方式从来料加工向进料加工的转变，提高了加工贸易企业的出口国内附加值率，同时还提升了加工贸易企业的生产效率与自主创新能力。[2]

3. 有效信息披露

　　企业有效信息披露是企业外部融资和质量升级的重要决定因素，进而影响企业出口绩效。金祥义等通过合并中国上市企业数据和海关数据，研究企业有效信息披露与出口绩效之间的关系发现，企业有效信息披露通过融资和质量渠道提升了企业出口绩效，这一作用在所有制、贸易形式、区域及产品特征方面存在差异性。在考虑零贸易、内生性、样本选择及遗漏变量等问题后，有效信息披露对企业出口的促进作用仍稳健成立。因此，加大企业信息披露的有效程度将有助于提高企业出口表现，这为信息时代企业信息披露的积极作用提供了有力的证据。[3]

4. 国有企业改制

　　王海成等基于2000～2007年中国工业企业和中国海关进出口数据的匹配数据研究发现，国有企业改制对出口产品质量产生了显著且稳健的提

---

　　① 林令涛、刘海洋、逯宇铎：《进口中间品、技术匹配与企业出口能力》，载《经济科学》2019年第5期。
　　② 毛其淋：《人力资本推动中国加工贸易升级了吗?》，载《经济研究》2019年第1期。
　　③ 金祥义、戴金平：《有效信息披露与企业出口表现》，载《世界经济》2019年第5期。

升作用。国有企业改制后，国有资本股权占比约29%时出口产品质量达到最优。国有企业改制对出口产品质量的影响存在异质性，当企业改制为民营企业，生产同质性产品及处于高竞争程度行业时，国有企业改制会较大幅度地提升产品质量。提高全要素生产率是国有企业改制提升出口产品质量的主要渠道。①

5. 目的地非正式制度改善

祝树金等构建了一个包括出口商、目的地分销商和潜在侵权商的博弈模型，以普遍道德水平衡量目的地非正式制度，并基于2003～2011年中国海关数据库与世界价值观调查数据进行经验研究发现，以普遍道德水平衡量的目的地非正式制度改善，通过降低出口企业预期的违约风险及产品被侵权风险，促进企业出口更高质量的产品。目的地普遍道德水平对出口产品质量的影响效应也依赖于目的地的法治水平，二者之间存在相互补充、相互促进的关系。②

（二）出口国内附加值的影响因素

出口国内增加值是衡量一个开放经济体产业和贸易升级的重要指标，提高出口国内增加值率（DVAR）是实现外贸转型升级和迈向全球价值链（GVC）中高端的重要选择。学者们对此从不同角度进行了深入研究。

1. 服务业外商直接投资管制

中国作为出口规模最大的国家，出口国内增加值比重却仍处于世界中低水平。李小帆等建立两阶段生产的李嘉图模型，利用跨国面板数据研究发现，服务业FDI管制会抑制服务业自身的发展，促使国内生产者直接进口国外服务中间品或进口服务密集度高的制造业中间品，由此降低了出口国内增加值比重。③

---

① 王海成、许和连、邵小快：《国有企业改制是否会提升出口产品质量》，载《世界经济》2019年第3期。

② 祝树金、段凡、邵小快、钟腾龙：《出口目的地非正式制度、普遍道德水平与出口产品质量》，载《世界经济》2019年第8期。

③ 李小帆、马弘：《服务业FDI管制与出口国内增加值：来自跨国面板的证据》，载《世界经济》2019年第5期。

2. 贸易自由化

毛其淋等研究发现，贸易自由化显著提高了企业出口的国内附加值率，这一效应随企业加工贸易程度的提高而减弱。贸易自由化通过成本加成提升和研发创新增加渠道提升了企业出口国内附加值率。从行业层面来看，资源再配置效应是贸易自由化促进行业出口国内附加值率增长的重要途径。[①]

魏悦羚等从进口自由化层面也得出了类似的结论。他们基于国家—部门层面总出口完整分解数据，采用中国加入 WTO 的拟自然实验，从中观和宏观层面考察进口自由化对中国出口 DVAR 的影响和作用机制发现，降低进口关税特别是中间品和原材料关税显著有助于提升出口 DVAR。其中，进口自由化对中低层次 GVC 地位的影响显著为正；对高层次 GVC 地位的影响尚不显著；与发达经济体开展进口自由化显著提升中间品出口 DVAR。进口自由化主要通过两种机制发生作用：一是通过提高投入品质量而不是数量对出口 DVAR 产生了正向作用（投入品质量效应）；二是通过推动行业向高技能劳动力密集型方向转变，提高纯国内要素比重，提高了出口 DVAR（要素结构效应）。这说明，在贸易保护主义升温的全球大背景下，贸易自由化政策非常重要，发展中经济体对发达经济体实施中间品进口自由化对迈向全球价值链高端环节也非常重要。[②]

李建萍等从贸易开放角度，基于异质性企业出口—生产率关系的多元情形，通过对梅里兹和雷丁（Melitz and Redding, 2015）分析框架的拓展研究发现，即使存在出口企业生产率低于非出口企业的"出口生产率悖论"，贸易开放也显著提高了行业平均生产率水平和一国总贸易利益，但是在"Melitz 情形"下的总贸易利益大于"悖论情形"。[③]

3. 最低工资上涨

耿伟等将最低工资纳入扩展（Kee and Tang, 2016）模型，考察最低工资上涨对企业出口国内附加值率的影响及作用机制认为，最低工资上涨

---

① 毛其淋、许家云：《贸易自由化与中国企业出口的国内附加值》，载《世界经济》2019年第1期。

② 魏悦羚、张洪胜：《进口自由化会提升中国出口国内增加值率吗——基于总出口核算框架的重新估计》，载《中国工业经济》2019年第3期。

③ 李建萍、辛大楞：《异质性企业多元出口与生产率关系视角下的贸易利益研究》，载《世界经济》2019年第9期。

降低了企业出口国内附加值率，并且通过"成本效应"和"相对价格效应"两个渠道降低企业出口国内附加值率。他们使用中国企业微观数据和各城市最低工资数据，以2004年中国《最低工资规定》颁布为"准自然实验"构建倍差模型进行了经验验证。结果显示，最低工资上涨显著地抑制了企业出口国内附加值率上升。"成本效应"表现为最低工资上涨显著地提高了企业的边际成本，垄断竞争市场结构下上升的成本无法完全传递至价格，进而抑制了出口国内附加值率的提升。"相对价格效应"表现为最低工资上涨显著地提升了国内中间品的价格，使得企业更多地使用进口中间品进行生产，进而抑制了出口国内附加值率的提升。相较于资本密集型和技术密集型企业，最低工资上涨对劳动密集型企业出口国内附加值率的抑制作用更大。最低工资上涨对国有企业、民营企业、加工贸易企业和东部地区企业出口国内附加值率的抑制作用尤为显著。[①]

4. 企业空间集聚

闫志俊等利用中国制造业企业数据研究发现，企业空间集聚程度的提高有助于增加中国企业的出口国内附加值，其影响效应大小与企业参与贸易的方式、所有制性质、出口产品的技术复杂度以及出口目的地密切相关。加工贸易企业的出口国内附加值显著受到空间集聚的影响，但对一般贸易企业这一影响并不显著。产品技术复杂度越高，空间集聚对出口国内附加值的影响效应越大。空间集聚产生的中间品替代效应和资源再配置效应是提升出口国内附加值的重要渠道。[②]

5. 中间产品再配置

马丹等用出口产品最终所有权归属作为核算依据，采用生产分解模型测算来自国际贸易的增加值份额发现，技术差距变化对中间产品配置具有非线性的调节作用，中国与先进技术国家间技术差距的缩小是推动中间产品在国内外市场重新配置的重要驱动力。中间产品内向化通过出口增加值率效应和出口依存效应，从质和量上影响出口国内增加值份额变化。在跨越技术转换边界之后，中间产品向国内市场延伸不仅缓冲了外部供给的负

---

① 耿伟、杨晓亮：《最低工资与企业出口国内附加值率》，载《南开经济研究》2019年第4期。

② 闫志俊、于津平：《出口企业的空间集聚如何影响出口国内附加值》，载《世界经济》2019年第5期。

面冲击，还降低了出口依存效应，提升了出口增加值率效应。技术进步驱动下的中间产品再配置更大幅度提升了全球价值链贸易的出口增加值率效应，显著降低了传统贸易的出口依存效应，矫正了中间产品内向化可能带来的出口国内增加值份额下降。①

6. 转型升级政策

胡浩然等使用双重差分法考察转型升级政策对企业出口国内附加值率的影响发现，贸易转型升级政策提升了加工贸易企业的国内附加值率，并且通过多重检验得到稳健一致的结论。国内附加值率的提升过程与企业动态变化和经营主体结构调整密切相关，转型升级政策通过促进企业退出、进入和贸易方式转化等形式对提升企业出口的国内附加值率起到了积极作用。②

（三）　全 球 价 值 链

近年来全球价值链成为对外贸易研究的一个重要问题。不同国家在全球价值链中所处的相对地位取决于其参与国际分工与贸易的程度，主要体现在对外贸易的获利能力上。学者们从不同角度对全球价值链进行了深入研究。

1. 贸易利益

王岚从专业化效应和干中学效应两个层面刻画了全球价值链分工融入路径影响一国贸易利益的理论机制，并利用2000～2014年中国制造业行业面板数据，考察了参与全球价值链分工是否以及如何影响中国出口贸易利益。研究表明：（1）对全球价值链分工的前向参与和后向参与能够分别通过专业化效应和干中学效应促进贸易利益的提升；（2）融入全球价值链分工显著提升了中国的贸易利益，且后向参与是中国融入 GVC 分工并获得贸易利益的主要途径；（3）外商投资企业以促进中国制造业后向参与GVC 的方式，促进了中国贸易规模的增加，同时也抑制了中国的贸易获利

---

① 马丹、何雅兴、张婧怡：《技术差距、中间产品内向化与出口国内增加值份额变动》，载《中国工业经济》2019 年第 9 期。

② 胡浩然、李坤望：《企业出口国内附加值的政策效应：来自加工贸易的证据》，载《世界经济》2019 年第 7 期。

能力，即外商投资对中国贸易利益发挥着"双刃剑"作用；（4）与低收入国家前向关联引致的专业化效应以及与中等收入国家后向关联引致的干中学效应显著提升了我国的贸易利益，但与高收入国家后向关联引致的干中学效应对我国贸易利益的影响并不显著。①

2. 出口增值能力

高翔等测算了中国制造业 2000～2011 年的产业上游度及企业出口国内增加值率，并考察了中国制造业是否存在嵌入位置和出口增值能力之间的"微笑曲线"关系（"U"型关系）。研究发现，2000～2011 年中国制造业"上游化"趋势明显，然而上游度和企业出口国内增加值率在总体层面不存在"微笑曲线"关系，"微笑曲线"更多是存在于加工贸易企业中。随着产业"上游化"进程的推进，一般贸易企业出口增值能力的"扁平化"趋势明显，劳动密集型与资本密集型产业的加工贸易企业呈现出明显的"微笑曲线"特征，而知识密集型产业的加工贸易企业则呈现出截然相反的"武藏曲线"特征。②

3. 贸易条件

发展中国家在全球价值链（global value chain，GVC）中贸易条件的改善，不仅关系到本国贸易利益的多少，而且关系到本国的产业升级前景。张少军等以 WIOD 数据库为基础，利用发展中国家 1995～2014 年的跨国面板数据，探究 GVC 对发展中国家贸易条件的影响机制发现：（1）随着GVC 嵌入度的提高，发展中国家的贸易条件将不断恶化；（2）分别从出口渠道与进口渠道来看，GVC 使发展中国家的出口价格指数下降和进口价格指数上升，形成了"高进低出"的贸易条件模式；（3）GVC 对发展中国家贸易条件的恶化作用可能更多的是通过出口渠道来实现的；（4）GVC嵌入度对贸易条件的作用受到 GVC 分工位置的影响，随着 GVC 嵌入度的提高，居于 GVC 下游地位的发展中国家所能得到的贸易利益更加微薄，表现为贸易条件逐渐恶化。③

① 王岚：《全球价值链嵌入与贸易利益：基于中国的实证分析》，载《财经研究》2019 年第 7 期。
② 高翔、黄建忠、袁凯华：《价值链嵌入位置与出口国内增加值率》，载《数量经济技术经济研究》2019 年第 6 期。
③ 张少军、侯慧芳：《全球价值链恶化了贸易条件吗——发展中国家的视角》，载《财贸经济》2019 年第 12 期。

三、对外贸易政策绩效

（一）加工贸易转型升级政策绩效

181

胡浩然使用 2000~2006 年海关和工业企业数据，从企业出口水平角度对 2003 年以来的加工贸易转型升级政策效应进行评估，并且分析了政策影响企业出口水平的微观机制和市场调节机制。研究发现：（1）转型升级政策降低了加工贸易企业的平均出口水平。从微观层面发现，企业生产率和出口产品质量是影响企业出口水平的重要渠道，政策通过降低生产率和产品质量进而降低了企业的平均出口水平。（2）政策通过提高企业的进入、退出概率和降低新进入企业的存活概率，进而降低了企业的平均出口水平，市场调节机制的结果与不同经营主体企业的动态调整过程有关。（3）加工贸易企业可以通过自我学习效应和转变贸易方式提升企业出口水平，但是提升幅度没有超过企业进入和退出带来的降低幅度。可见，转型升级政策降低了加工贸易企业平均出口水平，内在原因是企业面临调整成本，进而降低了生产率和产品质量，同时与企业动态变化的市场调节机制密切相关。政策通过降低企业出口水平，促进了贸易方式的转化，表明转型升级政策优化了贸易结构。①

（二）贸易保护政策绩效

当前逆全球化思潮兴起引发国内外关于贸易政策取向选择的重新审视。杨源源等将关税、补贴等显性贸易壁垒和央行竞争性贬值政策引入两国一般均衡模型研究发现，尽管关税、补贴等贸易保护政策短期能达到"奖出限入"的目的，但对宏观经济亦存在显著负面效应。贸易保护政策的利率影响机制对宏观经济的影响相对显性贸易壁垒更大且国际货币政策对本国经济存在较大溢出，经济开放程度的提升会削弱显性贸易保护政策

---

① 胡浩然：《加工贸易转型升级政策效应及其影响机制——基于企业出口水平视角的分析》，载《产业经济研究》2019 年第 1 期。

182

的"挤入效应"并抑制货币政策有效性。因此，贸易保护主义不应成为中国贸易政策的现实选择，同时央行有必要通过加强国际货币政策协调以降低外部经济对本国经济的负面冲击。①

高翔等利用 2000 ~ 2007 年中国企业数据，从政府补贴视角剖析其对出口企业加成率的影响发现，政府补贴对出口企业加成率产生了显著的负向影响，进一步考虑非线性因素后，政府补贴与加成率变动呈现出显著的倒"U"型关系。政府补贴影响出口企业加成率的内在机制是：第一，政府补贴降低了出口产品价格，促成了出口企业"低价竞争"的出口模式，进而降低加成率；第二，政府补贴并不能显著提高出口企业的创新绩效，反而会弱化出口企业的创新激励，进而使出口企业陷入"低加成率陷阱"；第三，对于政府补贴的政策依赖会使出口企业采取寻租行为，加大企业生产成本，不利于加成率的提升。因此，应当反思政府补贴这一产业政策对出口的带动作用，未来中国出口贸易转型升级的关键在于培育出口企业的内生动能。②

许家云等采用基于倾向得分匹配的倍差法系统对生产性补贴对微观企业进口的作用进行研究表明，生产性补贴不仅提高了企业进入进口市场的可能性，而且还显著促进了企业进口产品种类、进口额以及进口产品质量的提升。与外资和国有企业相比，生产性补贴对民营企业进口的积极影响最小。从进口类型来看，与纯资本品进口和混合型进口企业相比，生产性补贴对纯中间品进口企业的积极影响最大。"融资约束缓解"是生产性补贴促进企业进口的一个重要渠道。生产性补贴通过进口对企业绩效的影响主要体现在进口的规模效应，进口的质量效应并不显著。③

向洪金等利用改进的 GSIM 模型与 2017 年全球乘用汽车生产与贸易数据，模拟了中国下调汽车关税的福利影响发现：第一，对中国汽车行业冲击有限，中国乘用汽车的产量、销售价格、内销额将在 2017 年的基础上分别下降 1.0%、1.64%、1.7%；第二，中国汽车进口将有大幅提升，从欧盟、美国、日本等主要汽车出口经济体的汽车进口额将在 2017 年的基础上增加 20% 以上；第三，中国汽车行业生产者福利和政府关税收入分别

① 杨源源、于津平：《逆全球化背景下中国贸易政策取向选择——基于 DSGE 模型的动态模拟分析》，载《南开经济研究》2019 年第 1 期。
② 高翔、黄建忠：《政府补贴对出口企业成本加成的影响研究——基于微观企业数据的经验分析》，载《产业经济研究》2019 年第 4 期。
③ 许家云、毛其淋：《生产性补贴与企业进口行为：来自中国制造业企业的证据》，载《世界经济》2019 年第 7 期。

年均减少 34.4 亿美元、14.1 亿美元，但中国汽车消费者福利和社会净福利每年分别增加 109.3 亿美元、60.8 亿美元。①

（三）上游行政管制政策绩效

立足于中国目前"上游行业行政垄断，下游行业市场竞争"的现实背景，刘灿雷等利用 1998～2013 年的微观企业数据，从垂直生产供应链视角就上游行政管制现象进行行业界定，并根据行业间投入产出关系测算出上游行政管制程度，进一步考察其对中国制造业企业出口行为的影响发现，1998～2007 年上游行政管制程度呈现出明显的下降态势，并对中国制造业企业的出口市场进入和出口规模扩张产生了积极的促进作用。但在 2007～2013 年，上游行政管制程度却发生了扭转并逐年强化，明显抑制了中国制造业企业出口行为的提升。上游行政管制程度对制造业企业出口行为的影响，主要体现在民营企业、一般贸易企业、高竞争行业以及东部沿海地区中。继续推进上游行政管制行业的市场化改革，降低其在行业间投入产出中的管制程度，对于继续释放出口对经济增长的促进作用具有重要的意义。②

（四）金融服务业外资政策调整

侯欣裕等指出，理论上，金融服务业外资准入放松有助于提升金融服务中间品的技术和管理水平，直接效果是有助于提升出口企业使用金融服务的多样化和便捷化，促进企业出口。他们采用国家发改委公布的《外商投资产业指导目录》进行实证研究表明，金融服务业外资政策调整放开有助于提高下游制造业企业出口倾向和收益，存在出口促进作用；管理效率高、出口非技术密集型及资本密集型产品的企业出口对金融服务业外资政策调整的反应更为灵敏；金融服务业外资政策调整放开通过缓解企业融资约束促进企业出口。我国金融服务业外资政策调整放开是推动我国贸易提升的一个重要支撑点。③

---

① 向洪金、邝艳湘、徐振宇：《全球视角下中国主动扩大进口的行业层面福利效应研究》，载《数量经济技术经济研究》2019 年第 4 期。

② 刘灿雷、王永进：《上游行政管制与中国企业出口行为——基于垂直生产供应链的视角》，载《财经研究》2019 年第 4 期。

③ 侯欣裕、陈璐瑶、孙浦阳：《金融服务、外资政策调整与企业出口——基于中国微观数据的验证》，载《金融研究》2019 年第 11 期。

184

（五）政策不确定性

随着全球经济政策不确定性程度加剧，中国企业出口贸易不可避免会受到影响。大多研究立足于宏观层面，以至于掩盖了企业异质性特征，使得经济政策不确定性与出口贸易的关系莫衷一是。张夏等基于一般均衡研究框架，推理出经济政策不确定性可以通过提高出口企业生产率阈值来推动出口贸易升级，并运用高度精细化的微观企业数据进行了实证检验。研究发现，一方面，进口国经济政策不确定性通过提高出口企业的生产率阈值，降低了出口企业数量；另一方面，进口国经济政策不确定性通过倒逼出口企业进行高端品贸易，提高了企业的出口产品规模和出口产品质量。经济政策不确定性不是出口转型升级的"绊脚石"。[①] 王璐航等也指出，中国加入 WTO 之后的出口增长与不确定性的降低没有关系。[②]

然而，周定根等以中国加入 WTO 后企业出口所面临的贸易政策不确定性大幅下降为切入点，从信号传递机制和风险调整机制分析其对出口持续时间的作用机制却发现，贸易政策不确定性下降有助于提升出口持续时间，改善出口稳定性。企业在面临贸易政策不确定性时适度地等待进入时机有助于提高后续出口的稳定性，但过度的等待会适得其反。贸易政策不确定性下降对核心产品的出口稳定性有所改善，而非核心产品则加速退出出口，企业的出口产品组合逐渐向核心产品集中。此外，高质量、高价格和差异化产品的出口稳定性有所提高，而低质量、低价格和同质化产品逐渐被淘汰。[③]

四、贸易保护主义

随着世界经济的发展，不同经济体相互之间的经济联系和依赖性增强，贸易自由化是一个内生的优化选择。近年出现的少数国家"逆全球

---

① 张夏、施炳展、汪亚楠、金泽成：《经济政策不确定性真的会阻碍中国出口贸易升级吗?》，载《经济科学》2019 年第 2 期。

② 王璐航、首陈霄：《中国入世与出口增长：关于关税不确定性影响的再检验》，载《经济学（季刊）》2019 年第 2 期。

③ 周定根、杨晶晶、赖明勇：《贸易政策不确定性、关税约束承诺与出口稳定性》，载《世界经济》2019 年第 1 期。

化"倾向具有一定的背景和动因，但违背经济增长规律和整体经济社会的
发展，是不可持续的短期现象。①

（一）中美贸易战

近两年，中美经贸摩擦不断升级，陈江生等指出，冷战结束后的美国
仍然具有帝国主义的生产集中和垄断、金融寡头控制、资本输出、形成国
际垄断同盟以及瓜分与重新瓜分世界五个基本特征。美国基本上还是列宁
所指的帝国主义国家。中国的崛起影响了美国在世界商品市场和金融市场
中的垄断地位，因而美国对中国进行遏制和打击也就成为必然。"贸易战"
就是美国当前对华采取的遏制和打击手段。② 在中美贸易战中，加征关税
重新成为贸易保护的重要手段，加征关税和技术性贸易措施的中美福利效
应就成为学界研究热点。

1. 加征关税的福利损失

王晓星等将估算进口需求弹性的方法推广到双边层面，利用 123 个国
家或地区 2000～2016 年 HS6 进口品数据，对双边进口需求弹性和贸易限
制指数进行估算，并重点评估了中美经贸摩擦的福利损失。结果显示，中
国总体进口需求弹性平均值为 -1.79。基于双边弹性和关税测算的贸易限
制指数值低于利用多边关税测算的值，这表明已有文献高估了中国的贸易
保护程度。中美经贸摩擦可使中美贸易顺差下降 975.45 亿美元，同时使
中美两国无谓损失分别增加 25.70 亿美元和 79.49 亿美元。情景模拟显
示，中国对美国加征关税时未完全考虑关税结构，美国征税改善贸易不平
衡的边际效应在下降。③

中美经贸关系是中美两国关系的"稳定器"和"压舱石"，而中美贸
易摩擦则会对中美双方乃至世界经济产生负面影响。那么，该如何认识这
一负面影响的程度和特征呢？虽然现有研究已经对中美贸易摩擦的经济效
应进行了定量评估，但大多仍是基于情景假定而展开的模拟分析。吕越等

---

① 李春顶、陆菁、何传添：《最优关税与全球贸易自由化的内生动力》，载《世界经济》
2019 年第 2 期。
② 陈江生、沈非、张滔：《论美国对华"贸易战"的本质——基于〈帝国主义论〉视角》，
载《马克思主义研究》2019 年第 11 期。
③ 王晓星、倪红福：《基于双边进口需求弹性的中美经贸摩擦福利损失测算》，载《世界经
济》2019 年第 11 期。

利用 COMTRADE 和 TRAINS 数据库与 WITS – SMART 模型，根据 2018 年中美两国公布的 4 月初步清单和 6 月两批实施清单，通过对贸易消减效应、福利效应和贸易转移效应的模拟，就中美贸易摩擦对双方福利效应的变化进行考察表明：（1）从贸易影响来看，美国从中国的进口和中国从美国的进口将大幅减少，且前者减少额度远超后者；（2）从福利效应来看，虽然中国的增税清单对美国目标产业的打击程度更大，但中国所遭受的总体福利损失却更多，约为美国的 2.6 倍；（3）从产业损害来看，机电产品是美国受损最大的行业，中国受影响最大的则是大豆和汽车行业；（4）从贸易转移来看，美国进口将从中国转移到墨西哥、日本和德国等市场，中国进口将主要转移到巴西、德国和日本等市场；（5）从策略比较来看，中国的对等反制措施相比美国虽针对性强，但灵活性和效率不足。①

齐鹰飞等以 2018 年发生的中美贸易摩擦为背景，通过构建跨国投入产出网络模型刻画了关税冲击的传导机制。研究发现，关税冲击导致本国出口下降，同时加征的关税作为转移支付会提高外国的家庭收入并扩大本国消费品出口，此一负一正两种初始效应沿跨国投入产出网络向上游传导，最终形成负向的直接需求侧效应和正向的间接需求侧效应。关税冲击还通过影响相对价格增加下游行业的成本，这种效应沿跨国投入产出网络向下游传导，最终形成负向的供给侧资源再配置效应。就美国四轮关税加征对中美两国就业和福利的影响来看，冲击在投入产出网络中的传导使得各行业关税升幅与就业损失之间存在不一致性。虽然两国的总就业和福利均有所下降，但二者降幅在两国间存在非对称性，中国的福利损失高于美国，而美国就业下降的百分比高于中国。②

2. 美国技术性贸易措施对中国的影响

张彬等利用中国海关进出口数据库和 WTO 特别贸易通报数据库，基于异质性理论建立多维度固定效应的线性概率模型，考察美国技术性贸易措施对中国企业出口决策和企业出口贸易额的影响发现：第一，美国实施的技术性贸易措施对中国出口决策和出口贸易额的负面影响范围广、程度深，高技术产品和私营企业受到的负面影响较大；第二，异质性企业理论

---

① 吕越、娄承蓉、杜映昕、屠新泉：《基于中美双方征税清单的贸易摩擦影响效应分析》，载《财经研究》2019 年第 2 期。
② 齐鹰飞、LI Yuanfei：《跨国投入产出网络中的贸易摩擦——兼析中美贸易摩擦的就业和福利效应》，载《财贸经济》2019 年第 5 期。

成立，且美国实施的技术性贸易措施对中国企业不存在歧视。中国应利用制造业升级及自贸区战略的契机，努力缩小与美国的标准差距，并合理有效利用技术性贸易措施，保护本国的相关产业。①

（二）对华反倾销

1. 对华反倾销的动因

蓝天等使用 1995～2015 年对华实施反倾销的 21 个发达国家和发展中国家的 20 类产品数据，基于面板负二项回归模型探析了国际对华反倾销的多样化动因。研究发现，中国出口价格低是国际对华实施反倾销的直接原因；国际对华反倾销具有明显的行业特征，金属制品、纺织品和化工品容易遭遇反倾销；人民币汇率下降会加剧反倾销，而进口冲击和大供应商能够对反倾销起到缓解作用；俱乐部效应和报复效应是各国对华反倾销的重要动因；中国加入 WTO 遭受的反倾销具有明显的"入世效应"，而良好的经贸关系将有效减少反倾销；中国的出口产品与世界存在显著竞争关系提高了国际对华反倾销的可能。②

2. 反倾销对外贸的影响

罗胜强等利用 2000～2006 年中国海关数据库和世界银行反倾销数据库数据，以美国对华反倾销为例，从出口企业进出市场动态角度考察了反倾销出口破坏效应的微观形成机制。理论上，反倾销对出口总额与出口扩展边际有负面影响，但对集约边际的影响不确定；由于新企业面临较高的固定成本，反倾销对新企业的出口影响较大，而对在位企业的出口影响较小。从我国的经验数据来看，反倾销对涉案产品出口具有破坏效应，并主要体现在扩展边际上，但其没有显著减少在位企业的出口，而是显著减少了新企业的出口。对于获得单独反倾销关税的企业而言，尽管单独反倾销关税增加了其出口成本，但由于单独反倾销关税低于统一反倾销关税，带

---

① 张彬、王梓楠：《美国技术性贸易措施如何影响中国企业出口》，载《经济理论与经济管理》2019 年第 4 期。

② 蓝天、毛明月：《国际缘何对华反倾销？——基于面板负二项回归的多样化动因分析》，载《南开经济研究》2019 年第 2 期。

来了额外的相对成本优势，从而在整体上对其出口影响不显著。[1]

鲍晓华等在异质性企业理论模型基础上，采用双重差分法分析了中间投入品征税对生产率不同的下游企业生产和出口的差异化影响。研究表明，反倾销同时降低了下游企业的出口概率和出口额，高生产率企业出口降幅较小，这一负面影响将在 3～5 年内持续存在。反倾销通过调查效应和成本效应影响了下游企业的出口，但成本效应是主要渠道。[2]

① 罗胜强、鲍晓华：《反倾销影响了在位企业还是新企业：以美国对华反倾销为例》，载《世界经济》2019 年第 3 期。
② 鲍晓华、陈清萍：《反倾销如何影响了下游企业出口？——基于中国企业微观数据的实证研究》，载《经济学（季刊）》2019 年第 2 期。

第九章 公共经济问题 研究新进展

　　2019 年，公共经济领域的研究内容主要集中在土地财政、公共债务、公共服务与公共产品、公共治理等方面，既包含对现实问题的解读与剖析，又不乏针对性的政策建议和前景展望。

一、土地财政

　　土地财政在近些年来一直是公共经济领域的研究热点，2019 年的研究主要集中在融资模式的选择、债务风险以及相关政策工具使用等方面。

（一）土地财政与土地融资

　　基础设施建设在发展经济、促进就业等方面发挥着独特作用，地方政府的基础设施投资来源主要得益于土地红利，而土地红利的获得通常使用土地财政与土地金融两种手段。余靖雯等利用 2008 ~ 2013 年地级市的相关数据，通过构建动态的最优化决策模型，研究土地价格的增长速度对于地方政府选择土地融资模式的影响发现，当土地价格增长较慢时，地方政府通常做出直接出让土地的决策；当土地价格增速较快时，地方政府倾向于采取土地抵押的融资方式，在不出卖土地使用权的基础上获得资金，再投资于机场、道路等基础设施建设。研究还发现，相较于中、西部地区，东部城市的土地价格增长率对地方政府的融资规模影响最大；相较于三、四线城市，一、二线城市的土地价格增长率对地方政府的融资规模影响更大。此外，土地金融模式下的融资成本受土地价格增长率的影响，二者为负相关关系。①

马荣等认为，为顺应经济发展新形势，应改变过分依赖土地融资的模式，拓展我国基础设施建设的新途径，提出新时代我国基础设施应向新型化、智能化、网络化转型，改变原来的土地融资为主的模式。②

（二）土地财政与债务风险

土地作为一种稀缺性资源，纵然在推动地方经济发展与城镇化建设中发挥了重要作用，但强烈依赖土地财政的背后所隐藏的债务危机不可小觑。周彬等以 2004～2016 年上海、深圳两地的非金融类上市公司作为考察对象，深入研究了土地财政依存度与企业杠杆率之间的内在联系，以及由此引发的对非金融类企业的偿债压力与偿债能力的影响。研究结果表明，地方政府的土地财政依赖程度对企业过度资产负债率有稳健的正向促进作用，其影响程度通过房地产抵押物的价值、银行信贷的配给及地方政府债务负担三种途径实现。同时，土地财政的依赖程度越高，当地企业的偿债压力越大，盈利能力越低，债务风险越高。③

张莉等利用爬虫技术整理土地市场网上公布的发生在 2006 年至 2016年 2 月期间的土地抵押信息，通过将融资平台与非融资平台的情况进行对比，实证研究了地方政府在以地融资过程中发挥的干预作用。结果表明，地方融资平台通过土地抵押获得比非融资平台更高的抵押金额与抵押率，这与地方政府对信贷市场的干预密不可分，此举将导致较高的杠杆率，大大提高债务风险。④

（三）土地财政与政策工具

如何合理发挥土地财政的功效，适当解绑地方财政对其的惯性依赖也是学者们热衷探讨的话题。在土地财政的研究中，政策工具成为研究的热

---

① 余靖雯、王敏、郭凯明：《土地财政还是土地金融？——地方政府基础设施建设融资模式研究》，载《经济科学》2019 年第 1 期。

② 马荣、郭立宏、李梦欣：《新时代我国新型基础设施建设模式及路径研究》，载《经济学家》2019 年第 10 期。

③ 周彬、周彩：《土地财政、企业杠杆率与债务风险》，载《财贸经济》2019 年第 3 期。

④ 张莉、魏鹤翀、欧德赟：《以地融资、地方债务与杠杆——地方融资平台的土地抵押分析》，载《金融研究》2019 年第 3 期。

点。其中，反腐败、建设用地规划等认为是重要的政策工具。杨超等利用2008～2014年我国59家上市房地产公司的土地交易情况，从理论分析与实证研究两个层面研究反腐败政策出台前后，政治关系对于土地出让价格的影响。研究结果表明，政府部门与房地产开发企业建立起亲密的政治关系，通过设置较低的起始价、选择固定的土地交易方式（挂牌）两种形式，降低该企业的土地获取成本。然而，反腐败这一外生政策的加入，提高了土地交易过程中的寻租风险，冲击了传统的政企联系，进一步弱化了政治关系对于土地出让价格的负向作用。[1] 王健等探索了"营改增"背景下，市、县两级地方政府的土地财政收入变化，以及建设用地规划指标的约束作用。实证研究表明，营业税改征增值税对市级政府土地财政收入的净影响程度为40.29%，但在建设用地规划指标的约束下，土地财政收入将减少29.91%，县级政府的这两类数据分别为29.31%与24.52%。因此，财税体制改革提高了地方政府对土地财政的依赖程度，而建设用地指标成为一种有效的调控手段。[2]

除此以外，有学者通过考察土地财政收益的影响因素，进一步丰富了政策工具的选择与使用。崔华泰在经济学理论框架之内，通过两部门生产函数推导影响土地财政收益的数理表达式，再将通过显著性检验的自变量代入省际相邻与省际距离矩阵模型中进行估计。研究结果发现：第一，土地财政收入与当地经济发展水平呈正相关关系，但为保证地方经济平稳运行，地方政府必须严格控制对土地财政的惯性依赖；第二，地方财政赤字率与产业结构对土地财政收益的影响程度并不十分明显，且就业人口结构与就业平均工资等因素仅在特定区域影响显著，如前者对东部地区城市作用较大，后者只在西部地区发挥作用，因而在选择治理工具时必须因地制宜、相机而动；第三，相邻省份在土地财政治理层面具有较高的相通性，容易导致挤出效应，因而在解决土地财政问题时应注意省际合作。[3]

---

①　杨超、吴雨、山立威：《政治关系、反腐败与土地出让价格——基于微观土地交易数据的实证研究》，载《经济评论》2019年第2期。

②　王健、黄静、吴群：《"营改增"下的土地财政：建设用地规划指标的约束》，载《财经研究》2019年第6期。

③　崔华泰：《我国土地财政的影响因素及其溢出效应研究》，载《数量经济技术经济研究》2019年第8期。

二、政府债务

（一）地方政府债务的影响因素

党的十九大报告中将防范化解重大风险列为决胜全面建成小康社会的攻坚战之一，地方公共债务规模持续增长导致的财政金融风险则是其中的一项重要内容，受到了社会各界的广泛关注。众多学者从多方面探究了地方政府债务的影响因素及其影响机制。

冀云阳等通过实证分析发现：第一，分税制改革以来支出责任不断下移使地方公共支出的需求得不到满足，财政分权体制下的地区间经济增长竞争扩大了地方政府的财政赤字缺口，在二者的共同作用下，地方政府只能扩大债务规模，且相对于东部地区，这一影响在中西部地区表现得更为显著。第二，各地政府在债务筹资行为上表现为策略模仿，且这一行为对于地区经济的促进作用只在短期内较为显著，长期反而损害经济增长并使金融市场风险加剧。因此，他们建议：一是政府间事权与支出责任应明确划分，将政府间纵向公共服务职能规范划分。二是地方政府的政绩评价体系应加以完善，对地方违规举债行为的问责机制应进一步强化。①

关于分税制改革对地方公共债务的影响，毛捷等从兼顾财政和金融的视角进行探究发现，在全国范围内，税收分成比例的提高使地方政府扩大债务规模的能力和动机增强，地方公共债务的依存度和负债率受到税收分成的正向影响显著，且这一影响会随着隐性金融分权对地方政府融资约束的减弱以及经济增长率的提高得以加强，会因宏观税率的提高呈现出先加强后减弱的倒"U"型趋势。为防控债务风险，应做到：一是加快中央和地方新型财政关系的建立；二是使地方政府投融资体制适应新时代的要求；三是明确各级监管主体，建立地方公共债务管理的长效协同机制。②

由于分税制改革导致地方政府需要自行承担更多的财政支出，此时，财

---

① 冀云阳、付文林、束磊：《地区竞争、支出责任下移与地方政府债务扩张》，载《金融研究》2019年第1期。

② 毛捷、刘潘、吕冰洋：《地方公共债务增长的制度基础——兼顾财政和金融的视角》，载《中国社会科学》2019年第9期。

政透明度的提高使预算内债务融资面临更大的信息披露和群众监督压力，于是城投债券受到了更多的关注。徐红等的分析证实了只有在财政分权程度高的地区，财政透明度对城投债券发行规模的正向影响才显著。此外，财政透明度对城投债券的信用评级具有显著的正向影响，但并不影响其融资成本。基于此，应做到：一是建立全口径财政预算管理体制，除了预算内资金外，加强预算外资金筹集与使用的监管力度；二是合理制定中央和地方的财政收入分成比重，使地方政府的财政收入水平能够匹配其支出责任；三是在信用评级市场推广"投资者付费"模式，并着力打破地方政府的"隐性担保"。①

曹婧等通过实证分析城投债持续增长的影响因素发现：第一，虽然地方政府为了缓解财政压力有可能增加债务，但城投债的发行难度也随着财政压力的提高而增大，因而财政压力不构成城投债扩张的主要原因；第二，晋升压力对城投债发行规模的正向影响显著，尤其当地级市市委书记处于特定年龄段（55～58岁）时，扩大城投债规模的倾向更加强烈，且这一影响在发展压力较大的地级市，表现得更加突出；第三，上述影响主要体现为地方政府主动负债，增加的债券多为长期债券和无担保债券，多用于基础设施建设投资。要削弱地方政府举债动机，应完善干部考核评价机制，在官员晋升机制中将经济增长绩效适当替换为其他绩效指标，引导正确的政绩观，而且在防范化解地方政府债务风险时，应考虑到各地区发展基础和发展能力等方面的不平衡。②

除此之外，田国强等构建动态随机一般均衡模型探究金融体系效率对地方政府债务的影响机制发现：一是金融体系效率与地方政府债务之间存在紧密的循环关联性。这种循环关联表现为当金融体系效率下降时，金融系统自身的融资成本增加，金融资源错配问题突出，此时实体经济面临融资难、融资贵的困境，加剧了经济下行压力。为了促进地区经济发展，地方政府不断扩大债务规模，这一措施产生了挤出金融系统融资和加剧资源错配的不利影响，反而使金融系统和民营企业面临更大的融资困境。二是"债务驱动"的发展方式虽然在短期内对经济下行的压力可以起到一定程度的缓解作用，但长期如此会加剧经济状况的恶化。三是金融体系效率下降将降低整个经济体的福利水平，加剧福利损失程度。因此，破解民营企

---

① 徐红、汪峰：《财政分权背景下的财政透明度建设与城投债扩张》，载《经济科学》2019年第5期。

② 曹婧、毛捷、薛熠：《城投债为何持续增长：基于新口径的实证分析》，载《财贸经济》2019年第5期。

194

业融资难、融资贵和地方政府债务高企关联困境，应当从制度性根源入手，推进金融与财政协同改革，优化地方政府官员考核晋升体系，以市场化为导向提升金融运行效率和金融配置效率。[①]

（二）政府债务核算和判断

王毅等认为，中国政府资产负债核算在理论和实践上存在的问题主要包括：一是要准确界定政府的范围，划清政府和经济的边界，中央和地方政府的财权、事权匹配问题；二是准确划分金融资产、非金融资产和债务的范围及分类；三是核算基础、计值原则和合并原则等核算原则的确认；四是做好政府资产负债核算与其他国民经济账户的衔接工作。解决这些问题，有以下几个思路：第一，形成一套科学合理的政府资产负债核算理论体系；第二，从历史数据和会计核算制度两方面夯实政府资产负债的核算基础；第三，丰富政府资产负债的指标体系和应用分析视角；第四，完善政府隐性债务和或有债务的统计框架。[②]

刁伟涛等利用 Logistic 违约概率模型测度我国 333 个地级政府 2014 ~ 2017 年的一般债务和专项债务风险，做出以下判断：第一，从横向对比来看，对于不同区域，一般债务风险和专项债务风险的分布表现出较大的差异。第二，从纵向变化来看，整体债务风险有所上升，这主要是债务规模的增长导致的，违约概率未发生明显变化，债务风险大多集中于少数地级政府。第三，在地方债务风险的构成方面，一般债务风险和专项债务风险基本稳定保持在 2:1 的比例水平。[③]

（三）化解政府债务风险的建议

1. 推进体制改革

张晓晶等发现，债务累积对增长与效率具有消极影响，尤其是国有企

---

① 田国强、赵旭霞：《金融体系效率与地方政府债务的联动影响———民企融资难融资贵的一个双重分析视角》，载《经济研究》2019 年第 8 期。

② 王毅、郑桂环、宋光磊：《中国政府资产负债核算的理论与实践问题》，载《财贸经济》2019 年第 1 期。

③ 刁伟涛、傅巾益、李慧杰：《信用利差、违约概率与地级政府债务风险分类测度》，载《财贸经济》2019 年第 6 期。

业债务对效率的不利影响更加显著，只有推进体制改革，打破债务形成机制，才能有效抑制杠杆率的攀升，可以采取的措施包括：一是稳步推进破产重组，让市场清理机制发挥"强制性"作用；二是强化国企与地方政府的预算约束，弱化扩张或赶超冲动，破除隐性担保和兜底幻觉；三是确立信贷资源配置的竞争中立原则，纠正金融体系的体制性偏好，在企业申请金融信贷时不因其性质不同而受到区别对待。[①]

2. 提高财政透明度

邓淑莲等认为，提高财政透明度可以防范地方政府债务风险，这是因为：第一，由于财政透明引入了对地方政府的长效监督机制，地方政府违规举债的动机将因为预期成本的提高而得到抑制；第二，政府间无序的"支出竞争"因财政透明度的提高而得到削弱，使其对共同遵守地方债法规的策略得到重视；第三，较高的财政透明度使中央对地方的"预算软约束"得到硬化，地方政府预期难以得到中央的救助机会将主动对债务行为加以规范。随着财政透明度的提高，地方政府将从多方面对地方债的风险管理加以规范，将债务结构进行优化，加强管控发债过程，使地方财政实现健康运行。因此，提高地方财政透明度能够加强对债务风险自下而上的约束；从外部强化权力监督和内部规范政府行为两方面，使地方政府面临公开财政信息的压力从而主动对其债务行为加以规范；财政透明度提供的监督手段是长期可追溯的，促使地方政府将长期收益和可持续性作为目标，放弃短期低效的投机行为。[②]

3. 加强对地方政府债务治理

郭玉清等认为，新中国成立 70 年以来的地方政府债务治理在权衡"激励"与"控制"目标的同时，向规范化、透明化、制度化不断推进，未来有必要在以下方面加强对地方债务的治理：一是配置调整政府间表内权责框架；二是将地方债务"需求端"的支出领域向"供给侧"转移；三是提高债务融资配置效率，以微观主体为对象；四是建立地方政府债务

---

① 张晓晶、刘学良、王佳：《债务高企、风险集聚与体制变革——对发展型政府的反思与超越》，载《经济研究》2019 年第 6 期。

② 邓淑莲、刘激扬：《财政透明度对地方政府债务风险的影响研究——基于政府间博弈视角》，载《财经研究》2019 年第 12 期。

风险的事前监测预警机制。①

郭峰等指出，地方城投债的政策文宣与其实际执行之间存在一种"打左灯，向右转"的策略性信息披露现象，这就需要对地方政府执行政策的监督仍需加强，以避免中央有关部署仅体现在政策文本中却得不到有效落实。②

刁伟涛等建议：一是地方政府债券发行定价的市场化程度需要进一步提升；二是对于一般债务风险和专项债务风险，要加大分类防范和化解治理的力度。③

三、公共产品与公共服务

公共产品和公共服务是政府面对广大民众所提供的重要供给，是人们最关心、最直接、最切身的利益体现，既是当前公共管理研究的热点，也是公共经济领域的热点。

（一）公共产品

为了阐释特定的公共产品提供对公民福利程度的影响，李红昌等研究发现，高速铁路的开通运营对乘客福利影响总体正向。同时他们发现，由于高速铁路开通运营导致普通铁路和民航减少运营服务，后两者乘客群体福利有所下降。对普通铁路频率下降导致的乘客福利损失的影响最为剧烈，民航频率下降导致的乘客福利损失相对比较稳定。④

村级公共品是农村基础设施和公共服务的一个重要组成部分，而村级公共品供给的"最后一公里"难题也备受学者关注。田孟研究发现，改革开放以来，尤其是取消农业税以来，中国村级公共品供给的决策制度选择

---

① 郭玉清、毛捷：《新中国成立 70 年地方政府债务治理：回顾与展望》，载《财贸经济》2019 年第 9 期。

② 郭峰、徐铮辉：《地方政府姿态与城投债的发行数量与风险溢价》，载《财经研究》2019 年第 12 期。

③ 刁伟涛、傅巾益、李慧杰：《信用利差、违约概率与地级政府债务风险分类测度》，载《财贸经济》2019 年第 6 期。

④ 李红昌、于克美、王新宇：《中国高速铁路对乘客福利影响——基于 2013～2017 年面板数据的多期离散选择模型分析》，载《数量经济技术经济研究》2019 年第 10 期。

经历了多次变迁。在 2000～2007 年期间，主要从集中式决策向民主式决策转变。在 2008～2012 年期间，从制度外投入向制度内投入转变。2013年以后，随着投入方式的转变，决策方式也开始出现变化。他们认为，当前应该选择具有制度内民主式供给特征的新型村民一事一议制度，该模式筹资稳定性和供需衔接均较好，更加符合中国农村基层的实际。[①]

（二）公共服务

1. 公共服务均等化领域存在的主要问题

第一，区域间不均等。吕炜等研究发现，中国城市之间的公共服务均等化程度存在显著差异，一线城市的内部公共服务均等化程度普遍较高，能更高程度地满足公共服务多样化需求。少数民族地区的内部公共服务均等化程度普遍较高，满意度水平也较高。城市内部公共服务均等化会提升居民间的社会信任，不同个体的社会信任受影响的程度有差异。[②] 辛冲冲等研究发现，2007～2016 年全国整体与中部和西部区域基本公共服务供给水平均呈现两极分化，梯度特征明显，而东部区域则由显著两极分化逐渐转变为一极集聚。全国总体相对差异呈趋缓下降态势，总体差异受区域间差异影响最大。[③]

第二，公共服务供给不足和浪费并存。胡洪曙等基于 2013～2017 年的财政经济数据实证研究发现，我国基本公共服务供给的整体失调度较高，公共服务供给力度不足和公共资源浪费现象并存，其中医疗卫生和环境保护模块的供需失调最为严重。[④]

2. 推进公共服务均等化的政策建议

第一，增加专项转移支付。乔俊峰等利用国家级贫困县数据，论证转

① 田孟：《发挥民主的民生绩效——村级公共品供给的制度选择》，载《中国农村经济》2019 年第 7 期。
② 吕炜、张妍彦：《城市内部公共服务均等化及微观影响的实证测度》，载《数量经济技术经济研究》2019 年第 11 期。
③ 辛冲冲、陈志勇：《中国基本公共服务供给水平分布动态、地区差异及收敛性》，载《数量经济技术经济研究》2019 年第 8 期。
④ 胡洪曙、武锶芪：《基于获得感提升的基本公共服务供给结构优化研究》，载《财贸经济》2019 年第 12 期。

移支付结构对基本公共服务均等化的影响发现，虽然一般性转移支付也能有效提高基本公共服务水平，但其在民生领域的运用会受到地方经济发展逆向激励和支出偏好的抑制。因此，专项转移支付在提高基本公共服务均等化水平中的作用，比一般性转移支付更大。[1]

第二，合理分配地方政府财权事权。地方政府是提高全社会基本公共服务供给水平、强化民生支出的主要执行主体，地方政府基本公共服务支出会受到权责划分的影响。孙开等认为，当上下级政府权责错配时，下级地方政府基本公共服务支出会因财政压力的增加而显著降低。因此，省级政府与县级政府间财权的上收下放，应与事权、支出责任的上收下放相适应。[2]

（三）公共产品和公共服务融资模式

我国自20世纪90年代中期引入政府社会资本合作模式（PPP）以来，已经应用在基础设施建设、北京奥运会场馆、科技创新项目投资等领域。PPP在推进各类项目建设的同时，能够稳定经济增长并减轻地方政府的债务压力。

PPP改变了税收在公共品融资中的作用与地位，从而导致税收竞争动力的改变。袁诚等基于中国285个地级市2006～2013年的面板数据研究发现，社会资本参与率对地区税率水平呈现"U"型影响：社会资本参与率在低于55%时会降低地区税率水平，高于55%后则开始提升地区税率水平。究其原因，一方面是社会资本参与率增大，地区吸引流入的资本更多，伴随着税率对资本的边际影响增大；另一方面是城市之间普遍存在的税收竞争行为。[3]

当前政府大力推广PPP，但是社会资本参与度不足，PPP项目落地难，"上热下冷"。龚强等认为，这与地方政府把PPP项目利润转移补贴公共福利的策略性行为有关。他们指出，借由PPP合约的不完全性和政企之间的信息不对称，地方政府"策略性"地让社会资本在PPP项目落地

① 乔俊峰、陈荣汾：《转移支付结构对基本公共服务均等化的影响——基于国家级贫困县划分的断点分析》，载《经济学家》2019年第10期。
② 孙开、张磊：《分权程度省际差异、财政压力与基本公共服务支出偏向——以地方政府间权责安排为视角》，载《财贸经济》2019年第8期。
③ 袁诚、何西龙、刘冲：《PPP、资本流动与地区税率》，载《财贸经济》2019年第5期。

后，承担预期外的公共品负担。当前地方政府要同时实现 PPP 项目落地和公共福利最大化两个目标，最优策略是通过合理界定自身权力边界，项目落地前后保证契约一致，以此激励社会资本进入。[①]

四、行政管理体制

（一）行政行为对经济的影响

第一，行政中心选址和新城建设。卢盛峰等认为，行政中心是一种特殊的稀缺性资源，其空间选址会影响到整个区域的资源布局。因此，近些年以来，一些城市选择行政中心迁移，给原本的核心地带降温，改变资源分配格局，拉动新的区域的经济发展，提高整体的经济活力。行政中心的经济收益是显著存在的，行政中心的变化会显著提高迁入地的经济发展水平，且存在地理衰减效应。从长期影响来看，行政中心迁移带来的经济收益，将在短期内不断增强，最后趋于平缓。行政中心迁入的经济集聚效应和公共资源空间再配置效应，总体会促进整个区域的经济发展。[②]

彭冲等认为，新城建设是政府资源投入的新建设点，在短期内能够拉动经济发展，但其实是在透支长期的发展能力，是时间上的资源挪用。在人口流出地和中小城市，地方官员的变更是导致新城建设的重要原因，这体现了增长目标短期化下的发展模式。土地供给越是相对充裕，地方官员越是可能进行新城建设。同时，相对年轻的地方官员在新城建设上动力更足。2008 年金融危机之后，新城建设成为人口流出地和中小城市地方政府遏制经济下行的重要手段。人口流入地和大城市的新城建设会导致城投债的发行，也会促进短期经济增长。但是，大量的新城建设虽然在短期内有拉动经济增长的作用，如果没有足够的产业入驻和人口流入，经济的长期增长是难以持续的，而且还会积累政府债务。[③]

---

① 龚强、张一林、雷丽衡：《政府与社会资本合作（PPP）：不完全合约视角下的公共品负担理论》，载《经济研究》2019 年第 4 期。

② 卢盛峰、王靖、陈思霞：《行政中心的经济收益——来自中国政府驻地迁移的证据》，载《中国工业经济》2019 年第 11 期。

③ 彭冲、陆铭：《从新城看治理：增长目标短期化下的建城热潮及后果》，载《管理世界》2019 年第 8 期。

第二，行政服务中心。行政审批制度是我国行政体制改革的重要举措之一，行政服务中心的设立对提高资源配置效率、提升企业总量生产率、优化区域企业规模分布具有重要意义。张天华等证明了设立行政审批中心对于缓解企业规模分布扭曲具有积极意义。行政审批中心对东、西部地区企业规模分布的优化作用较为明显，对于中部地区的影响并不显著。中小企业获得的行政审批制度改革"红利"更为明显。[①]

张天华通过整合中国地级行政单位行政审批中心数据库与中国工业企业数据，研究行政审批中心的设立对企业资源配置效率与总量生产率的影响机制发现：其一，行政审批中心对企业资源配置效率的影响程度受到企业要素投入情况的影响。其二，行政审批中心的设立从整体上有利于提高企业的总量生产率，但在不同所有制企业中存在差异性，对港澳台企业、私营企业的提升效应较高。[②] 郭小年等以行政服务中心作为核心解释变量，实证分析行政审批制度的强度对企业生产率分布的影响认为，行政服务中心通过激励效应与市场选择效应能降低企业生产率分布的离散程度，提高资源配置效率。行政审批制度对工业企业技术创新的推动作用并不显著，低生产率企业主要通过改善企业管理方式、降低管理成本等手段提高企业生产率。[③]

第三，官员籍贯。徐现祥等将省级官员作为研究对象，从资源转移的视角出发，分析"官员存在地区偏爱"这一新现象的内在作用机制发现，1998～2013年我国县级层面制造业资本呈现向省级官员籍贯地转移的趋势，制造企业数量明显增加，进入率提高而退出率下降，由此也带来了官员籍贯地经济发展速度的提升。[④]

（二）行政管理体制改革的建议

第一，完善治理绩效考核机制。宋丙涛等研究了文明测度、治理绩效与公共经济之间的共享特征认为，应该以空间规模、利益共享、文化多样性与

---

① 张天华、陈博潮、刘宜坤：《行政审批制度改革如何缓解企业规模分布扭曲?》，载《经济评论》2019年第4期。
② 张天华、刘子亮、陈思琪、魏楚钿：《行政审批中心的资源配置效率研究——基于中国工业企业数据的分析》，载《财经研究》2019年第9期。
③ 郭小年、邵宜航：《行政审批制度改革与企业生产率分布演变》，载《财贸经济》2019年第10期。
④ 徐现祥、李书娟：《官员偏爱籍贯地的机制研究——基于资源转移的视角》，载《经济研究》2019年第7期。

治理持续时间等公共产品相关变量为核心来测度治理的绩效。[①] 金刚等以地方自主性水污染治理政策——河长制的演进过程为研究对象，将其与官员年龄、辖区初始污染水平、行政边界因素等一同放入线性概率模型，发现年长的官员更倾向于推行河长制；地区初始污染水平越高，官员年龄对河长制推行的正向促进作用越明显，并且不受行政边界因素的影响。为完善国家环境治理体系，应致力于改革官员晋升激励体系与管理体系，既要提高环境指标在官员绩效考核中的合理比重，又应注重规避年轻官员的短视行为。[②]

第二，优化政府和部门权责配置。华生等认为，由于存在信息不对称，在政府服务职能领域，要利用大数据让政府信息及时同步，让政府服务的对象减少程序步骤，提高制度效率；在政府监管职能领域，要以扩大社会的总体福利为目标，实现整个社会的帕累托改进；对于中央与地方权力关系，在不影响全国统一部署和市场经济公平竞争的条件下，以效率为上，将权力下放给地方，加快建立现代化国家治理体系，促进国家整体治理能力现代化。[③] 郑新业等分析了同一级政府中，不同部门之间的协调关系问题。他们构建了一个三层科层模型，利用市级面板数据研究发现，地级市获得省级发改委审批的企业项目越多，同时获得省级财政的转移支付也就越多，且这一现象在经济发达的东部地区越明显。这说明，在同一级政府的不同部门，如果职能存在交叉，即使没有正式的协调制度，部门之间也会存在政策工具的互动，而且会对资源配置产生重大影响。这就需要重新梳理、评估和界定政府机构的权责边界，减少部门间目标的重叠。[④]

五、公共治理

（一）互联网、大数据与公共治理

互联网和大数据在公共治理中被广泛运用，提高了政府效率，改变了

---

① 宋丙涛、潘美薇：《文明测度、治理绩效与公共经济的共享特征——兼论西方量化史学的逻辑缺陷》，载《经济研究》2019 年第 11 期。
② 金刚、沈坤荣：《地方官员晋升激励与河长制演进：基于官员年龄的视角》，载《财贸经济》2019 年第 4 期。
③ 华生、蔡倩、汲铮：《简政放权的边界及其优化》，载《中国工业经济》2019 年第 2 期。
④ 郑新业、王宇澄、张力：《政府部门间政策协调的理论和经验证据》，载《经济研究》2019 年第 10 期。

治理方式，从而引起了学界的关注。

谭海波等对政府网站建设绩效差异进行了研究，同时探讨了差异形成的条件和机制。他们基于 TOE 框架，根据中国政府的组织行为特征，整合构建了理解地方政府网站建设绩效差异的分析框架，利用 QCA 方法和我国 31 个省级政府门户网站的案例进行组态分析发现，有四种路径可以得到高水平的政府网站建设绩效，在特定的客观禀赋条件下，注意力分配和技术设施建设可以等效替代，都能最终达到提升政府网站建设绩效的效果。技术管理能力和注意力分配都属于主观可控条件，地方政府可以利用主观可控条件克服客观禀赋条件制约，推动政府网站建设发展。[1]

赵云辉等则将目前快速发展的大数据纳入政府治理框架。他们根据交易成本理论和制度理论，讨论了大数据的发展水平、制度环境和政府治理效率之间的作用机制发现，大数据发展水平的提高有利于政府提升绩效，而且能够减少政府的腐败行为。数据发展水平与制度环境的契合度越高，越能提高政府绩效和减少腐败。大数据发展水平对不同地区的治理效率影响不同，我国东西部地区受到的影响存在明显差异。[2]

（二）农村基层治理

农民怎样在农村参与集体治理、农民在国家宏观政策的落地实施中发挥着怎样的作用以及农村的公共治理和经济发展遵循怎样逻辑等问题受到了学者的关注。

秦国庆等以河南、湖北 2 个省的 242 个村为例，利用 2 期面板数据，通过中介效应检验方法，研究了农民分化、规则变迁和小型农田水利集体治理之间的关系认为，农民分化主要分为水平分化和垂直分化两种，两种分化对运行规则变迁、集体治理参与度的影响都是双向的。规则变迁在农民分化对集体治理参与度的关系中发挥中介效应。[3]

丁从明等研究了农村整体的信任水平对新型农村社会养老保险参与状况的影响发现，社会信任水平高会显著促进农村居民参与新型农村社会养

① 谭海波、范梓腾、杜运周：《技术管理能力、注意力分配与地方政府网站建设——一项基于 TOE 框架的组态分析》，载《管理世界》2019 年第 9 期。
② 赵云辉、张哲、冯泰文、陶克涛：《大数据发展、制度环境与政府治理效率》，载《管理世界》2019 年第 11 期。
③ 秦国庆、杜宝瑞、刘天军、朱玉春：《农民分化、规则变迁与小型农田水利集体治理参与度》，载《中国农村经济》2019 年第 3 期。

老保险，社会信任水平高的居民参与新农保的概率比社会信任水平低的居民高 13.9 个百分点。社会信任水平为农村公共政策实施提供了软环境，社会信任水平高有利于促进公众参与公共事务、有利于提高公共政策的实施效率。①

姜庆志则分析了在产业扶贫中，科层制逻辑、合作治理逻辑和乡村逻辑是怎样作用于基层政府的治理行为的。基层政府对冲突目标的理性权衡、资源和治权的共享程度以及乡村社会的组织化水平会影响基层政府能否从主导者转向引导者。他们基于建始县近 10 年产业扶贫的案例研究发现，基层政府治理转型的关键是，在契合环境下，科层制逻辑、合作治理逻辑和乡村逻辑的有机结合，并不要求每条逻辑都是完美的，最终达到的是一种"分逻辑有瑕疵，但总逻辑合理"的状态，是一种权变多重逻辑观。②

（三）重大工程项目治理

随着大量重大工程建设进行和完工，在公共治理领域中，学界开始将注意力转向重大工程项目治理的相关问题探讨。

第一，重大工程决策。李迁等以港珠澳大桥作为案例，分析了重大工程决策治理的基本内涵，探究了在"一国两制"的背景下港珠澳大桥工程决策的复杂性和决策治理基本原则。他们将重大工程决策质量分解为决策过程质量和决策方案质量，研究认为，港珠澳大桥工程建设面临的难题是可以被认知和克服的，该工程充分发挥了"一国两制"两种不同制度的优势，共同的文化背景使得粤港澳三方能够在港珠澳大桥工程建设实施过程中始终秉承着友好合作态度，为港珠澳大桥工程建设提供了更加良好的决策、建造和运营环境。③

第二，重大工程管理组织模式。在新中国成立 70 年的建设中，我国逐渐形成了特色鲜明的重大工程管理组织模式。乐云等建立了"政府—市场"二元作用视角下的重大工程组织模式理论分析框架，指出我国重大工

① 丁从明、吴羽佳、秦姝媛、梁甄桥：《社会信任与公共政策的实施效率——基于农村居民新农保参与的微观证据》，载《中国农村经济》2019 年第 5 期。
② 姜庆志：《走出怪圈：产业扶贫中基层政府治理转型的多重逻辑——基于建始县的纵向案例分析》，载《中国农村经济》2019 年第 11 期。
③ 李迁、朱永灵、刘慧敏、程书萍：《港珠澳大桥决策治理体系：原理与实务》，载《管理世界》2019 年第 4 期。

程组织模式经过了如下变化：首先是以指挥部为基本形式的政府直接管理，后来变成以政府为主、市场为补充的政企共同管理，再到政府和市场的动态平衡的新型治理机制。因此，处理好政府和市场二元关系是未来相当长一段时间内重大工程组织模式创新的核心任务，我国重大工程组织模式需要持续变革和创新。①

第三，重大工程施工模式。工厂化建造是重大工程常用的施工模式，它面临着协同困难和制造供应商参与意愿不高这两个关键问题。对此，祁超等通过港珠澳大桥工程的案例分析，提出了总承包模式下工厂化建造的组织集成、装配施工驱动的集成计划与控制和面向多主体协同的多源信息集成等集成化管理思路。②

第四，重大工程中的创新。曾赛星等基于创新生态势和生态位视角，提出重大工程创新生态系统的创新场概念，认为该生态系统的基本特征主要表现为多主体共生竞合、多阶段交互演化和跨项目动态迁移。他们基于港珠澳大桥的相关专利数据，刻画了创新生态网络，分析创新主体构成、动态演化及其对于创新力提升的影响效果。③

第五，重大工程的整体性和复杂性。麦强等通过北斗卫星工程研究了重大工程的整体性，发现重大航天工程同时存在着宏观整体性和微观复杂性，两者既矛盾又依存的张力驱动着工程实体的建造、管理要素的投入及工程组织的构建等实践行为，同时改变着重大工程的复杂性和整体性状态。④

（四）食品安全

食品安全是健康中国战略的关键环节之一，而经济发展与食品安全问题之间存在的某种规律，有望作为控制食品安全风险的依据。张红凤等提出了食品安全库兹涅茨曲线假说，即经济增长水平、食品工业产值与食品

① 乐云、李永奎、胡毅、何清华：《"政府—市场"二元作用下我国重大工程组织模式及基本演进规律》，载《管理世界》2019 年第 4 期。
② 祁超、卢辉、王红卫、谢勇、曾伟、张劲文：《重大工程工厂化建造管理创新：集成化管理和供应商培育》，载《管理世界》2019 年第 4 期。
③ 曾赛星、陈宏权、金治州、苏权科：《重大工程创新生态系统演化及创新力提升》，载《管理世界》2019 年第 4 期。
④ 麦强、陈学钏、安实：《重大航天工程整体性、复杂性及系统融合：北斗卫星工程的实践》，载《管理世界》2019 年第 12 期。

安全风险度之间存在着倒"U"型曲线关系，中国 2000～2015 年的时间序列数据和 2013 年全球 50 个国家的截面数据实证检验了这一假说的正确性。除此以外，食品工业发展程度、人均受教育年限与食品安全风险度呈负相关。①

2015 年我国食品安全责任强制保险制度初步建立，时至今日其政策效果已经显现。段白鸽等运用 2011～2017 年全国试点数据研究发现，引入食品安全责任强制保险有效缓解了该信任品市场的失灵，对规范食品企业行为、减少食品安全事故有显著作用，且该方法和结论同样适用于药品、医疗等信任品市场。②

如何构建既能稳定农业生产和保障农民收入，又能提高农产品质量、农业生产效率和农业竞争力的农业支持政策体系，谭砚文等通过对印度食品管理制度的总结研究为中国的食品管理制度提供了思路。印度的食品管理制度已经形成以最低支持价格为基础，缓冲库存、公开市场销售计划、目标公共分配制度等政策共同发挥作用的良性系统。该制度有效提高了印度主要农产品产量和生产力，且对市场扭曲程度小，对农户生产决策行为没有影响。印度的做法对中国食品管理制度的启示：一是"以需定储"，根据公共需求科学制定国家粮棉油储备标准。二是"以本定价"，国有粮食购销企业托底，减少政府干预，降低农民对政府最低粮食收购价格的过度依赖。三是充分发挥市场竞争机制，把提高竞争力和提升生产效率作为农业支持政策的核心，不断提升农民的市场经营能力、竞争能力和应对风险能力。③

农业生产者安全生产行为是食品安全的重要影响因素。王建华等发现，与养殖户病死猪无害化处理行为呈正相关的影响因素如下：养殖收入在家庭总收入中的占比、病死猪处理点可及性、对病死猪不当处理惩罚政策的重视程度、政府惩罚力度。养殖户对拘留的损失厌恶程度与无害化处理行为正相关，但对罚款的损失厌恶则没有稳定影响。因此，鼓励专业化养殖是确保食品安全的重要途径。④

① 张红凤、姜琪、吕杰：《经济增长与食品安全——食品安全库兹涅茨曲线假说检验与政策启示》，载《经济研究》2019 年第 11 期。
② 段白鸽、王永钦、夏梦嘉：《金融创新如何缓解信任品市场失灵？——中国食品安全责任强制保险的自然实验》，载《金融研究》2019 年第 9 期。
③ 谭砚文、曾华盛、马国群：《印度食品管理制度演变、实施效果及对中国的启示》，载《中国农村经济》2019 年第 9 期。
④ 王建华、杨晨晨、唐建军：《养殖户损失厌恶与病死猪处理行为——基于 404 家养殖户的现实考察》，载《中国农村经济》2019 年第 4 期。

第十章 区域经济发展问题研究新进展

2019 年区域经济问题研究热度上升了 3 个位次，排在第 9 位，说明区域经济发展问题研究得到了越来越多的关注，尤其是国家一系列重大区域发展战略出台之后，聚焦区域经济发展问题研究成果越来越多。2019 年在研究方法上，虽然实证研究仍然占主导，但理论研究方面的文章较过去有所提升。在研究内容上，对新中国成立 70 年来区域经济发展经验的总结和区域协调发展战略研究等成为 2019 年区域经济问题研究的重要特色。

一、新中国成立 70 年区域经济发展回顾与展望

许多学者回顾了新中国成立 70 年区域经济发展取得的成就与经验，对区域经济发展未来走向进行了展望。

（一）新中国成立 70 年区域发展战略回顾

1. 从中国经济整体的高度理解区域发展经历的不同阶段

刘秉镰等从中国经济整体的高度认识和理解中国区域经济发展，认为中国区域经济发展是内外部环境、国家战略、制度变迁和区域战略四元因素相互联动的结果。新中国成立后，在立国战略、富民战略和强国战略三大国家战略下，呈现出不同的空间格局和区域特征，形成区域计划调控期、区域增长极点孕育期、区域增长方式构建期、区域经济关系调整期与

区域经济结构重整期五大阶段。①

2. 从区域经济发展格局的变化来理解不同阶段的区域发展战略

肖金成指出，新中国成立 70 年来，区域发展战略出现了多次重大转变。经历了新中国成立后前 30 年的区域均衡发展战略、改革开放后前 20 年区域非均衡发展战略以及 21 世纪以来西部大开发、东北振兴、中部崛起、东部率先转型发展四大区域发展战略，再到区域协调发展战略的确立。② 陈伟雄等认为新中国成立 70 年来，中国区域经济发展经历了由低水平的区域均衡发展到区域非均衡协调发展，再到强调区域协调发展的转变，区域发展政策日益完善，区域发展格局不断优化。中国区域经济发展演变经历了三大发展阶段：重点发展内地、追求区域经济均衡发展的阶段，实施东部沿海优先发展、先富带动后富的区域非均衡协调发展战略阶段，以及实施区域协调发展战略阶段。③ 王曙光等认为新中国成立 70 年区域发展战略经历了"均衡发展战略—非均衡发展战略—区域协调发展战略（新均衡战略）"的历史演变，而区域发展战略的演进路径与中国经济从平等优先，到效率优先兼顾公平，再到更加注重社会公平的历史性转变相匹配。④

3. 基于党的重要会议和重大决定来划分区域发展阶段

金碚认为，考察中国经济发展 70 年的区域态势，前提是要认识中国经济最重要的域观特征。新中国成立 70 年区域经济发展的最大特点之一是：作为一个决定性角色，中国共产党所发挥的重大作用。中国区域经济70 年发展过程的历史分期是由党的重要会议和重大决定来划定的，舍此没有更为科学可信的客观标志。⑤ 张贡生依据中共历次代表大会和其他重要文件精神，将中国区域发展战略划分为改革开放前 30 年和后 40 年两个阶段。前者又细分为重工业偏向于内地、"大跃进"及三线建设、经济发展重点转向沿海三个阶段；后者细分为改革开放偏向于沿海地区、区域经

① 刘秉镰、边杨、周密、朱俊丰：《中国区域经济发展 70 年回顾及未来展望》，载《中国工业经济》2019 年第 9 期。
② 肖金成：《区域发展战略的演变与区域协调发展战略的确立——新中国区域发展 70 年回顾》，载《企业经济》2019 年第 2 期。
③ 陈伟雄、杨婷：《中国区域经济发展 70 年演进的历程及其走向》，载《区域经济评论》2019 年第 5 期。
④ 王曙光、王丹莉：《新中国成立 70 年区域经济发展战略变革与新时代系统动态均衡格局》，载《经济体制改革》2019 年第 4 期。
⑤ 金碚：《中国经济发展 70 年的区域态势》，载《区域经济评论》2019 年第 4 期。

济协调发展、实施总体战略和新时代新战略四个阶段。在此基础上总结了70年来区域经济发展的基本经验：以人民为中心的思想为指导，依托于不同历史时期的经济社会特征制定区域发展战略，战略重点和举措更加明确和具有可操作性。①

208

（二）中国区域经济发展的未来展望

在系统回顾新中国成立70年来区域经济发展战略演进历程的基础上，学者们也对未来区域经济发展走向进行了展望。

1. 基于区域经济发展存在的问题提出区域经济发展的未来走向

刘秉镰等认为，当前中国区域经济发展仍然存在区域经济的空间增长动力不足、区域经济格局分化加大、地方保护与市场分割、区域资源环境约束、大城市病与中小城市功能性萎缩并存、区域开放程度差异较大等问题，为解决当前这些问题，未来中国区域经济将以高质量发展为导向，在增强区域战略弹性、推动空间经济增长、加快区域协调发展、调整区域多元关系、促进区域新经济、构建区域绿色生态、优化城市群空间结构、扩大区域开放等方面有所作为。②

2. 基于系统动态均衡视角的分析

王曙光等认为，党的十九大提出的我国社会主要矛盾的重大变化意味着未来中国区域发展战略应更加关注系统的动态平衡，因此提出要以系统动态均衡的眼光看待东西部关系，应在系统动态均衡理论框架下鼓励东西部要素自由流动和优势互补，并建立区域之间的战略合作联盟以及城乡之间的融合机制，从而实现区域经济的均衡发展。③

3. 基于新发展理念对未来区域经济发展的展望

张贡生指出，展望未来区域经济的发展，"四纵四横"经济带的建设

① 张贡生：《中国区域发展战略之70年回顾与未来展望》，载《经济问题》2019年第10期。
② 刘秉镰、边杨、周密、朱俊丰：《中国区域经济发展70年回顾及未来展望》，载《中国工业经济》2019年第9期。
③ 王曙光、王丹莉：《新中国成立70年区域经济发展战略变革与新时代系统动态均衡格局》，载《经济体制改革》2019年第4期。

将成为实现区域协调发展的战略重点，以绿色城市和绿色城市群建设为载体的绿色城镇化将步入快车道，国内和国际次区域之间的合作与协作等将成为实现区域协调发展的常规手段。① 陈伟雄等提出未来区域发展总体战略将进一步深入实施，区域协调发展机制将进一步创新优化，重大区域发展战略将不断发挥引领作用，老少边穷地区将成为促进区域协调发展的重要突破口，绿色发展理念将贯穿区域经济高质量发展的全过程。②

二、区域协调发展战略

实施区域协调发展战略是国家在新时代的重大战略之一。党的十九大报告提出实施区域协调发展战略，要求"建立更加有效的区域协调发展新机制"。此后，区域协调发展战略引发了学术界研究的热潮。我国区域经济学一直以区域协调发展作为政策目标，并发展到中国特色社会主义区域经济学理论体系构建的阶段。③

（一）区域协调发展的影响因素与实现路径

1. 分权体制与区域协调发展

唐为指出，改革开放以来我国实现了经济的快速增长，但区域不协调带来的发展成本却一直存在，并有扩大趋势。现有的分权体制一方面赋予了地方官员发展经济的激励；另一方面导致政府间的协调不足。因此，在保证地方政府竞争激励的前提下，建立政府间协调和利益共享机制，对于实现区域协调发展战略至关重要。④

2. 经济周期波动与区域联动协调

王俏茹等利用层级动态因子模型将 1988～2016 年中国各省份经济周

---

① 张贡生：《中国区域发展战略之70年回顾与未来展望》，载《经济问题》2019年第10期。
② 陈伟雄、杨婷：《中国区域经济发展70年演进的历程及其走向》，载《区域经济评论》2019年第5期。
③ 夏添、孙久文、宋准：《新时代国内外区域经济学研究热点评述》，载《经济学家》2019年第9期。
④ 唐为：《分权、外部性与边界效应》，载《经济研究》2019年第3期。

期波动的成因进行分解，随后对各省份经济周期的一致波动、区域联动与异质分化特征进行深入分析。研究发现，新常态下中国省级经济增长出现了局部异化风险，提出要加强区域经济发展的联动协调机制，加快在中高速水平上促成东部引领、中西跟随和东北追赶的全局稳态。①

3. 省际经济融合与区域协调发展

吴楚豪等利用最新的非参数模型估计了省际的经济带动系数，就省际经济融合对省际产品出口技术复杂度与区域协调发展的关系做了全方位考察。研究发现，经济强省广东、江苏和上海等省份流出型融合水平较低、流入型融合水平较高，而经济较弱的西北和西南地区等省份普遍流出型融合水平较高、流入型融合水平较低。省际产品出口技术复杂度同样呈现沿海发达地区省份的国际竞争力更强，而东北、西北和西南地区等省份产品出口技术复杂度较弱。流出型融合水平与省际产品出口技术复杂度呈负向关系。在此基础上提出了省际"精准扶助"的可行路径，为区域协调发展提供支持。②

4. 空间关联网络与区域经济增长及协调发展

刘华军等从经济发展、资本积累、商品贸易、金融发展四个维度，利用社会网络分析方法揭示中国区域经济增长空间关联网络结构，并以不同的空间关联网络作为权重，通过动态空间面板回归模型对经典 β 收敛进行检验。研究发现，区域经济增长在 1991 年前后表现出两种不同的收敛特征，1991 年前区域经济分化趋势明显，1991 年后区域经济 β 收敛特征显著，同时区域经济增长存在一定程度的俱乐部收敛趋势。由此提出要高度重视空间关联网络对于区域经济增长的作用，以实现区域经济协调发展。③

5. 经济协调会合作机制与区域协调发展

宋冬林等利用 2003～2015 年长三角城市群 34 个地级市数据，采用空间面板杜宾模型（SDM）实证分析了高铁运营与经济协调会合作机制对于

---

① 王俏茹、刘金全、刘达禹：《中国省级经济周期的一致波动、区域协同与异质分化》，载《中国工业经济》2019 年第 10 期。
② 吴楚豪、王恕立：《省际经济融合、省际产品出口技术复杂度与区域协调发展》，载《数量经济技术经济研究》2019 年第 11 期。
③ 刘华军、贾文星：《不同空间网络关联情形下中国区域经济增长的收敛检验及协调发展》，载《南开经济研究》2019 年第 3 期。

打破城市群内市场分割的影响。研究发现，高铁的运营与经济协调会显著降低了该地区市场分割水平；高铁运营产生的时空压缩效应，使城市群内市场一体化的影响范围不断扩大；高铁运营对于其他城市市场分割的影响效果均大于对本地区市场分割的影响，而城市群内的经济协调会合作机制仅在相邻地市间发挥作用，对于非邻近地区的空间溢出效应相对有限。这一研究对于进一步推动城市群的一体化发展具有重要的意义。①

6. 区域协调发展与公司治理

陈胜蓝等考察了区域协调发展政策影响公司治理的一项重要机制——高管薪酬激励，从微观经济主体治理机制的角度为区域协调发展政策的经济后果提供了新的经验证据，而且对于国家的区域协调发展战略与经济发展、公司的最优薪酬合同设计等具有一定的启示。②

（二）区域协调发展评价

姚鹏等设计了包含区域发展差距、区域一体化水平、城乡协调发展、社会协调发展、资源与环境协调发展 5 个一级指标的区域协调发展指数评价指标体系，对 2012~2015 年区域协调发展的效果进行综合评估，并基于评价结果提出了进一步促进区域协调发展的政策建议。③ 王继源构建了包含经济发展、公共服务、基础设施、人民生活、科技创新、生态环保等 6 个一级指标、增长速度等 13 个二级指标、人均受教育年限等 14 个三级指标的区域协调发展指标体系，从时间序列对我国区域协调发展程度进行评价。④

三、区域绿色发展

绿色发展不仅是提升区域发展质量的重要抓手，也是评价区域发展质

---

① 宋冬林、姚常成：《高铁运营与经济协调会合作机制是否打破了城市群市场分割——来自长三角城市群的经验证据》，载《经济理论与经济管理》2019 年第 2 期。

② 陈胜蓝、李璟、尹莹：《区域协调发展政策的公司治理作用——城市经济协调会的准自然实验证据》，载《财经研究》2019 年第 6 期。

③ 姚鹏、叶振宇：《中国区域协调发展指数构建及优化路径分析》，载《财经问题研究》2019 年第 9 期。

④ 王继源：《我国区域协调发展评价研究》，载《宏观经济管理》2019 年第 3 期。

量的核心指标。加快推进区域绿色发展，是满足新时代人民对美好生活殷切期盼的必然要求。因此，许多学者致力于区域绿色发展相关问题研究，形成了大量的研究成果。

（一）区域绿色发展效率评价

1. 经济集聚与绿色经济效率

林伯强等使用非径向方向距离函数在超效率 DEA 框架下构建能够评价中国地级及以上城市的绿色经济效率指标，并进一步实证研究了经济集聚对绿色经济效率的影响。研究发现，经济集聚度大小合理时，对绿色经济效率的影响是正向的（主要表现出集聚效应），当经济集聚程度大于临界值时影响是负向的（主要表现出拥堵效应）。经济集聚对绿色经济效率的先促进后抑制的作用主要是通过基础设施、劳动力市场高级程度以及环境规制起作用的。因此，现阶段中国经济要继续增加集聚程度，但在发展过程中也要考虑到当地经济和基础设施的承载力，防止集聚度过大带来的负向效应。[1]

2. 区域绿色发展绩效及其影响因素

高赢研究了我国八大综合经济区绿色发展技术效率、绿色 TFP 增长及其空间差异、绿色发展绩效影响因素，发现八大综合经济区绿色发展绩效水平整体偏低且呈现鲜明非均衡态势，绿色发展区域总体协同性比较弱。认为缩小区域间差异是破解绿色发展区域不均衡问题的关键，并指出各项社会经济因素对八大综合经济区绿色发展绩效的差异性影响在很大程度上弱化了区域发展的协同性。这一研究为缩小综合经济区绿色发展区域差距及加快推进我国区域绿色可持续协同发展提供重要的经验证据参考。[2]

（二）环境治理与区域发展

1. 清洁能源发展与区域经济增长

徐斌等基于中国 30 个省区市 1979～2016 年的真实数据和 2017～2030

①　林伯强、谭睿鹏：《中国经济集聚与绿色经济效率》，载《经济研究》2019 年第 2 期。
②　高赢：《中国八大综合经济区绿色发展绩效及影响因素研究》，载《数量经济技术经济研究》2019 年第 9 期。

年的预测数据构成的面板数据，运用非参数可加回归模型深入探究清洁能源发展对区域经济增长和二氧化碳排放的线性和非线性影响。其中，非线性研究结果表明：在不同发展阶段，清洁能源发展对东中西三大区域二氧化碳排放和经济增长的影响差异明显。因此，应根据清洁能源在不同发展阶段发挥的不同作用、因时施策，以充分发挥清洁能源发展在二氧化碳减排和经济增长中的促进作用。[①]

2. 大气污染治理与区域绿色发展

胡志高等从集体行动理论出发，结合共同但有区别原则从经济、地理、气象、污染物、污染源角度提炼出了有效施行大气污染联合治理的五大要素，并从大气污染治理的实际状况入手将五大要素具象化为操作性更强的五大抓手，然后基于中国 2004～2015 年大气环境污染状况和污染产业分布状况提出了中国大气污染联合治理的最优分区治理方案。在此基础上评价了区域内大气污染治理的协同状态，并对影响区域大气污染联合治理的因素进行了分析。这对于指导大气污染的联合治理、促进区域绿色发展具有重要意义。[②]

3. 雾霾治理与工业绿色转型

邓慧慧等采用工具变量法回归和广义空间三阶段回归模型，对雾霾治理与工业发展之间的因果关系进行了识别，发现雾霾治理能够显著推动当地工业绿色转型，工业产业结构改善和生产效率提升是雾霾治理推动工业绿色转型的重要途径。进一步研究发现，地区间的模仿竞争总体上会严重削弱雾霾治理激励工业绿色转型的效果，地方政府的雾霾治理政策存在资源错配，会抑制雾霾治理对工业绿色转型发展的正向效应，此外，市场分割所导致的资源错配也会影响雾霾治理正向效应的发挥，而政府科学合理的政绩考核有助于强化雾霾治理的正向效果。因此，要更好地激励地方政府依靠科技创新来治理环境，推动工业绿色转型和经济高质量发展。[③]

---

① 徐斌、陈宇芳、沈小波：《清洁能源发展、二氧化碳减排与区域经济增长》，载《经济研究》2019 年第 7 期。

② 胡志高、李光勤、曹建华：《环境规制视角下的区域大气污染联合治理——分区方案设计、协同状态评价及影响因素分析》，载《中国工业经济》2019 年第 5 期。

③ 邓慧慧、杨露鑫：《雾霾治理、地方竞争与工业绿色转型》，载《中国工业经济》2019 年第 10 期。

（三）资源型地区转型发展

1. 区域政策与资源型地区高质量发展

郭淑芬等选取中国 109 个资源型城市样本数据，以"山西省国家资源型经济转型综合配套改革试验区"设立作为准自然试验环境，采用双重差分方法实证分析了"综改区"设立对资源型地区经济发展质量的政策效应及作用路径。研究发现，"综改区"设立对资源型地区经济发展质量提升的促进效果明显，主要通过促进资源型地区工业产业多元化发展来推动地区经济发展质量提升。①

2. 资源型城市转型模式

孙晓华等以美国的休斯敦与匹兹堡、挪威的斯塔万格和印度尼西亚的苏门答腊为例，基于自然资源的要素禀赋分析了典型资源型地区的形成原因，讨论了资源依赖型经济增长带来的产业结构特征与发展困境，进而根据转型发展的历程和战略举措，总结出产业多样化＋轨道跃迁的美国模式、产业规制＋绿色经济的挪威模式、供需调节＋出口升级＋引资多元的印度尼西亚模式，从而为我国资源型地区经济转型提供可资借鉴的模式。②

四、区域经济增长

（一）区域经济增长的影响因素

1. 基础设施建设

李兰冰等基于企业成长与企业间关系的双重维度，以是否存在生产率

---

① 郭淑芬、郭金花：《"综改区"设立、产业多元化与资源型地区高质量发展》，载《产业经济研究》2019 年第 1 期。

② 孙晓华、郑辉：《资源型地区经济转型模式：国际比较及借鉴》，载《经济学家》2019年第 11 期。

溢价为切入点打开市场势力"黑箱",厘清交通基础设施和企业市场势力、资源配置效率之间的关系。研究发现,高速公路对非中心城市制造业具有显著的生产率溢价效应,且高速公路通达性对非中心城市制造业资源配置效率优化的促进作用显著。证实了高速公路对非中心城市经济发展具有积极作用,为非中心城市交通基础设施影响效应研究提供了新视角和新证据。① 年猛以一般县级行政区、县级市和地级及以上城市市辖区为基本空间单元,利用全球夜间灯光数据作为经济发展水平的代理变量来考察 2007 ~ 2013 年高铁的时间累积效应和空间邻近效应对区域经济增长和空间格局的影响。研究发现,高铁运行时间越长对区域经济增长带动效应越强,具有显著的时间累积效应;距离高铁站点越近的区域受益于高铁的带动效应越大,具有显著的空间邻近效应;高铁对连通的各类区域均具有显著的经济增长带动效应,但对不同类型区域的带动效应具有显著差异,一般县受益最大,其次是县级市和地级及以上城市。研究还发现,高铁的运行有助于缩小区域差距、促进经济空间均等化。② 曹跃群等探索了基础设施投入对区域经济增长的多维影响。研究发现,基础设施整体上显著促进区域经济增长,且存在倒"U"形影响。基础设施的产出弹性值从高到低依次为西部、中部和东部地区。工业集聚和就业增长是基础设施影响区域经济增长的重要传导渠道。这为优化基础设施投资策略、实现经济高质量发展提供了决策参考。③

2. 产业结构差异化

李言等从区域经济增长和经济结构两个层面出发,结合协调发展的视角,对中国改革开放以来区域经济的变迁进行了分析。研究发现,区域经济增长协调度与区域经济结构协调度之间存在负面的互动效应,区域间产业结构差异化发展将有助于提高区域经济增长的同步性。④ 侯传璐等从网络分析的角度,基于 2015 年省际铁路货运量数据,分析了中国省际贸易

---

① 李兰冰、阎丽、黄玖立:《交通基础设施通达性与非中心城市制造业成长:市场势力、生产率及其配置效率》,载《经济研究》2019 年第 12 期。

② 年猛:《交通基础设施、经济增长与空间均等化——基于中国高速铁路的自然实验》,载《财贸经济》2019 年第 8 期。

③ 曹跃群、郭鹏飞、罗玥琦:《基础设施投入对区域经济增长的多维影响——基于效率性、异质性和空间性的三维视角》,载《数量经济技术经济研究》2019 年第 11 期。

④ 李言、毛丰付:《中国区域经济增长与经济结构的变迁:1978 ~ 2016》,载《经济学家》2019 年第 2 期。

的网络特征，并使用指数随机图模型分析了省际贸易网络的影响因素。研究认为要促进省际贸易网络发展，增强区域经济增长的内生动力、实现高质量发展。[①]

3. 金融获得性

徐巍等研究了获得上市资格对地方产业发展的影响。研究发现，获得上市资格存在溢出效应，当地某一行业新增上市公司可以显著提升同行业其他公司的经济产出效率。获得上市资格的示范效应、横向联系和垂直联系可能是产生溢出效应的主要机制。该研究有助于解释地方政府对上市资格的关切，加深对内源性资本要素重要作用的理解。[②]

4. 地方经济增长目标

王贤彬等基于政府结构理论对中国地方政府的经济增长目标制定模式进行了理论讨论和实证分析。研究发现，地方经济增长目标对本地实际经济增长走势做出显著的正向反应，对其他地区的经济增长目标也做出显著的正向策略性反应，而对全国性的实际经济增长走势做出策略性的逆向反应。同时，地方经济增长目标调整呈现出多维度异质性，具体表现在沿海和内陆区域差异、金融危机前后阶段差异以及党代会年份周期差异。因此提出中央应当注重对地方政府的经济增长业绩考核的激励相容，以提升中国宏观经济管理和地方经济可持续增长的稳定性。[③] 余泳泽等也通过理论模型分析了地方经济增长目标约束对经济效率影响的作用机制。他们以2002～2014年中国230个地级市政府工作报告中的经济增长目标数据为样本，检验了地方经济增长目标的制定对全要素生产率的影响。研究发现，当经济增长目标制定采用"留有余地"的设定方式时，地级市全要素生产率水平相对较高，而在采用"之上""确保""力争"等硬约束表述时，地级市的全要素生产率水平相对较低。经济增长目标"层层加码"明显抑

---

① 侯传璐、覃成林：《中国省际贸易网络的特征及影响因素——基于铁路货运流量数据及指数随机图模型的分析》，载《财贸经济》2019年第3期。
② 徐巍、祝娟、刘磊：《管制背景下的上市资格获取与地方产业发展》，载《财经研究》2019年第4期。
③ 王贤彬、黄亮雄：《地方经济增长目标管理——一个三元框架的理论构建与实证检验》，载《经济理论与经济管理》2019年第9期。

制了全要素生产率的提升。①

5. 双边投资协定

李依颖等研究了双边投资协定、区域制度与区域外商直接投资问题。研究发现，双边投资协定、区域制度均对区域外商直接投资有显著的正向影响，且双边投资协定与区域制度之间存在显著的替代效应。积极签订双边投资协定，努力完善区域制度，不仅有助于吸引外商直接投资，而且有利于缩小区域外商直接投资规模差异，促进中国经济均衡发展。②

（二）区域经济效率的影响因素

1. 企业迁移

吕大国等以新新经济地理理论模型为基础，构建了一个包括市场规模差异（集聚力）和劳动力成本差异（分散力）的理论模型，对忽视分散力的新新经济地理理论进行扩展，在此基础上讨论了生产率异质性企业定位选择对地区差距的影响。研究发现，生产率异质性企业定位选择是中国地区经济差距缩小和生产率差距扩大的原因，但导致生产率异质性企业分类集聚的原因是劳动力成本差异，而非市场规模差异。在市场一体化进程中，东部地区的低生产率企业首先向外迁移，地区经济差距在缩小，生产率差距却在扩大。随着市场一体化进程的深化，东部地区的高生产率企业也会向外迁移，生产率差距将开始缩小。③

2. 地方债

缪小林等基于不同经济发展模式，分别围绕债务规模控制效应和债务资源配置效应，构建地区 TFP 增长对地方债的反应函数，求解出最优债务占比。研究发现，单纯增加地方债规模并不利于地区 TFP 增长，且地方债增加抑制人均私人资本对地区 TFP 增长的促进，存在一定挤出效应。他们

---

　　① 余泳泽、刘大勇、龚宇：《过犹不及事缓则圆：地方经济增长目标约束与全要素生产率》，载《管理世界》2019 年第 7 期。

　　② 李依颖、王增涛、胡琰欣：《双边投资协定、区域制度与区域外商直接投资》，载《财贸经济》2019 年第 4 期。

　　③ 吕大国、耿强、简泽、卢任：《市场规模、劳动力成本与异质性企业区位选择——中国地区经济差距与生产率差距之谜的一个解释》，载《经济研究》2019 年第 2 期。

估算得到实现地区 TFP 增长最优的新增地方债占地方政府投资支出比重的门槛值为 7%。当前我国实施地方债规模管理对防范债务风险非常重要，但要从根本上化解债务风险还需强化地方债配置管理，充分发挥债务促进要素优化配置的制度激励功能。①

3. 异质性增长路径

刘贯春等利用 1993～2015 年中国省级面板数据，依据地区真实 GDP 条件分布的相似性将不同地区的增长路径内生聚类为多种模式，并探究了背后的决定因素及增长源泉差异。研究发现，中国省级经济体的增长路径存在异质性，可以利用 3 组别有限混合模型进行刻画。地区经济增长的分解结果还发现，尽管资本积累在不同增长模式中依旧占据着主导地位，但全要素生产率是导致不同模式存在差异化增长率的根本原因。②

（三）城市经济增长的影响因素

1. 城市规模

秦蒙等采用校准后的夜间灯光数据度量了地区经济增长，用动态面板数据模型和工具变量法考察了城市规模和城市蔓延对经济增长的影响。研究发现，城市规模对经济增长具有显著的促进作用，但城市蔓延对经济增长存在明显的负效应，尤其是在规模较小、第二产业比重较高的城市，这一负效应更大。因此提出应加强对城市蔓延，尤其是小城市无序蔓延的治理和管控，坚持空间紧凑式的城市发展模式。③

2. 区域一体化

皮亚彬等建立三地区新经济地理学模型，设定非对称的城市间距离以刻画城市体系的空间结构，揭示区域一体化、地理区位和资源禀赋对经济活动分布的影响机制。研究发现，随着区域一体化的推进，经济空间分布

① 缪小林、赵一心：《地方债对地区全要素生产率增长的影响——基于不同财政独立性的分组考察》，载《财贸经济》2019 年第 12 期。
② 刘贯春、刘媛媛、张军：《中国省级经济体的异质性增长路径及模式转换——兼论经济增长源泉的传统分解偏差》，载《管理世界》2019 年第 6 期。
③ 秦蒙、刘修岩、李松林：《城市蔓延如何影响地区经济增长？——基于夜间灯光数据的研究》，载《经济学（季刊）》2019 年第 2 期。

依次为向中心城市集聚、向城市群集聚和向偏远地区扩散。在城市群内部，区域一体化水平决定中心城市对周边中小城市产生极化效应还是辐射效应。[1] 姚常成等利用 2003～2015 年我国八大国家级城市群及其周边非城市群的 197 个地级市基础数据，采用系统 GMM 等估计方法实证分析了借用规模、网络外部性对城市群集聚经济的影响。[2]

3. 贸易自由化的收入分配效应

戴觅等采用 2002～2007 年城镇住户调查（UHS）微观数据，研究中国加入 WTO 后的进口关税削减如何影响各城市工资的相对增长，从而从区域劳动力市场角度考察了贸易自由化的收入分配效应。[3]

4. 国际经济调整

王贤彬等采用 2001～2013 年中国地级及以上城市数据，从理论和实证两个层面探讨了国际经济调整对地区经济增长的影响。研究发现，国际经济调整对我国外部经济依赖度更大的城市造成了更大的影响，即主要对东部地区的城市经济增长造成影响，经济规模较大的城市具有更强的本地市场效应，国际经济调整带来的影响相对较小。[4]

（四）区域贸易增长的影响因素

1. 地域文化差异

语言和文化差异是影响企业跨国和跨地区贸易的重要因素。高超等基于世界银行中国企业调查数据考察了方言距离对企业跨省份销售行为的影响。研究表明，方言所代表的地域文化差异是影响中国企业跨区域贸易决策的重要因素：企业所在城市与销售目的市场之间的方言距离越大，企业

---

① 皮亚彬、陈耀：《大国内部经济空间布局：区位、禀赋与一体化》，载《经济学（季刊）》2019 年第 4 期。
② 姚常成、宋冬林：《借用规模、网络外部性与城市群集聚经济》，载《产业经济研究》2019 年第 2 期。
③ 戴觅、张轶凡、黄炜：《贸易自由化如何影响中国区域劳动力市场?》，载《管理世界》2019 年第 6 期。
④ 王贤彬、董一军、黄亮雄：《国际经济调整与中国地区经济增长——来自 2001～2013 年地级市样本的证据》，载《经济科学》2019 年第 2 期。

进入该市场的可能性越小。①

2. 贸易便利化

崔鑫生等使用开埠通商历史作为工具变量，从贸易创造和贸易转移的视角，用引力模型实证研究了贸易便利化对中国各省份国际贸易和省际贸易的影响及其作用机理。结果显示，在控制关税等因素的情况下，贸易便利化水平的提升能够大幅提升我国各省份的对外贸易；不同地区贸易便利化作用的差异也揭示了我国对外开放的节奏和效果；虽然贸易便利化会带来贸易转移效应，短期抑制省际贸易，但是它能够通过国际贸易促进省际贸易，从而提高国内经济相互融合的水平。②

五、区域战略与区域政策

区域战略与区域政策是促进区域经济增长的重要力量。我国实施了一系列的区域战略与区域政策，取得了积极的成效，2019 年许多学者对此进行了深入的探讨。

（一）区域发展"四大板块"战略

1. 东部率先发展

东部沿海城市群作为国家经济增长的战略核心区，其均衡与绿色发展已成为中国理论界和政府迫切需要解决的重大问题。刘阳等综合测度四大沿海城市群绿色效率的时空特征，发现不同城市群的绿色效率等级存在异质性，四大城市群发展并不均衡，山东半岛城市群的绿色效率一直领先于其他三个城市群，城市群内部也表现出一定程度的失衡。未来要继续加强发展第二产业，扩大劳动力就业水平，减少劳动力集聚造成的人员闲置；在加速城市化进程的同时，要注意发现城市化所造成的资源能源的过度消耗，把握城市化的速度，坚持以质量为导向，因地制宜制定地方政策，加

---

① 高超、黄玖立、李坤望：《方言、移民史与区域间贸易》，载《管理世界》2019 年第 2 期。
② 崔鑫生、郭龙飞、李芳：《贸易便利化能否通过贸易创造促进省际贸易——来自中国贸易便利化调研的证据》，载《财贸经济》2019 年第 4 期。

强城市群之间以及城市群内部的合作与交流，实现要素资源的自由化流动，以推进沿海四大城市群的绿色均衡发展。①

2. 西部大开发

罗鸣令等基于西部大开发战略中的企业所得税优惠政策，采用变换控制组的双重差分方法，研究区域性税收优惠政策在不同税率地区间产生的再分配效应。研究发现，企业所得税优惠能够促进西部地区的税基增长，但是税基的增长无法对冲税率下降的影响，导致西部地区所得税收入的显著减少。且西部地区税基的增长是以相邻地区的税基流失为代价，距离西部大开发越近的地区，其税基流失越明显。因此，在进一步完善区域性税收优惠政策的过程中，要采取措施尽可能降低区域性税收优惠政策的负外部性，实现区域性税收优惠对效率与公平的兼顾。② 徐璋勇等研究发现，西部大开发战略的实施不仅没有恶化西部资本配置，反而通过企业所得税的税收优惠政策显著缓解了资本错配问题，缓解效应表现出"先大后小"的动态特征。③ 毛中根等厘清了改革开放 40 多年来西部地区制造业分布格局及其形成动因，提出高质量发展阶段西部地区制造业发展路径。④

3. 中部崛起

卢飞等结合理论推演和 PSM – DID 方法对"两个比照"政策的实施效果进行分析和估测。理论分析部分将政策干预纳入 CES 生产函数，推演得出以要素供给和提质增效为基本路径的分析框架，并结合中部崛起的发展规划提出研究假设。⑤

4. 东北振兴

肖兴志等对首轮东北振兴政策的实施效果及传导机制进行再思考，并

---

① 刘阳、秦曼：《中国东部沿海四大城市群绿色效率的综合测度与比较》，载《中国人口·资源与环境》2019 年第 3 期。
② 罗鸣令、范子英、陈晨：《区域性税收优惠政策的再分配效应——来自西部大开发的证据》，载《中国工业经济》2019 年第 2 期。
③ 徐璋勇、葛鹏飞：《国家区域发展战略与资本错配——基于西部大开发的准自然实验》，载《产业经济研究》2019 年第 4 期。
④ 毛中根、武优勐：《我国西部地区制造业分布格局、形成动因及发展路径》，载《数量经济技术经济研究》2019 年第 3 期。
⑤ 卢飞、刘明辉、孙元元：《"两个比照"政策是否促进了中部崛起》，载《财贸经济》2019 年第 1 期。

重点考察其对企业内生动力的影响。研究发现，政策整体促进了东北地区工业产值、人均产值和企业投资的显著增长；对企业生产率的影响则具有显著异质性，对国有企业存在负效应、对非国有企业有一定提升作用。①廖敬文等认为，提升区域经济复原力是重要的区域政策目标，尤其对老工业基地而言，复原力为其振兴提供了新思路。将区域经济复原力理论运用于政策分析时，国外政策导向强调中央政府和地方政府在复原力培育中的积极作用，中国应将国外复原力政策经验与复原力差异来源相结合，探索具有中国特色的老工业基地振兴路径。②

（二）长江经济带和京津冀协同发展战略

1. 长江经济带

易淼运用马克思主义流域分工理论分析认为，长江流域内部自然条件差异性为长江流域分工形成提供了自然基础，应深入到长江经济带流域分工层面，尊重自然条件差异性对流域分工的基础功能，发挥交通基础设施对流域分工的促进作用，并在流域分工新格局构建中实现"共同利益—特殊利益"关系均衡，以推进长江经济带高质量发展。③张欢等运用熵权法、融合协同度测度模型和单位根检验等方法探究了长三角城市群宜业与生态宜居融合协同发展水平、轨迹及二者间收敛性。研究发现，长三角城市群宜业和生态宜居融合协同发展呈现"高—低—高—高"发展轨迹和空间集聚特征，且宜业建设仍滞后于生态宜居建设。这为推进长三角城市群宜业和生态宜居融合协同、均衡发展提供了依据和参考。④

2. 京津冀协同发展

袁嘉琪等利用区域间投入产出表证实京津冀处于"双重低端锁定"位

① 肖兴志、张伟广：《"授之以鱼"与"授之以渔"——首轮东北振兴政策的再思考》，载《经济科学》2019年第3期。
② 廖敬文、张可云：《区域经济复原力：国外研究及对中国老工业基地振兴的启示》，载《经济学家》2019年第8期。
③ 易淼：《流域分工视角下长江经济带高质量发展初探——一个马克思主义政治经济学的解读》，载《经济学家》2019年第7期。
④ 张欢、汤尚颖、耿志润：《长三角城市群宜业与生态宜居融合协同发展水平、动态轨迹及其收敛性》，载《数量经济技术经济研究》2019年第2期。

置，并分析京津冀区域一体化构建区域价值链的机理，在此基础上构建区域价值链，检验京津冀区域价值链的产业升级和经济增长效应。结果表明，京津冀协同发展政策通过后形成的区域价值链能够促进该区域经济发展和产业升级，且人均 GDP 较低的省市产业升级效应越明显；区域联系对京津冀产业升级和经济发展的影响是通过北京的技术外溢实现的，但技术外溢的正反馈机制仍有待进一步完善。① 韩英等探究了京津冀产业结构变迁中的 TFP 变动情况发现，总体上三地技术进步提升明显，要素生产能力差距缩小。同时，三地三次产业生产技术状况存在明显差异，第一产业三地区要素生产能力差距一直较大，第二产业和第三产业三地区要素生产能力差距逐渐缩小。这一研究丰富了 TFP 测算的研究层面和方法。②

（三）开发区高新区政策

1. 开发区政策

邓慧慧等利用 2003 年开发区清理整顿政策这一准自然实验，使用倾向得分匹配倍差方法评估了中国区位导向性政策的有效性和空间异质性。研究发现，短期来看开发区政策促进地区经济总量差距的缩小作用非常显著，但长期效应不明显；开发区政策的作用存在地理异质性，推动了中西部地区 GDP 的相对更快增长，但对人均 GDP 提升作用不显著。此外，开发区设立有利于提升所在城市的第三产业比重，但对基础设施和教育状况的改善没有带来显著的促进作用。③

2. 国家高新区政策

张林等考察了国家高新区对城市群创新空间结构的影响发现，国家高新区显著推动城市群向创新多中心空间结构模式演进，且显著通过缩小城

　　① 袁嘉琪、卜伟、杨玉霞：《如何突破京津冀"双重低端锁定"？——基于区域价值链的产业升级和经济增长效应研究》，载《产业经济研究》2019 年第 5 期。
　　② 韩英、马立平：《京津冀产业结构变迁中的全要素生产率研究》，载《数量经济技术经济研究》2019 年第 6 期。
　　③ 邓慧慧、虞义华、赵家羚：《中国区位导向性政策有效吗？——来自开发区的证据》，载《财经研究》2019 年第 1 期。

市间知识密集型服务业发展水平差距强化这一效应。①

六、"一带一路"建设

"一带一路"是中国对外经济合作的重大倡议。2019年有关"一带一路"建设问题的研究主要集中在以下几个方面：

（一）"一带一路"与区域经贸合作

1. "一带一路"与产业融合

姚星等认为，"一带一路"倡议重在推动沿线国家进行高水平的经济融合，而其关键点之一是国家间在产业层面进行交融互动和协同发展。他们利用 Eora MRIO 数据库的多区域投入产出数据，从社会网络视角分析中国在"一带一路"沿线的产业融合程度和地位，并探讨其关联因素。研究发现，"一带一路"沿线国家间产业融合的广度和深度不断提升，产业融合互动的经济圈不断发展壮大。中国在"一带一路"沿线的产业融合程度及地位受共同语言、经济制度差异、政治制度差异、自由贸易协定、产业链关联、国家产业发展合力等因素的影响。②

2. "一带一路"与对外投资

吕越等采用《全球企业绿地投资数据库》数据，运用双重差分法对"一带一路"倡议的投资促进效应进行全方位评析发现，"一带一路"倡议实施显著促进了中国企业对外绿地投资的增长，这种积极促进效应主要通过"五通"实现。进一步通过异质性分析发现，在地理上"一带一路"倡议更显著地促进"海上丝绸之路"沿线国家和与中国邻近"一带一路"国家的投资增长，且对高政治风险经济体的投资不存在显著的促进效应。从投资动态来看，现阶段"一带一路"倡议的投资促进效应主要表现为集

---

① 张林、高安刚：《国家高新区如何影响城市群创新空间结构——基于单中心—多中心视角》，载《经济学家》2019年第1期。
② 姚星、蒲岳、吴钢、王博、王磊：《中国在"一带一路"沿线的产业融合程度及地位：行业比较、地区差异及关联因素》，载《经济研究》2019年第9期。

约边际的扩张，即主要带动已有投资基础或投资项目经济体的投资增长。从行业来看，对外投资促进效应主要集中在能源、交通和通信等基础设施相关领域；在投资来源上，尚未对"一带一路"重点省份产生显著的投资促进效应。① 金刚等研究了"一带一路"倡议对中国企业在沿线国家交通行业的投资效应发现，"一带一路"倡议显著加大了中国企业对沿线国家交通行业的投资规模，与此同时未显著增加交通"问题投资"。此外，"一带一路"倡议主要推动国有企业对沿线国家交通投资的发展效应，并且企业投资模式偏向跨国并购。研究结论表明，针对"一带一路"倡议而提出所谓的"债务陷阱论"指责是失实的。② 许培源等认为，"一带一路"国家间制度异质性引发的高风险和高壁垒显著抑制了中国企业的海外投资，政府为境外经贸合作区企业克服"集体行动难题"提供的选择性激励和利用政府间外交关系"保驾护航"，能够帮助合作区企业克服国家间制度异质性引发的高投资壁垒和风险。因此，"一带一路"的"五通"应致力于为境外经贸合作区的建设和运行创造良好的条件，以"一带一路"引领境外经贸合作区发展。③

3. 中欧班列与内陆地区贸易增长

张祥建等认为，中欧班列是新时代联通亚欧大陆的实体纽带，为中西部内陆地区扩大贸易进出口和深化对外开放提供了新机遇。研究发现，中欧班列显著促进了内陆地区的贸易增长，中欧班列的开通有助于降低运输成本和交易成本，提高外资和内资吸引力，促进产业结构和产业布局的优化调整，为中西部地区的贸易进出口增长提供内生动力。此外，中欧班列还强化了内陆自由贸易区的资源要素汇聚功能，放大了货源地节点的"虹吸效应"和运输通道的"辐射效应"。因此，要在把握中欧班列开通带来的贸易便利化的同时，优化中欧班列的运输线路布局，建立地区货源协调机制，充分发挥内陆自由贸易区的对外开放枢纽作用和中欧班列的辐射带

① 吕越、陆毅、吴嵩博、王勇：《"一带一路"倡议的对外投资促进效应——基于 2005 ~ 2016 年中国企业绿地投资的双重差分检验》，载《经济研究》2019 年第 9 期。
② 金刚、沈坤荣：《中国企业对"一带一路"沿线国家的交通投资效应：发展效应还是债务陷阱》，载《中国工业经济》2019 年第 9 期。
③ 许培源、王倩：《"一带一路"视角下的境外经贸合作区：理论创新与实证检验》，载《经济学家》2019 年第 7 期。

动效应。①

（二）"一带一路"建设绿色化

王文等认为"一带一路"倡议提出以来，绿色发展理念贯穿其中，"走出去"的中国企业积极践行绿色发展理念，参与"一带一路"建设，巨大的绿色投融资需求不断得到激发，为新一代绿色产品和绿色技术提供了广阔市场。共建"绿色丝绸之路"，继续推动绿色投资的需求和发展势能，将促进沿线国家和地区经济社会的可持续发展。②

曹明弟等指出，绿色金融已经成为"一带一路"的重要议题和发展要求。他们通过对"一带一路"绿色金融的发展情况进行评估认为，中国在推动"一带一路"绿色金融实践过程中做出了重大贡献，"一带一路"绿色金融发展潜力巨大，发展绿色金融是中国国家战略性优先事项，也成为相关国家的发展共识，获得了极大的理解和支持，将有力地推动"一带一路"经济、社会和环境的可持续协调发展，进入共生发展新时代。③

莫凌水等认为，建设绿色"一带一路"，不仅要保证中国企业在"一带一路"的投资必须是绿色的，还要解决绿色投资成本、风险和收益不匹配的问题，才能吸引大量资本流向绿色产业和绿色项目，而绿色投资标尺和绿色成本效益核算将回答绿色投资评估的两个核心问题。他们提出，通过量化的环境和经济指标，从环境的可持续和经济可持续界定投资绿色属性，并将绿色成本和绿色收益纳入投资活动的财务评价，纠正绿色投资成本和收益的不匹配，解决绿色投资成本内化、效益外化的矛盾。④

（三）"一带一路"沿线国家劳动关系协调模式

"一带一路"倡议为企业"走出去"提供了新的契机，也对企业应对

---

① 张祥建、李永盛、赵晓雷：《中欧班列对内陆地区贸易增长的影响效应研究》，载《财经研究》2019 年第 11 期。

② 王文、杨凡欣：《"一带一路"与中国对外投资的绿色化进程》，载《中国人民大学学报》2019 年第 4 期。

③ 曹明弟、董希淼：《绿色金融与"一带一路"倡议：评估与展望》，载《中国人民大学学报》2019 年第 4 期。

④ 莫凌水、翟永平、张俊杰：《"一带一路"绿色投资标尺和绿色成本效益核算》，载《中国人民大学学报》2019 年第 4 期。

沿线国家不同的劳资纠纷问题提出了挑战。韩喜平等详细梳理了"一带一路"沿线国家五类劳动关系协调模式:以阿联酋为代表的西亚区域"法律主导"的劳动关系协调模式,以俄罗斯为代表的独联体"法律协助"的劳动关系协调模式,东南亚以马来西亚为代表的"集体谈判"模式、以新加坡为代表的"三方协调"模式与以越南为代表的"多元混合"劳动关系协调模式,并纵向比较五类协调模式的异同点,针对我国在不同模式中可能遇到的劳资纠纷问题提出了具有针对性的建议。为完善我国劳动关系协调模式,提出分类解决纠纷及完善监察、补贴制度两点具体的实践路径。①

七、自贸区建设

自由贸易试验区是中国新一轮对外开放的"国家试验田"。截至目前,中国已经批准了 18 个自由贸易试验区,形成了东西南北中协调、陆海统筹的开放态势,助推新一轮全面开放。自贸区的快速发展,引起了学者们更多的研究和关注。

1. 政策红利

陈林等通过搜集全国 286 个地级市 2009 ~ 2017 年的数据,基于 PSM - DID 分析法,从贸易红利、增长红利、投资自由红利三个"政策红利"维度探讨自由贸易试验区的政策效应。② 武剑等则运用最新发展的 HCW 法和排序检验法,从多指标视角对上海、广东、福建、天津自贸试验区政策的经济效应及有效性进行评估。研究发现,自贸试验区设立虽然对上海、广东、福建、天津相关经济指标产生了一定程度影响,但当前自贸试验区政策红利效应并未得以充分释放,各地自贸试验区政策亟待进一步优化设计。③

---

① 韩喜平、张嘉昕:《"一带一路"沿线国家劳动关系协调分类研究》,载《管理世界》2019 年第 4 期。
② 陈林、肖倩冰、邹经韬:《中国自由贸易试验区建设的政策红利》,载《经济学家》2019 年第 12 期。
③ 武剑、谢伟:《中国自由贸易试验区政策的经济效应评估——基于 HCW 法对上海、广东、福建和天津自由贸易试验区的比较分析》,载《经济学家》2019 年第 8 期。

2. 跨境资本流动

韩瑞栋等从准自然实验角度出发，基于2004～2016年省级面板数据，采用合成控制法研究样本期内上海、天津、广东和福建自贸区设立对跨境资本流动的影响效应。研究发现，自贸区设立有效地促进了国际资本"引进来"和国内资本"走出去"，国际资本双向流动效应明显；由于各自贸区改革的重点领域及区域经济发展水平不同，导致各自贸区对资本流动的影响效应存在差异。因此，应从完善金融监管、分类管理对外投资、深化金融创新以及与国内市场衔接等方面推进自贸区建设，维护国际资本平稳有序流动。[1]

228

3. 自由贸易港建设

王晓玲认为，中国特色自由贸易港有着深刻的政策意蕴，应在自由贸易试验区基础上进行更大范围制度创新的先行先试，进行高标准国际贸易投资规则的风险压力测试，实现"一线放开"下的口岸风险管控。[2]

---

① 韩瑞栋、薄凡：《自由贸易试验区对资本流动的影响效应研究——基于准自然实验的视角》，载《国际金融研究》2019年第7期。
② 王晓玲：《国际经验视角下的中国特色自由贸易港建设路径研究》，载《经济学家》2019年第3期。

第十一章 马克思主义经济学及其中国化问题研究新进展

开拓当代中国马克思主义经济学新境界，是中国经济学人基于中国实践创新经济学理论艰巨而长期的任务，2019 年学界对此进行了深入的研究，取得了丰硕的成果。

一、马克思主义经济学再认识

马克思主义经济学的基本原理和方法论，具有旺盛的生命力和宝贵的研究价值。2019 年，学者们就马克思主义经济学中的若干基本概念、基本理论和方法论等进行了深入的研究。

（一）马克思主义经济学基本概念再认识

资本是理解资本主义的核心社会经济范畴，对资本这一概念的理解程度决定着对资本主义的认知程度，也决定着对马克思主义经济学理解的深度。长期以来，学术界针对资本的概念存在诸多研究和争论。为纪念《共产党宣言》问世 170 周年，刘明等从这一经典著作出发，对马克思主义经济学的资本观进行了深入的挖掘，认为《共产党宣言》是马克思资本观形成的一个重要节点。在《共产党宣言》中，马克思恩格斯运用唯物史观对资本这一社会经济范畴进行了鞭辟入里的分析，指出资本不仅是一种经济权力，还是集体的产物和社会力量的载体。同时，资本逻辑生发的基础和条件、社会历史效应等也得到了纲领式的表达，论证了资本主义社会的历史暂时性，提出了未来"自由人联合体"的建构方略。①

---

① 刘明、李政：《〈共产党宣言〉中的资本批判思想及其意义》，载《经济学家》2019 年第 1 期。

萧诗美等对马克思的所有权概念进行了研究，认为从马克思的所有权批判中，可以发现马克思对所有权的自由本质给予了充分肯定，使马克思的所有权概念具有追求自由和拒绝异化的双重性质。这种辩证的历史的所有权概念不但区别于资产阶级的所有权概念，而且区别于激进社会主义简单否定一切所有权的主张。辩证的历史的所有权理论无疑具有批判的性质，但这种批判不是简单地否定一切所有权，而是批判和否定所有权的异化，实现所有权的自由本质。①

　　近几年来，马克思的"拜物教"概念成为学术界研究马克思经济理论，特别是《资本论》研究关注的一个重要问题。刘召峰从《资本论》等马克思主义经济学经典著作出发，展示了马克思拜物教批判理论的整体逻辑框架，认为马克思的拜物教批判具有三重指向：一是揭示商品、货币和资本的拜物教性质；二是批判"经济学家们"的拜物教观念；三是剖析"物的依赖性"的生存境遇。拜物教的"形成机理"在于"社会关系的物化""社会生产规定的物化"，以及"生产关系对生产当事人的独立化"。拜物教观念是一种独特的"错认"：把物在一定的社会关系中获得的"形式规定性"理解为物的自然属性；它既非人们对于商品、货币和资本的"膜拜"，又不同于精神分析学派的"物恋"。只要在"发达的交换制度"中，社会财富仍然主要以商品形式存在，"物的依赖性"就是"商品世界"中人们无法摆脱的生存境遇。商品、货币、资本都是具有历史暂时性的社会存在，"物的依赖性"是一种暂时的、而非永恒的生存境遇。②

（二）马克思主义经济学基本理论再认识

　　劳动价值论作为马克思主义经济学的理论基石，长期以来一直在学术界引起广泛的探讨和争论。其中，关于商品价值量变动规律的争论更是旷日持久，至今仍未达成共识，被称为"世纪之谜"。冯金华从价值规律的基本内容出发，对"世纪之谜"做出了解释，同时说明了劳动价值论对于商品价值的解释，既非"多余"，也没有"片面"，更没有"矛盾"。根据价值规律的两个基本内容，即"商品的等价交换"和"劳动决定商品的

---

① 萧诗美、肖超：《马克思论所有权的自由本质和自我异化》，载《中国社会科学》2019年第2期。
② 刘召峰：《马克思拜物教批判的三重指向与历史性自觉》，载《马克思主义研究》2019年第4期。

价值"，在"其他情况不变"（即在着重考察某一商品市场时，保持所有其他商品的价格、产量、价值以及整个经济的劳动总量不变）的假定下，随着任意一种商品劳动生产力提高和单位价值量下降，相应的价格既有可能下降，也有可能上升，从而破解了所谓的"世纪之谜"。① 宋树理等在国际不平等交换和国际价值总量等于世界必要劳动总量的基本假定条件下，从一般生产过程的单一生产模式到联合生产模式，顺次推导了国际交换商品的单位、行业和国家的国际价值量三个决定表达式，诠释了世界劳动的国际价值规律，继而量化比较了不同含义的世界必要劳动时间在国际价值形成和实现过程中发挥作用的异同性，同时明确了世界市场供求关系变化影响的必要性。②

231

"置盐定理"自诞生以来一直是马克思主义经济学的热点问题，日本左翼经济学家置盐信雄于 1961 年发表的《技术变革与利润率》一文通过严谨的数学分析否定了马克思基于劳动价值论的一般利润计算公式，对马克思在《资本论》第 3 卷中论述的关于利润率趋向下降的规律提出了挑战。王生升等立足于剩余价值生产和剩余价值实现的对立统一关系，通过分析"置盐定理"的论证过程，阐明了"置盐定理"的逻辑推理困境和理论价值，推动了这一热点问题的研究进展。与马克思关于剩余价值生产和实现之间辩证关系的分析不同，"置盐定理"仅仅展示了社会总资本矛盾运动的一个方面，即剩余价值实现对剩余价值生产的反向影响，剩余价值生产与剩余价值实现被简化为同一过程。这种简化消除了剩余价值生产和实现的矛盾对立，资本主义社会中积累和消费的对抗性矛盾及其背后的对抗性生产—分配关系被遮蔽起来，因而无法说明一般利润率下降趋势的现实展开方式。但是，"置盐定理"把一般利润率重新置于部类均衡的社会再生产模型中进行分析，点明了工资收入对剩余价值实现的意义，勾勒出了剩余价值实现反作用于剩余价值生产的宏观机制，有力推动了马克思利润率趋向下降规律的研究，捍卫了马克思主义经济学和劳动价值论的科学性。③

生产力决定生产关系是马克思主义经济学的基本原理，但西方著名左

① 冯金华：《价值、价格和产量：兼评所谓的"世纪之谜"》，载《世界经济》2019 年第 3 期。

② 宋树理、姚庐清：《从单一生产到联合生产的国际价值决定论》，载《世界经济》2019 年第 11 期。

③ 王生升、李帮喜、顾珊：《价值决定向价值实现的蜕化：置盐定理的逻辑推理困境》，载《世界经济》2019 年第 6 期。

232

翼学者、加拿大西蒙·菲沙大学名誉教授迈克尔·A. 莱博维奇（Michael A. Lebowitz）在《超越〈资本论〉——马克思的工人阶级政治经济学》一书中认为，生产力决定论或生产力的首要性命题存在着诸多盲点，这些盲点使得它在一些重要理论和现实问题面前丧失了解释力，从而提出了人的需要决定论或人的需要的首要性命题。对此，王峰明等立足于《资本论》及其马克思恩格斯相关手稿给予反驳认为，生产力决定论并不存在莱博维奇所说的那些理论盲点，其解释力也毋庸置疑。就人的需要而言莱博维奇的观点完全颠倒了物质生产与人的需要的关系，无视生产力与生产关系对人的需要和满足需要的方式的现实决定性，是物质生产决定人的需要，而不是相反。①

2008 年全球金融危机爆发以来，世界经济和政治格局的大变革和大动荡使学者们认识到要从根本上反思货币理论以重构现代经济学的理论体系。孙业霞从马克思国际货币职能的角度，分析了主权货币充当世界货币的严重弊端：一是单一的世界货币格局是一种不公平的结构，充当世界货币的主权货币发行国能够获得巨额的国际铸币税和国际通货膨胀税收益；二是单一的世界货币格局是一种不稳定的结构，国际货币支付手段职能的前提是货币发行国强大的信用保证，但是"特里芬难题"使主权货币发行国常常面临着两难选择。根据马克思国际货币职能理论，货币价值尺度的二重性决定了国际市场上只能有一种货币执行世界货币职能，超主权货币充当世界货币有助于缓解主权货币充当世界货币的矛盾，而数字化超主权货币将是世界货币的未来发展方向。多元化的货币体系是建立超主权货币的必经阶段，目的在于更加彻底地暴露主权货币充当世界货币的弊端，使世界各国充分认识到多极世界货币体系的不稳定性后开始探索超主权货币的创建。为此我们国家必须要有清晰的金融发展思路和发展战略，通过积极推进人民币作为储备货币的发展进程以约束美元的霸权地位，最终促进国际货币体系的改革并建立超主权货币。②

列宁的帝国主义理论是马克思主义经济学的重要组成部分，对新帝国主义的研究更是国内外许多学者关注的方向。程恩富等以列宁的帝国主义理论为基础，对新帝国主义的特征和性质进行了研究和剖析，认为新帝国

---

① 王峰明、王小平：《马克思的生产力决定论错了吗？——驳莱博维奇〈超越〈资本论〉〉中的需要决定论》，载《马克思主义研究》2019 年第 6 期。

② 孙业霞：《从马克思国际货币职能看主权货币充当世界货币的弊端》，载《经济学家》2019 年第 3 期。

主义是垄断资本主义在当代经济全球化、金融化条件下的特殊历史发展阶段，其特征和性质可以概括为五个方面。一是生产和流通的新垄断，表现为生产和流通的国际化和资本集中的强化，形成富可敌国的巨型跨国垄断公司；二是金融资本的新垄断，表现为金融垄断资本在全球经济活动中起决定性作用，进而形成畸形发展的经济金融化；三是美元和真实产权的垄断，形成不平等的国际分工和两极分化的全球经济的财富分配；四是国际寡头同盟的新垄断，表现为"一霸数强"结成的国际资本主义寡头垄断同盟，形成全球垄断剥削和压迫的金钱政治、庸俗文化和军事威胁的经济基础；五是经济本质和大趋势，表现为全球化资本主义矛盾和各种危机时常激化，形成当代资本主义垄断性和掠夺性、腐朽性和寄生性、过渡性和垂危性的新态势。[①]

二、马克思主义经济学的当代价值

马克思主义经济学对于解释和解决当代经济问题仍然具有旺盛的生命力。2019 年，学者们深入分析马克思主义经典理论在当代和我国的应用，揭示了马克思主义经济学的时代意义和当代价值。

（一）劳动价值论在解释数字经济和人工智能中的应用

以数字化、智能化和网络化为核心特征，全球范围内正迎来新一轮科技革命和产业变革。中共中央政治局就人工智能发展现状和趋势举行第九次集体学习时，习近平总书记强调要"做大做强数字经济"，建设"网络强国""数字中国""智慧社会"。

郑吉伟等通过对西方学者数字经济研究文献的梳理指出，西方学者关于马克思劳动价值论的研究以及数字劳动是否存在剥削的争论，对数字经济的理论化具有积极意义，对揭示马克思劳动价值论面临的新情况也具有一定价值。从积极方面看，在研究数字经济的过程中，部分西方学者突出了马克思主义理论的重要性，讨论了马克思劳动价值论面临的新情况。从

---

① 程恩富、鲁保林、俞使超：《论新帝国主义的五大特征和特性——以列宁的帝国主义理论为基础》，载《马克思主义研究》2019 年第 5 期。

不足方面看，西方学者关于数字经济的研究存在三个问题：一是侧重于从文化角度分析数字劳动，对从经济角度研究数字劳动远远不够；二是在对待马克思主义理论方面，西方学者都是各取所需、为我所用，没有运用马克思主义整体性的视角分析数字经济；三是这些理论积累和学术活动大多是在西方资本主义国家展开的，侧重于分析数字经济的特征和形式，而忽视了数字经济对发展中国家的影响。基于此，数字经济的西方实践契合了我国数字经济发展的现实需求，对我国坚持以马克思主义经济理论为指导，拓展数字经济的理论研究具有重要借鉴意义。①

刘璐璐通过对马克思劳动价值论的数据化研究，论证了数字经济存在的理论合理性，从数据成为商品为起点解析数字劳动剩余价值的生产过程，辅之以资本的文明面和消费两个因素，分析和肯定了数字经济的价值和意义。数字经济是人工智能和互联网技术快速发展的时代产物，为当代资本积累提供了全新路径，意味着马克思劳动价值论数据化研究的开始。在看到数字经济为资本市场注入了活力的同时，也应该关注到数字经济带来的三个问题：一是人的四重异化；二是界限消失下的剥削无限；三是被技术压缩的自由。我国应在发展数字经济时着力避免这些问题，推动经济结构转型和产业升级。②

肖峰通过研究劳动价值论中对机器的分析，以及对机器的资本主义应用的批判，提出可以把人工智能从根本上视为继人工体能在机器上实现之后的进一步功能扩展，从而看到人工智能和机器在工作机理上的逻辑关联性，认为马克思关于机器劳动的思想对于从本质上洞悉和用好人工智能有重要启示：一是人工智能是更高级的机器，但本质上仍是机器，是机器体能到机器智能的升级；二是机器与人工智能技术可以使财富充分涌流出来，但必须有合理的社会制度才能使这些财富得到合理的分配，从而使人类的劳动时间溢出效应转向有利于人类走向更美好的生活。这表明，产生于工业文明时代的马克思主义经济学在信息时代仍具有生命力和解释力。③

张新春等认为，马克思从劳动价值论进而提出"异化劳动"概念，对资本主义社会中的"人"进行考察，为研究现实中人的全面发展问题提供

① 郑吉伟、张真真：《评西方学者对数字劳动的研究》，载《经济学家》2019年第12期。
② 刘璐璐：《数字经济时代的数字劳动与数据资本化——以马克思的资本逻辑为线索》，载《东北大学学报》（社会科学版）2019年第4期。
③ 肖峰：《〈资本论〉的机器观对理解人工智能应用的多重启示》，载《马克思主义研究》2019年第6期。

了视角和方法。在人工智能技术经济范式下，劳动主体、劳动内涵、劳动分工、劳动生产率、劳动的社会功能都将发生深刻变化，并通过生产系统载体变革，催生出促进人的全面发展的诸多劳动机遇：一是智能技术助推全面劳动的生产系统载体出现；二是教育与生产深度融合是"劳动方式—人的发展"新模式；三是旧分工弱化，劳动的"发展手段"功能凸显；四是"停滞过剩人口"为向"完整的人"过渡积累变革力量；五是新生就业岗位向服务于"人的全面发展"的新兴行业转变。这些都为依托人工智能实现人的全面发展，贯彻"以人民为中心"的发展思想提供了理论根基。①

235

杨虎涛等基于劳动价值论并结合技术——经济范式理论，利用美国1944 ~ 2016 年历史数据对人工智能时代资本有机构成的变动趋势进行了预测和分析，发现在技术变革从自动化到智能化的过程中，马克思的劳动价值论依然保持着强大的生命力。借鉴第二次世界大战以来美国人工智能的发展历史，未来的人工智能时代要注意：一是智能芯片等关键生产要素价值的变动，以及智能化生产所导致的资本周转速度和预付不变资本的变化，都将对资本有机构成的变动产生综合影响；二是把握人工智能对资本有机构成的影响，不单要考虑提高资本有机构成的作用力，还要考虑抑制资本有机构成提高的反向作用力，更要把握住其有别于过去影响资本有机构成的典型特征，这样才能更好地理解和判断由自动化到智能化转变进程中资本有机构成的变动趋势；三是人工智能中资本有机构成的提高对劳动的总体影响，是未来需要着重研究和考察的内容。②

（二）资本积累理论在解释平台经济中的应用

伴随着数字经济和人工智能的蓬勃发展，平台经济作为一种适应数字技术体系的资本积累和社会生产与再生产的新组织形式，开始对社会生产、分配、交换和消费各个环节发挥深远影响。谢富胜等从马克思资本积累理论出发，基于数字技术体系的发展和应用，从相互联系的角度探讨资本主义生产方式中的平台组织，及其主导下竞争过程和劳资关系的新形式，发现资本主义条件下的平台经济无法克服资本积累规律揭示的内在矛

---

① 张新春、董长瑞：《人工智能技术条件下"人的全面发展"向何处去——兼论新技术下劳动的一般特征》，载《经济学家》2019 年第 1 期。

② 杨虎涛、冯鹏程：《技术——经济范式演进与资本有机构成变动——基于美国 1944 ~ 2016 年历史数据的分析》，载《马克思主义研究》2019 年第 6 期。

盾。在平台经济中，数字平台的技术特性及资本对平台的垄断，塑造了动态不完全竞争格局，基于数字平台的劳动组织新形式导致不稳定的就业和工资，使资本积累的逻辑渗入劳动力再生产过程，使得资本积累过程扩展到社会生产和生活的各个方面，资本主义世界市场的规模和深度展现出前所未有的扩张。面对平台经济全球化趋势，我国在发展平台经济的过程中要做到：第一，要从满足人民群众美好生活需要的高度发展平台经济，使之服务于人民群众综合素质的提升和生活质量的改善，从根本上改变国家核心关键技术受制于人的局面；第二，要加快构建陆地、海洋、天空、太空立体覆盖的国家信息基础设施，统筹规划建设国家互联网大数据平台；第三，要对基于资本主义生产方式的平台经济进行"扬弃"，加快构建高速、移动、安全的新一代信息基础设施，统筹规划政务数据资源和社会数据资源，完善基础信息资源和重要领域信息资源建设。[①]

（三）竞争理论在完善现代化市场机制中的应用

赵峰等以分析一般性的马克思主义竞争理论为基础，依照资本主义竞争的不同领域，对资本主义竞争的形式和体制做出了详细区分，研究了竞争形式和体制对宏观经济动态的影响，阐明了马克思的竞争理论对我国完善现代化市场机制、建设现代化经济体系的重要借鉴意义。当前，完善现代化市场机制需要从三个方面重视发挥竞争的作用：第一，要确保市场在资源配置中起决定性作用，同时更好地发挥政府的作用，必须要从微观和宏观两个层面建立和完善良性的竞争制度环境；第二，有序规范的市场竞争环境建设是供给侧结构性改革顺利推进的保证，是确保真正淘汰落后产能、优化经济结构、推动科技创新的有力制度保障；第三，形成"优胜劣汰"的竞争机制，是在新时代提高我国微观主体和宏观体系的国际竞争力、形成全面开放的新格局的重要途径。[②]

（四）民生理论在解决民生问题中的应用

杨静等认为，马克思的民生理论着重从"现实的人"的需要、社会生

---

① 谢富胜、吴越、王生升：《平台经济全球化的政治经济学分析》，载《中国社会科学》2019年第12期。

② 赵峰、段雨晨：《马克思的竞争理论及其现代意义》，载《经济学家》2019年第3期。

产和利益分配三个环节对民生问题进行了剖析，揭示了保障和改善民生需要处理的三种关系：需要层次关系、政府与市场关系、初次分配和再分配的关系，具有丰富性、系统性与科学性。马克思民生理论在当代中国的运用发展主要表现在：一是从人民的需要出发，把人民的向往作为奋斗目标；二是与生产力发展水平相适应，满足民生的时代性需要；三是把保障和改善民生作为推动社会主要矛盾转化的抓手，充分发挥政府在社会生产和利益分配中的重要作用。①

在马克思的民生理论中，社会共同需要思想是其核心部分。当前，针对民生建设最重要的经济领域，学术界存在着以西方公共产品理论为指导的倾向，要充分认识西方公共产品理论存在的理论误区和实践局限。杨静认为，民生问题究其实质是社会共同利益需要的反映，当前解决我国民生共享问题需要立足于社会主义实践，用创新发展的中国特色社会主义政治经济学民生理论加以解决，而不能盲目照搬照抄套用西方公共产品理论。从唯物史观出发研究马克思的社会共同需要思想，可以构建起社会主义"共需品"理论，并与我国社会主义民生建设实践相结合进行实证研究，从民生型政府建设的角度提出解决我国民生问题的路径：一是要建立系统的民生型公共财政体制；二是要注重共享普惠的新型共需品结构建设；三是要发展创新共需品供给的实现模式。运用马克思民生理论解决好民生问题，才能不断推动我国民生建设向人人受益、人人共享的目标迈进，以实现中国特色社会主义政治经济学民生理论和话语体系的创新发展。②

（五）地租理论在解释土地政策中的应用

金栋昌等基于对《资本论》的系统考察分析发现，马克思地租理论中关于级差地租的生成属性、普遍存在性与发展性、具体形式及辩证运动关系、量的计算逻辑、占有与分配关系等观点，对于认识和治理我国土地有偿使用收入具有重要的方法论价值。在科学区分级差地租与社会主义土地有偿使用收入本质差异的基础上不难发现，马克思级差地租理论为认识和治理我国的土地收入问题提供了现实适用性，对构建中国特色社会主义政

---

① 杨静、周钊宇：《马克思恩格斯民生思想及其在当代中国的运用发展》，载《马克思主义研究》2019 年第 2 期。

② 杨静：《马克思社会共同需要思想及其当代价值——构建社会主义"共需品"理论及实证研究》，载《经济学家》2019 年第 8 期。

治经济学具有重要探索价值，主要体现在：第一，级差地租客观存在性揭示出社会主义条件下土地有偿使用收入的客观存在性；第二，级差地租的具体形式及其关系揭示出社会主义条件下土地有偿使用收入（土地级差收入）的调节机制；第三，级差地租的纵向交替占有关系及其固有的博弈风险启示着社会主义条件下土地有偿使用收入（土地级差收入）政策的治理要义。①

238

（六）世界市场理论在解释经济全球化中的应用

改革开放40多年来取得的历史性成就启示我们，必须坚持对外开放的基本国策，积极参与经济全球化进程，形成全方位、多层次、宽领域的全面开放新格局。刘顺等认为，马克思的世界市场理论始终饱含强大生命力，在今天仍具有跨越时空的重大价值，是一套深刻解释和有效应对经济全球化新变局的理论利器。②

积极参与经济全球化进程，必须不断推动构建人类命运共同体。舒展认为，马克思的世界市场理论为今天的人类将如何面对其共同命运指明了一个最终的方向，它是经济全球化发展过程中很重要的理论来源之一。以人类命运共同体思想构建社会主义主导的经济全球化，是对资本主义经济全球化道路的历史性超越，是对马克思世界市场理论的继承和发展。习近平总书记提出的人类命运共同体思想，正是依据这样的理论来源发展起来的，其核心是建立世界各国互利共赢、和平发展的新型经济全球化秩序。应对经济全球化新变局，要做到：第一，顺应经济全球化的必然性，"求同存异"处理全球化的"同"与"异"；第二，以合作共赢原则克服全球秩序的不平等性，拓展发展中国家走向现代化的途径；第三，以共商共建共享的实际行动，化解和管控全球治理中的国家矛盾与分歧。③

积极参与经济全球化进程，必须构建开放、透明、包容、非歧视性的多边贸易体制。自由贸易和与自由贸易相对的保护关税议题，是马克思开始探究世界市场理论的一个关键线索，也是对资本主义展开多重批判的一

① 金栋昌、陈怀平：《马克思级差地租理论的文本意蕴及其现实适用性——基于〈资本论〉文本内容的系统考察与应用分析》，载《经济学家》2019年第4期。
② 刘顺、周泽红：《马克思对资本主义自由贸易的本质批判及当代价值》，载《马克思主义研究》2019年第6期。
③ 舒展：《〈共产党宣言〉中的经济全球化思想及其继承与发展》，载《马克思主义研究》2019年第5期。

个重要始点。刘顺等认为，马克思世界理论中对资本主义自由贸易的本质批判具有重要的当代价值，有助于我们科学驾驭经济全球化新变局，有助于我们认清西方"自由贸易"的历史真相与话语陷阱，为我们构建开放、透明、包容、非歧视性的多边贸易体制提供了三点遵循：第一，持双重标准的当代资本主义自由贸易仍是"劫贫资富"的强者话语体系；第二，强劲的产业竞争力是与资本主义自由贸易制度展开战略博弈的关键基础；第三，保障国家经济安全、维护国际贸易公平和引领全球经济治理。①

三、中国特色社会主义政治经济学基础理论

2019 年，学者们对习近平新时代中国特色社会主义经济思想、社会主义基本经济制度、社会主义市场经济等中国特色社会主义政治经济学基础理论展开了深入的探讨。

（一）习近平新时代中国特色社会主义经济思想

1. 习近平新时代中国特色社会主义经济思想的科学内涵

习近平经济思想根植于党的十八大以来以习近平同志为核心的党中央发展经济的实践，立足于中国的基本国情和世界发展趋势，以马克思主义政治经济学关于生产力与生产关系的基本矛盾为理论框架，系统回答了如何在新时代推进中国特色社会主义经济建设的根本问题。②

胡鞍钢认为，习近平新时代中国特色社会主义经济思想的科学内涵可以概括为以下几点：第一，党的领导一直是中国特色社会主义建设成败的关键，党的领导决定了中国特色社会主义现代化建设的中心任务，因此，必须坚持加强党对经济工作的集中统一领导。第二，中国特色社会主义经济发展已进入新常态，我国社会主要矛盾已经转变成人民日益增长的美好生活需要和不平衡不充分的发展之间的矛盾。因此，随着中国特色社会主

---

①　刘顺、周泽红：《马克思对资本主义自由贸易的本质批判及当代价值》，载《马克思主义研究》2019 年第 6 期。

②　胡鞍钢、周绍杰：《习近平新时代中国特色社会主义经济思想的发展背景、理论体系与重点领域》，载《新疆师范大学学报》（哲学社会科学版）2019 年第 2 期。

义进入新时代，我国经济的发展阶段也发生变化，从过去的高速增长阶段向高质量发展阶段转化。第三，"创新、协调、绿色、开放、共享"五大发展理念科学判断了新时代我们依靠什么动力发展生产力，需要发展什么样的生产力，如何实现高质量发展的目标。第四，坚持供给侧结构性改革，并非照搬西方供给学派的观点，而是强调通过全面深化改革，推进全面依法治国，化解我国经济存在的深层次结构性矛盾，提升资源配置效率、升级供给水平，推动我国经济向形态高级、分工合理、结构优化的高质量发展阶段演进。第五，明确我国经济已由高速增长阶段转向高质量发展阶段，因此，坚持推动高质量发展是决定未来发展思路、经济政策的根本要求。其中，质量变革是高质量发展的目标，这要求必须充分发挥市场在资源配置中的决定性作用；效率变革是高质量发展的基础，这要求必须深化供给侧结构性改革，打破行政性垄断，激发民间资本活力，加强资本市场建设；动力变革是高质量发展的关键，这要求必须落实支持人才成长和推动科技创新的政策，形成鼓励创新驱动的制度环境，构建全方位、高水平的对外开放格局。第六，建设和完善现代化经济体系是中国特色社会主义经济发展的战略目标，现代化经济体系的核心是现代化产业体系，这需要科技创新、现代金融、人力资源相互协同，作为有力支撑，推动实体经济的进一步发展。①

马建堂指出，习近平新时代中国特色社会主义经济思想深刻阐述了我国经济发展阶段和我国社会主要矛盾的变化。第一，经济发展新常态是我国经济发展阶段性特征的必然反映，是中国经济向形态更高级、分工更优化、结构更合理阶段演进的必经过程，不以人的意志为转移。我国经济发展进入新常态，没有改变我国发展仍处于可以大有作为的重要战略机遇期的判断，改变的是重要战略机遇期的内涵和条件；没有改变我国经济发展总体向好的基本面，改变的是经济发展方式和经济结构。第二，中国特色社会主义进入新时代，我国社会主要矛盾已经转化为人民日益增长的美好生活需要和不平衡不充分发展之间的矛盾，深刻认识和主动适应主要矛盾的变化，是做好新时代经济工作的重要遵循。要解决好主要矛盾，就要坚定不移地推动高质量发展，就要更好地解决民主、法治、公平、正义、安全、环境等方面的突出问题，更好地贯彻以人民为中心的发展思想，推动

---

① 胡鞍钢、周绍杰：《习近平新时代中国特色社会主义经济思想的发展背景、理论体系与重点领域》，载《新疆师范大学学报》（哲学社会科学版）2019年第2期。

人的全面发展和社会的全面进步。[①]

　　谢伏瞻认为，习近平提出的"绿水青山既是自然财富、生态财富，又是社会财富、经济财富"，充分体现了尊重自然、重视资源全价值、谋求人与自然和谐发展的价值理念，对马克思主义政治经济学做出了重要的理论创新。这一思想赋予现代化经济体系以绿色属性，强调了通过产业生态化和生态产业化的方式，构建实现人与自然和谐的生态经济体系。[②]

　　方玉梅用理论、实践和价值三种逻辑论证党对经济工作的领导地位。理论逻辑上看，党的领导权问题是政治问题的核心，政治作为上层建筑（直接表现为政治权力）的核心组成部分对生产力发展产生重要作用，在中国特色社会主义市场经济条件下，党的领导作用，主要体现在宏观层面和发展全局上，因此党的集中统一领导和市场对资源配置的决定性作用是相辅相成、有机统一的。实践逻辑上看，只有坚持党对经济工作的集中统一领导，才能有效总揽全局、协调各方利益、凝聚全社会的力量，才能在纷繁复杂的发展局势中坚定正确方向，引领中国经济的稳定发展。价值逻辑上看，坚持党对经济工作的集中统一领导，是践行全心全意为人民服务根本宗旨的现实需要，是确保以人民为中心发展目的的根本政治保证。[③]

　　习近平新时代中国特色社会主义经济思想创造性地运用马克思主义方法论，系统阐述了正确处理好改革、发展、稳定的关系，统筹利用国际国内两个市场、两种资源，"经济社会发展要保底"的底线思维、创新思维等重要思想。[④]

2. 习近平新时代中国特色社会主义经济思想的内在逻辑

　　习近平新时代中国特色社会主义经济思想是一套条理清晰的理论体系，无论是整体思想，还是局部理论均有严谨科学的内在逻辑进行支撑。顾海良指出，习近平新时代中国特色社会主义经济思想的理论逻辑分为六个层面：一是坚持以人民为中心的发展思想；二是坚持新发展理念；三是坚持和完善社会主义基本经济制度；四是坚持和完善社会主义基本分配制

241

---

　　①　马建堂：《伟大的实践　深邃的理论——学习习近平新时代中国特色社会主义经济思想的体会》，载《管理世界》2019 年第 1 期。
　　②　谢伏瞻：《新中国成立 70 年经济与经济学发展》，载《中国社会科学》2019 年第 10 期。
　　③　方玉梅：《坚持加强党对经济工作集中统一领导的内在逻辑与实践路径》，载《马克思主义研究》2019 年第 10 期。
　　④　吴家庆、陈德祥：《论习近平新时代中国特色社会主义思想对马克思主义的原创性贡献》，载《马克思主义研究》2019 年第 7 期。

度；五是坚持社会主义市场经济改革方向；六是坚持对外开放基本国策。[①]马建堂通过梳理新发展理念，高质量发展和现代化经济体系的相互关系，从新发展理念的视角阐述了习近平新时代中国特色社会主义经济思想的内在逻辑。第一，促进高质量发展是新发展理念的必然要求，坚定不移地推动高质量发展是贯彻新发展理念的重要路径，新发展理念是实现高质量发展的科学指引。第二，建设现代化经济体系是落实新发展理念的重要举措，先进的现代化经济体系充分体现了五大发展理念，是推动高质量发展的重要载体。[②]

3. 习近平新时代中国特色社会主义经济思想的基本特征

张开等从六个维度阐述了习近平新时代中国特色社会主义经济思想的基本特征。第一，习近平新时代中国特色社会主义经济思想始终贯彻马克思主义的立场、观点和方法，具有鲜明的马克思主义理论底色。第二，习近平新时代中国特色社会主义经济思想坚持强调党对经济工作集中统一领导，保证我国经济沿着正确方向发展。第三，习近平新时代中国特色社会主义经济思想重点聚焦制约满足人民日益增长美好生活需要的不平衡不充分发展问题，真正做到坚持以人民为中心。第四，习近平新时代中国特色社会主义经济思想中的新发展理念，实现了新发展与新发展条件辩证统一，指出中国特色社会主义经济的发展方略。第五，习近平新时代中国特色社会主义经济思想指出当前制约我国经济发展的主要是供给侧结构性问题，并针对我国经济发展主要矛盾开出药方——供给侧结构性改革。第六，科学运用辩证法，从哲学方法上分析如何从整体中着眼去把握局部，如何坚持总体国家安全观，如何打赢三大攻坚战。[③]

（二）社会主义基本经济制度的显著优势

孙文营认为中国特色社会主义基本经济制度的优势主要体现在三个方面：一是实现了生产力高速和高质量发展的统一；二是具有集中力量办大

① 顾海良：《中国特色社会主义政治经济学的"导言"——习近平〈不断开拓当代中国马克思主义政治经济学新境界〉研究》，载《经济学家》2019年第3期。
② 马建堂：《伟大的实践 深邃的理论——学习习近平新时代中国特色社会主义经济思想的体会》，载《管理世界》2019年第1期。
③ 张开、顾梦佳、王声啸：《理解习近平新时代中国特色社会主义经济思想的六个维度》，载《政治经济学评论》2019第1期。

事的体制优势；三是保障了效率和公平相统一。①

何干强分别从个人、企业、宏观经济和民族经济的高质量发展四个方面，论述以公有制为主体的基本经济制度的独到优势。第一，社会主义公有制生产关系更加适应社会化大生产，其生产的目的并不是为了满足少数所有者的私利，为促进全体人民的高质量发展提供了现实可能性。第二，社会主义公有制生产关系有助于形成企业生产的平等关系，贯彻按劳分配原则。第三，社会主义公有制生产关系有利于政府发挥好宏观调节作用。②葛扬指出，新时代以来，我国基本经济制度，实现了理论的深化、拓展和突破：第一，健全了产权保护制度；第二，构建了"亲""清"新型政商关系，促进非公有制经济健康发展和非公有制经济人士健康成长；第三，明确了发展混合所有制经济，有利于实现国有企业和国有资本的做强做优做大。③

黄铁苗等认为，中国特色社会主义市场经济存在四大优势：一是坚持党的领导，保证正确的发展方向；二是坚持我国的基本经济制度即以公有制经济为主体，多种所有制经济共同发展；三是实行宏观调控政策，能够把人民的当前利益与长远利益、局部利益和整体利益结合起来，能够更加充分有效地将计划与市场两种经济手段相结合；四是坚持全方位对外开放，秉持开放、融通、互利、共赢的合作观，实现共赢。④ 周文则主要从我国社会主义基本经济制度的优势、市场经济自身优势和我国政府与市场关系优势三个视角分析中国特色社会主义市场经济的优势。第一，国有企业是我国公有制经济的主要载体，国有经济在实现国家宏观调控中发挥了巨大作用；第二，市场经济的价格机制、供求机制和竞争机制能够高效资源配置；第三，更好地发挥了政府作用克服市场负外部性，稳定提供优质公共产品和服务，正确引导产业发展，促成可持续发展。⑤ 陈云贤提出，中国特色社会主义市场经济兼具有为政府和有效市场的优势。第一，能够有效调配"非经营性资源"，促使社会和谐稳定，提升和优化经济发展环

---

① 孙文营：《论中国特色社会主义的独特优势》，载《马克思主义研究》2019 年第 7 期。

② 何干强：《社会主义公有制是建设现代化经济体系实现高质量发展的基础》，载《西部论坛》2019 年第 5 期。

③ 葛扬：《新时代我国基本经济制度理论的发展与完善》，载《当代经济研究》2019 年第 8 期。

④ 黄铁苗、徐常建：《中国特色社会主义市场经济的独特优势》，载《马克思主义研究》2019 年第 11 期。

⑤ 周文、包炜杰：《再论中国特色社会主义市场经济体制》，载《经济学家》2019 年第 3 期。

境。第二，能对"可经营性资源"有效调配并配套政策，促使市场公开公平公正，有效提高社会整体生产效率。第三，能对"准经营性资源"有效调配并参与竞争，推动城市建设和经济社会全面可持续发展。第四，有健全的市场基本功能的（包括市场要素体系和市场组织体系）、市场基本秩序（包括市场法制体系和市场监管体系）以及市场环境基础（包括社会信用体系和市场基础设施）。①

四、构建中国特色社会主义政治经济学新体系

（一）中国特色社会主义政治经济学的学科定位和性质

1. 中国特色社会主义政治经济学的学科定位

洪银兴从三大功能的角度出发，阐述了中国特色社会主义政治经济学的学科定位。第一，政治经济学是研究一定条件下社会经济关系、经济运行、经济发展规律的科学。中国特色社会主义政治经济学是对中国经济制度、经济发展道路的理论概括。第二，中国特色社会主义政治经济学的职责是提供思想教育教材，并为我国社会主义经济发展的现实决策和政策制定提供经济理论指导。第三，中国特色社会主义政治经济学应该面向现实，用自身理论讲好中国故事，并为改革开放和中国发展提供建设性意见，扮演一个建设者的角色。②

付文军认为，中国特色社会主义政治经济学是"实现民族复兴"的经济学。中国特色社会主义正处于"新时代"，也迎来了实现中华民族伟大复兴的历史机遇。在中国特色社会主义发展实践经验基础上，吸纳国内外科学理论，构建中国特色社会主义政治经济学理论体系，并以此为理论指导，逐步完成建成"富强民主文明和谐美丽的社会主义现代化强国"的日

---

① 陈云贤：《中国特色社会主义市场经济：有为政府＋有效市场》，载《经济研究》2019年第1期。

② 洪银兴：《中国特色政治经济学的体系构建和研究重点》，载《政治经济学评论》2019年第6期。

标，实现中华民族的伟大复兴。① 周文认为，中国特色社会主义进入新时代，我国经济发展进入新时代，中国特色社会主义政治经济学也应该适应新时代。新时代的中国特色社会主义政治经济学不仅要继续指导中国的伟大实践，也应该引领全球经济学发展的新潮流，为全球经济发展贡献中国理论和中国智慧。中国能够创造经济发展的奇迹，同样能够创造立足于中国实践又深刻反映经济发展基础规律的经济学。②

2. 中国特色社会主义政治经济学的学科本质

进入新时代，中国正从"富起来"向"强起来"转变，中国特色社会主义政治经济学也随着发生深刻变化，其学科本质也转变成"强起来"的经济学理论体系。第一，为促进我国经济高质量发展提供理论支持和实践建议③。第二，研究和刻画中国特色社会主义制度下，中国人民发展经济的历史和现实。具体来说，就是从政治经济学的视角记录和阐述中华民族从站起来、富起来到强起来的崛起过程，中国特色社会主义从创立、发展到完善的飞跃进程，以及中国人民从贫穷到小康的富强道路。④

3. 中国特色社会主义政治经济学的学科立场

马克思政治经济学的学科立场是代表无产阶级的根本利益，中国特色社会主义政治经济学的学科立场，就是以人民为中心，代表全体人民的利益。"坚持以人民为中心的发展思想，不断促进人的全面发展、全体人民共同富裕"是新时代中国特色社会主义思想的重要内容。新时代以来，党中央高度重视社会公平公正问题，强调共同富裕目标，强调坚持以人民为中心的发展思想，将增进人民福祉、促进人的全面发展作为发展的出发点和落脚点。⑤ 中国特色社会主义政治经济学是"代表人民利益"的经济学。中国特色社会主义政治经济学从始至终的立场和宗旨就是以人民为中心，体现在树立人民的主体地位、重视人民的价值、引导人民创造美好生活、实现人的自由全面发展。⑥

---

①④⑥　付文军：《时代的"叩问"与政治经济学的"应答"——兼论中国特色社会主义政治经济学的科学内涵与理论担当》，载《经济学家》2019 年第 5 期。

②③　周文：《新中国成立 70 年中国经济学的创新发展与新时代历史使命》，载《中国高校社会科学》2019 年第 5 期。

⑤　谢伏瞻：《新中国成立 70 年经济与经济学发展》，载《中国社会科学》2019 年第 10 期。

246

（二）中国特色社会主义政治经济学的理论来源和实践基础

1. 中国特色社会主义政治经济学的理论来源

中国特色社会主义政治经济学发端于中国社会主义基本经济制度确立时期，其重要标志就是《论十大关系》和《关于正确处理人民内部矛盾的问题》中的重要思想。中国特色社会主义政治经济学的理论来源于马克思政治经济学理论，[①] 又在其基础之上不断发展创新，对社会主义社会基本经济特征做出了原则判断和科学预测，是当代中国的马克思主义政治经济学。[②]

方福前认为，西方经济学理论体系由三部分理论构成，分别是政治性的经济理论、主干性的经济理论以及基础性的经济理论。对于和我国政治取向和利益立场不同的政治性经济理论应该坚决予以剔除。对于有些主干性性理论，由于其前提条件和背景与我国现实条件、国情不符，不能直接生搬硬套，而应该有选择性地进行改造和加工，进而丰富我们的理论体系。对于反映市场经济的共性的基础性经济理论，我们可以充分吸纳，并用于指导中国特色社会主义市场经济发展。[③]

2. 中国特色社会主义政治经济学的实践基础

中国特色社会主义政治经济学建立在中国特色社会主义伟大实践的基础之上，中国特色社会主义的伟大实践为中国特色社会主义政治经济学提供了"基质""素材""空间"，中华民族的发展历史为中国特色社会主义政治经济学提供了"养料"，而中华文明的悠久历史为中国特色社会主义政治经济学提供了"力量"。[④] 因此，社会主义经济理论必须建立在对中国特色社会主义发展过程中基本国情的掌握基础之上。[⑤] 洪永淼指出，中

---

① 顾海良：《中国特色社会主义政治经济学的"导言"——习近平〈不断开拓当代中国马克思主义政治经济学新境界〉研究》，载《经济学家》2019 年第 3 期。

② 刘清田：《中国特色社会主义政治经济学史建设中需侧重的几个问题》，载《经济学家》2019 年第 10 期。

③ 方福前：《论建设中国特色社会主义政治经济学为何和如何借用西方经济学》，载《经济研究》2019 年第 5 期。

④ 付文军：《时代的"叩问"与政治经济学的"应答"——兼论中国特色社会主义政治经济学的科学内涵与理论担当》，载《经济学家》2019 年第 5 期。

⑤ 张卓元：《新中国经济学发展的若干特点》，载《经济研究》2019 年第 9 期。

国经济学可能以我国实践为基础从以下几个领域做出理论突破：一是中国经济发展模式；二是政府与市场的关系；三是收入分配和共同富裕；四是数字经济条件下的经济行为与运行规律。[①]

（三）中国特色社会主义政治经济学的研究对象

中国特色社会主义政治经济学的研究对象，学者们仍存在不同的认识。洪银兴认为，过去马克思主义政治经济学的研究对象是一定生产力水平基础上的生产关系，而当前中国特色社会主义政治经济学的研究对象则是生产力和生产力关系的结合以及生产力发展问题。[②] 付文军则认为，中国特色社会主义政治经济学是"研究当代中国的多种生产方式及其复杂关系"的经济学。马克思以英国为案例研究资本主义生产方式，揭示资本主义的经济规律。中国特色社会主义政治经济学是马克思主义中国化的具体表现形式，必须以中国特色社会主义作为案例，以"当代中国"较为复杂的生产方式及其关系为对象，总结中国特色社会主义市场经济的基本规律。[③]

（四）中国特色社会主义政治经济学的理论逻辑

顾海良认为，中国特色社会主义政治经济学的逻辑起点是"我国国情和我们的发展实践"，是当代中国的"国民经济事实"。[④] 李济广认为，生产资料公有权是中国特色社会主义政治经济学的逻辑起点，其原因在于：第一，由生产资料公有权可以延展出"生产关系公有制"，而公有制是中国特色社会主义基本经济制度；中国特色社会主义生产关系中的联合劳动、民主管理、按劳分配等都是生产资料公有权的要求，而所有制和其他生产关系是构成中国特色社会主义政治经济学的根本内容。第二，公有权

---

① 洪永森：《如何将中国特色社会主义伟大实践提炼为原创性经济理论》，载《经济研究》2019 年第 10 期。
② 洪银兴：《中国特色政治经济学的体系构建和研究重点》，载《政治经济学评论》2019 年第 6 期。
③ 付文军：《时代的"叩问"与政治经济学的"应答"——兼论中国特色社会主义政治经济学的科学内涵与理论担当》，载《经济学家》2019 年第 5 期。
④ 顾海良：《中国特色社会主义政治经济学的"导言"——习近平〈不断开拓当代中国马克思主义政治经济学新境界〉研究》，载《经济学家》2019 年第 3 期。

出现后，才不断衍生出社会主义经济和中国特色社会主义经济。第三，社会主义政治经济学的一般原理与规则是从公有权出发来讨论所有制，由于中国特色社会主义政治经济学又是社会主义政治经济学的一个分支，因此，必须先从公有权开始阐述。①

刘谦等认为，中国特色社会主义政治经济学的理论核心是社会主义市场经济理论。原因有以下三点：第一，社会主义市场经济理论完整反映了当前我国在构建新的政治经济学学科体系时所处的时代特征；第二，自完成社会主义三大改造时起，中国就一直在深入探索社会主义与市场经济融合的可能性；第三，在中国特色社会主义政治经济学的理论体系中，主要理论都是围绕构建和完善社会主义市场经济理论而存在的。②

（五）中国特色社会主义政治经济学的理论体系

洪银兴提出，应该围绕目标导向和问题导向来构建中国特色社会主义政治经济学理论体系。第一，中国特色社会主义政治经济学的基本任务和主要目标是为建设中国特色社会主义提供理论指导，基本理论不再是价值理论而应该是国民财富（包括物质财富和生态财富）论。因此，增进国民财富和人民福祉是中国特色社会主义政治经济学理论分析的重心。第二，强调中国特色社会主义政治经济学，必须面对现实、还原现实、解释现实，不能"深入到象牙塔当中"。因此，不能从先验的规定、教条出发，而应该以问题导向研究现实世界中的中国特色社会主义经济。③

李晓等认为，中国特色社会主义政治经济学理论体系应包括四个主要方面：一是中国特色社会主义政治经济学的理论基础，即社会主义经济制度；二是微观经济的政治经济学，以政治经济学的方法探讨和分析企业、家庭、个体等微观主体行为的影响效果；三是中观经济的政治经济学，主要研究内容包括经济结构、区域经济，以及城市与地方经济等问题；四是宏观经济的政治经济学，以政治经济学的方法探讨和分析国内宏观经济问

———————————

① 李济广：《公有权、公有制：中国特色社会主义政治经济学的起点与主线》，载《马克思主义研究》2019 年第 8 期。

② 刘谦、裴小革：《中国特色社会主义政治经济学核心理论定位研究》，载《经济学家》2019 年第 1 期。

③ 洪银兴：《中国特色政治经济学的体系构建和研究重点》，载《政治经济学评论》2019 年第 6 期。

题和开放体系下的宏观经济问题。①

（六）中国特色社会主义政治经济学的话语体系

中国特色社会主义政治经济学是"讲中国话"的经济学。人们的想象、思维、精神交往是和人们的物质行动相关联的，马克思主义政治经济学如果仅仅用"外国话"的理论，是无法被广大中国人民接受的。因此必须将其与中国特色社会主义的实践相结合，构建中国特色社会主义政治经济学的话语体系，才能更加深入人心。② 在构建中国特色社会主义政治经济学理论体系过程中，"术语的革命"有着革命性的作用，重视自身话语体系的创新是中国特色社会主义政治经济学发展的基础工程和重要标识。在构建自身话语体系的过程中，必须坚持"去粗取精、去伪存真"，注重"以我为主、为我所用"。③ 林毅夫认为，应该以马克思"经济基础决定上层建筑、上层建筑反作用于经济基础"的历史唯物主义为指导，研究我国作为一个发展中的转型国家与发达国家的结构性差异，同时用现代经济学的方法和语言来研究这种结构和结构变迁的决定因素和影响。④

（七）中国特色社会主义政治经济学的方法论

顾海良认为，坚持问题导向是中国特色社会主义政治经济学的根本方法。聚焦突出问题和明显短板，回应人民群众诉求和期盼，是探索中国特色社会主义政治经济学理论和实践问题的基本方法。⑤ 刘清田提出，历史唯物主义是中国特色社会主义政治经济学的核心方法论。中国特色社会主义政治经济学理论体系中，无论是社会主义本质和社会主义根本任务的理论，还是基本经济制度理论、新发展理念理论等，都是运用唯物史观方法论展开分析的。⑥

---

① 李晓、范欣：《中国特色社会主义政治经济学理论体系的构建与包容性发展》，载《求是学刊》2019 年第 6 期。

② 付文军：《时代的"叩问"与政治经济学的"应答"——兼论中国特色社会主义政治经济学的科学内涵与理论担当》，载《经济学家》2019 年第 5 期。

③⑤ 顾海良：《中国特色社会主义政治经济学的"导言"——习近平〈不断开拓当代中国马克思主义政治经济学新境界〉研究》，载《经济学家》2019 年第 3 期。

④ 林毅夫：《新中国成立 70 年和新结构经济学理论创新》，载《经济研究》2019 年第 9 期。

⑥ 刘清田：《中国特色社会主义政治经济学史建设中需侧重的几个问题》，载《经济学家》2019 年第 10 期。

附录一　2019 年经济热点排名前 50 位

排序	热点
1	经济增长与发展
2	自主创新
3	"三农"（含城市（镇）化）
4	资本市场（含上市公司、资产定价等）
5	收入分配与收入差距
6	产业结构与产业政策
7	对外贸易与贸易政策
8	公共经济（含公共管理、食品安全）
9	区域经济发展（含国际区域经济合作）
10	马克思主义经济学（含中国特色社会主义经济理论）
11	金融秩序与金融安全（含金融稳定）
12	低碳经济（含环境污染）
13	就业（含失业、创业）
14	企业成长（企业兼并、公司绩效、企业效率）
15	经济体制改革（含国有经济、国有企业改革、转轨经济）
16	货币政策（含流动性过剩、通货膨胀）
17	财政体制（含税制）
18	企业融资（含企业资本结构、资本运营）
19	企业投资（决策、效率）
20	城市经济（含县域经济）
21	人力资本（含劳动力流动）
22	计量经济

排序	热点
23	消费（包括消费市场、消费经济）
24	财政政策（含税收）
25	金融体制（含金融环境、混业）
26	人民币汇率（含汇率理论、人民币国际化）
26	中国对外投资（企业走出去）
28	房地产（含地产）
29	民营经济与家族企业（含中小企业）
30	中国经济学学科发展
30	社会保障
30	企业战略（含战略转型）
33	商业银行
33	市场理论
35	资源经济（含能源、石油、电力等）
36	家庭经济学
37	公司治理
37	外商直接投资
37	经济史
37	政府规制（集团管制、行业协会、金融管制）
41	商业、物流
41	企业社会责任
41	教育经济
44	经济全球化（区域一体化）
44	人口经济
44	信息经济、互联网经济（含新经济、知识经济、信息化和新型工业化）
44	经济学基本理论（问题、方法论）
44	企业理论（产权理论）
49	医疗体制（含卫生经济）
49	世界经济格局（国别经济）

附录二 2019 年关键词排名前 50 位

排名	关键词
1	全要素生产率
2	货币政策
3	企业创新
3	经济增长
5	融资约束
6	全球价值链
7	产业政策
7	人力资本
9	高质量发展
9	双重差分
11	对外直接投资
12	一带一路
13	创新
14	国有企业
14	环境规制
14	企业异质性
17	互联网
17	异质性
19	僵尸企业
19	数字经济
19	信息不对称
19	制造业
19	中介效应

续表

排名	关键词
19	资源配置
25	"一带一路" 倡议
25	不确定性
25	房价
25	技术创新
25	收入分配
25	系统性风险
25	乡村振兴
25	准自然实验
25	资源配置
34	PSM – DID
34	公司治理
34	宏观审慎政策
34	经济周期
34	贸易自由化
34	企业生产率
34	资源配置效率
41	财政分权
41	产权性质
41	城市规模
41	技术进步
41	经济波动
41	经济政策不确定性
41	社会资本
41	投资效率
41	外商直接投资
41	新中国成立 70 年
41	影子银行